Briefwechsel Karl Jaspers - Oskar Hammelsbeck 1919 - 1969

herausgegeben und erläutert von Hermann Horn

Erziehungsphilosophie

Herausgegeben von Heinrich Kanz

Band 4

Verlag Peter Lang
Frankfurt am Main · Bern · New York

Briefwechsel Karl Jaspers – Oskar Hammelsbeck 1919-1969

herausgegeben und erläutert
von Hermann Horn

Verlag Peter Lang
Frankfurt am Main · Bern · New York

CIP-Kurztitelaufnahme der Deutschen Bibliothek

Jaspers, Karl:

Briefwechsel Karl Jaspers – Oskar Hammelsbeck 1919 - 1969 / hrsg. u. erl. von Hermann Horn. – Frankfurt am Main ; Bern ; New York : Lang, 1986.
(Erziehungsphilosophie ; Bd. 4)
ISBN 3-8204-9119-8
NE: Hammelsbeck, Oskar:; Jaspers, Karl: [Sammlung]; Hammelsbeck, Oskar: [Sammlung]; GT

ISSN 0723-2551
ISBN 3-8204-9119-8

Druck und Bindung: Weihert-Druck GmbH, Darmstadt

INHALT

Einführung 7

Chronologische Übersicht über Leben und Werk von Karl Jaspers und Oskar Hammelsbeck 19

Briefe 1 – 106 23

Anhang 129

Erläuterungen zu den Briefen 129

O. Hammelsbecks Ansprache bei der Überreichung der Festschrift am 23.2.1943 160

Autoren und Themen der Festschrift 1943 162

Hammelsbecks Tagebuchnotiz vom 26. Februar 1943 über den 60. Geburtstag von Karl Jaspers in Heidelberg 165

Hammelsbecks Briefentwurf zum 70. Geburtstag von Karl Jaspers 166

Faksimile eines Briefes von Oskar Hammelsbeck an Karl Jaspers vom 18. Oktober 1931 168

Faksimile zweier Briefe von Karl und Gertrud Jaspers an Oskar Hammelsbeck vom 9.11.1936 und 16.1.1937 170

Personenregister 173

EINFÜHRUNG

Wiederholt erinnert sich Oskar Hammelsbeck dankbar der persönlichen Verbundenheit mit seinem akademischen Lehrer über ein halbes Jahrhundert – beginnend als Student 1919, sich bewährend in den Jahren nationalsozialistischer Diktatur, vollendend in jenem kritischen Austausch, in dem Ebenbürtigkeit und Eigenständigkeit in vorbehaltloser Kommunikation als beglückende und beanspruchende Wirklichkeit empfangen und bewahrt wurden. Verehrung für den Menschen Karl Jaspers, der sein Philosophieren im Leben beglaubigte, der keine adeptenhafte Anlehnung von Schülern duldete, sondern zur kommunikationsbereiten Selbständigkeit ermutigte, und Bewunderung für die Originalität und Fruchtbarkeit seines Denkens, das die gehaltvolle Überlieferung des Abendlandes und Asiens ursprünglich aneignete und anregend und fordernd vermittelte, durchdrangen sich wechselseitig und bestimmten einen lebenslangen Dialog.

Dieser offene und rückhaltlose Dialog wird auch in dem hier veröffentlichten Briefwechsel lebendig. Er ist nicht bloß ein glaubwürdiges Dokument einer vergangenen Epoche, sondern eine Schatzkammer menschlicher Erfahrungen, Erkenntnisse und Einsichten, die für gegenwärtiges und zukünftiges Verstehen philosophischer, theologischer, pädagogischer und politischer Probleme fruchtbar werden können.

Wohl fällt ein erhellendes Licht auf Fragestellungen und Lösungsversuche vergangener Jahrzehnte, auf die spezifischen Probleme und Herausforderungen der Weimarer Zeit, der Barbarei des Dritten Reiches, der Nachkriegszeit mit ihrem verheißungsvollen Aufbruch und ihrer Enttäuschung über die verpaßten Chancen eines Neubeginns. Aber die in den unmittelbaren Zeugnissen vielfältig bedachten Versuche verantwortlicher Entscheidungen ebnen uns einen Weg zu unbestechlicher Selbstbesinnung und entschlossenem Handeln heute und morgen. Denn wir werden beschenkt und beansprucht durch Maßstäbe eines menschenwürdigen Lebens, das in Anpassung und Widerstand dem Gebot der Stunde zu entsprechen bemüht bleibt. Nicht blinde Nachahmung wird uns hier angesonnen, sondern freudig gewagte eigene Antwort auf die Fragen unserer Zeit wird uns zugetraut und anvertraut.

Der selbstkritisch denkende und handelnde Zeitgenosse wird in solcher Perspektive keine unzulässige Zumutung empfinden, sondern ein unerschütterliches Vertrauen zu seinem unverzichtbaren Engagement vernehmen. In dieser versteckten und verborgenen Chance zur Bewahrung und Bewährung erfüllten Menschseins inmitten der Bedrohung durch menschenverachtenden Totalitarismus, durch kollektivistische Einebnung, durch eine sich vom Geistigen und Sittlichen isolierende Politik, durch versäumte und verfehlte Erziehung, durch leichtfertige Preisgabe unverwechselbaren Selbstseins in allen Lebensbereichen gründet der Sinn, diesen Briefwechsel der Öffentlichkeit zugänglich zu machen. Denn die Nöte, die Jaspers und Hammelsbeck heimsuchten, die Probleme, die beide quälten, sind nicht endgültig überwunden und gelöst. Sie betreffen uns noch heute, wenn auch in gewandelter Gestalt, unter veränderten Bedingungen, in unterschiedlicher Gewichtung.

So wie dieser Briefwechsel in seiner Bedeutung nicht eingesperrt bleibt in einer abgeschlossenen Vergangenheit, so verliert er sich auch nicht ins bloße Private. Diese Korrespondenz sprengt den engen Rahmen des rein Privaten; sie bleibt eben nicht eingegrenzt auf das Nur-Individuelle dieser beiden Menschen. In ihrem unvergleichlich Persönlichen bricht etwas durch von allgemeinmenschlich Verbindendem und Verbindlichem. Zweifellos begegneten sich Jaspers und Hammelsbeck als unaustauschbare Existenzen und nicht als bloße Exponenten bestimmter Typen, vorübergehender Strömungen, anonymer Mächte. Keiner von ihnen trennte private und öffentliche Verantwortung. Keiner leugnete den unaufkündbaren Zusammenhang von individueller Selbstverwirklichung im Dienst für andere und für die Mensch und Welt umschließende Wirklichkeit. Keiner begnügte sich damit, bloße Rollen in den eingefahrenen Gleisen gängiger Klischees zu spielen. Sie verstanden und verwirklichten sich als Träger eines „Amtes". Sie erfüllten in eigenverantwortlicher Weise den ihnen übertragenen Auftrag des Professors, des Erziehers, des Seelsorgers. Sie brachten sich selbst mit ein, unverfälscht und unaufdringlich. Sie identifizierten sich mit jenen Aufgaben, die sie jeweils an sich gerichtet wahr-nahmen und wahr-machten. Persönliches und Öffentliches verwoben sich zu spannungsvoller Einheit.

So erhält dieser Briefwechsel seinen unbestreitbaren Rang und seinen unverlierbaren Platz in der Hinterlassenschaft dieser ungleich bedeutenden Zeitgenossen dadurch, daß Zeitüberdauerndes Zeitbedingtes überschreitet, Allgemeinmenschliches durch Individuelles hindurchscheint. So vermag sich das vielleicht anfangs auf das Private und Vergangene beschränkte Interesse auszuweiten auf das jeder Zeit Überlegene und alles Persönliche umfassende Allgemeine, das sich je neu ankündigt.

Das diesen Briefwechsel Auszeichnende sei nun angedeutet, indem sich unterscheidbare Etappen des Kennenlernens, des verhaltenen Aufeinanderzugehens, des mutigen Zueinanderbekennens und der Freundschaft in Zustimmung und Widerspruch abzeichnen und die Grundfragen aus der Fülle des Interessanten hervortreten, um die leidenschaftlich gerungen wurde und die als das Herausragende dieser gedanklichen Auseinandersetzung gelten dürfen.

Drei Themen durchziehen wie Leitmotive diesen sich über fünf Jahrzehnte erstreckenden Briefwechsel:

1. Das Verhältnis zwischen dem akademischen Lehrer und einem seiner Schüler, der seine Eigenständigkeit erwirbt und ihm Treue in dankbar-kritischer Verbundenheit hält,
2. die Auseinandersetzung zwischen dem philosophischen Glauben und dem Christusglauben, in der Gemeinsamkeiten und Gegensätze sich markant abheben, und
3. die Frage nach der verantwortlichen Politik, die das Überpolitische respek-

tiert, Illusionen preisgibt, der Geläufigkeit wehrt und das Humanum gegen jede Form von Totalitarismus verteidigt.

Der Briefwechsel dokumentiert, wie diese Themen miteinander verschränkt sind, wie sie sich durchkreuzen und befruchten können. Das Lehrer-Schüler-Verhältnis bietet gleichsam den Boden, aus dem die beiden anderen Themen hervorwachsen. Von ihm aus werden sie akzentuiert und erlangen das Niveau ihrer Reflexion. Das hohe Maß persönlicher Verbundenheit bewährte sich gerade in der unerbittlichen Härte der Auseinandersetzung, die gegensätzliche Auffassungen nicht verschleiert, die faule Kompromisse verwirft, aber auch geringfügige Unterschiede nicht aufbauscht. Der unbedingte Wille zur Kommunikation und das Ringen um Wahrhaftigkeit bestimmten die Weise des liebenden Kampfes, in der sich beide der unverfügbaren Wahrheit unterstellten. Niemand maßte sich das Monopol auf Erkenntnis der Wahrheit an. Keiner war an der Kapitulation des anderen vor seinem Verständnis interessiert. Daß jeder an der auszuhaltenden Nicht-Übereinstimmung litt, wird dem nicht verborgen bleiben, der diese Briefe teilnehmend liest.

Das Lehrer-Schüler-Verhältnis

Fast ehrfürchtige Scheu kennzeichnet den ersten Brief (1. November 1919) des aus dem Krieg Heimgekehrten. Ein unbegrenztes Vertrauen läßt den Zwanzigjährigen Fragen an den Philosophieprofessor richten, von dem er sich Wegweisung für Studium und Selbstfindung erhofft. Er skizziert freimütig seine ersten philosophischen Gehversuche bei Rickert, Windelband und Nietzsche und sehnt sich nach einem persönlichen Gespräch. Unklar bleibt, ob es zu diesem Austausch gleich gekommen ist; denn anderthalb Jahre später wiederholt er abgewandelt diesen Wunsch, indem der Student um die Beurteilung seines „Geschreibsels“ bittet, das er als Ertrag eigener Besinnung charakterisiert. Rührend erscheint die Sorge des „ewig stummen Seminarhörers“, sich aufzudrängen und um Wohlwollen zu buhlen, das er durch sein Schweigen nicht verdient. Aber der Wunsch, sich einem anderen anvertrauen zu dürfen, seine Gedanken ihm darlegen zu können, läßt ihn diese selbstkritischen Einwände einklammern. Er leidet unter der Enge der Isolation, die auch durch Verbindungsbrüder nicht aufgehoben werden kann. So faßt er Mut, weil ihn die Hoffnung beflügelt, dieser Mensch würde seine Sehnsucht nach Verbundenheit verstehen und stillen. Dabei taxiert er nüchtern seine Leistung, die sich karg ausnimmt, wenn er das Maß geistiger Abhängigkeit vom Lehrer sich nicht verheimlicht. Er offenbart sich ihm, nennt ihm seine Not, gesteht ihm die Furcht zu scheitern. Tiefe Dankbarkeit erfüllt ihn, als Jaspers ihn in seinem Wesen erblickt, seinen literarischen Versuch würdigt und ihn in seinem lauteren Wollen bestätigt. Der Wille zur Redlichkeit gebietet ihm, nachzutragen, daß er heimlich verlobt sei, und zu berichtigen, daß er durchaus an einer „wissenschaftlichen Laufbahn“ interessiert sei, auch wenn ihn die wirtschaftlichen Verhältnisse nötigten, einen Brotberuf zu ergreifen.

Diese Briefe lassen uns zu Zeugen werden, wie ein Hochschullehrer hier nicht das lästige Geschäft einer funktionellen Studienberatung abhakt, sondern wie Umgang und Gespräch Orientierung bieten, den Willen zur Selbstvergewisserung stärken und den Mut zu dem eigenen Weg wecken. So wird ein Bildungsgang eröffnet, der nicht durch die Anforderungen eines Examens abgesteckt wird, sondern einen weiteren Horizont aufreißt, in dem die Verantwortung für ein geistiges Leben bewußt werden kann. So ließ sich der Student gerne führen und entschloß sich für die „harten Studien der Geschichte bei Hermann Oncken und Carl Neumann und der Nationalökonomie bei Alfred Weber“. In seinem Gedenkaufsatz „Karl Jaspers der Lehrer“[1] beschreibt er den Sinn jenes Umweges: „Es geht um die gleichen Voraussetzungen wie für den werdenden Künstler; wenn er nicht exakt den ‘öden’ Weg geht, das Handwerkliche und Technische zu lernen, verfehlt er die Möglichkeiten seines Talents. Wir waren damit nicht etwa ‘abgewimmelt’. Er kehrte uns, die wir in direktem Entschluß auf ihn zugingen, gewissermaßen um, von sich weg. Er stellte uns zwischen sich und die anderen Lehrer, die der Spezialwissenschaften“. (305)

Die Briefe lassen uns nacherleben, wie dieses Lehrer-Schüler-Verhältnis sich anbahnte, wie es wuchs und sich wandelte, und sie machen uns mit dem Nachdenken über die wechselnden Formen, über Sinn und Bedeutung, über Möglichkeiten und Grenzen dieser Weise der Kommunikation vertraut. Gerade diese Verschränkung von erlebter und gedeuteter Wirklichkeit beeindruckt und lädt zu eigenem Nachdenken ein. So rühmt Hammelsbeck Jaspers nach, daß er keinen Schüler auf sich fixierte, daß er vielmehr jeden in seine freie Entscheidung geleitete. Darum wird die Autorität des Lehrers frei und freudig bejaht, gewährt sie doch Freiheit und ermöglicht die Selbstbindung. Sie fesselt nicht an sich, sondern sichert Unabhängigkeit in der verehrenden Verbundenheit.

Rückblickend erschließt sich Hammelsbeck eine pädagogisch bedeutsame Weisheit: „Es verrät sich glücklicherweise immer, ob man einen Lehrer und welchen Lehrer einer gehabt hat. Um ihn als solchen zu würdigen, gehört nach einem guten Wort von Franz Rosenzweig dazu, jeder müsse zwei Lehrer haben. Die Autorität des einen muß durch die des andern einen befreienden Gegenpart haben, der – um nicht ins Autoritäre zu verfallen – im Schüler anerkannt werden muß.“ (305)

Solche Einsicht fällt Hammelsbeck im Umgang mit Jaspers als seinem frei gewählten Lehrer zu. Hier vernimmt er den Zuspruch und Anspruch, „angesichts der Wahrheit zu denken, sich auszutauschen und zu entscheiden.“ (311) Vor dieser entscheidenden Instanz verbietet sich gedankenlose und gewissenlose „Wiederholung“. Hier wird jeder unmittelbar verantwortlich für sein Verstehen, für seine Aneignung der Tradition. Hier erwacht die Kunst des Unterscheidens; hier wird zur Kritik ermächtigt, die die Irrwege pauschaler Verwerfung wie blinder Verherr-

1) in: Westermanns Pädagogische Beiträge, 21. Jg. Heft 6 (1969), S. 303-312.

lichung meidet. Hammelsbeck stellt fest: „Als gelehrsame Schüler in der Weise des Philosophierens haben wir alle Kritik gelernt und Kritik auch dem Lehrer zugemutet.“ Sie befähigt zu jener Toleranz, „die gegenseitige Zumutung im Abwägen von Zustimmung und Widerspruch ermöglicht. In dieser Toleranz ist nicht auseinanderzuhalten, wer lernt. Die Verselbständigung als die Weise, in der Jaspers ‘erzog’, löste im Moment der Kommunikation Selbsterziehung aus. Was dabei ‘evident’ wird, ist die Ermöglichung der freien geistigen Existenz.“ (311)

Hammelsbeck sieht sich durch Jaspers zu einem „Ethos“ erweckt, „einmal der jüngeren Generation ein Lehrer nach jenen Maßstäben werden zu können“. Dies erfährt er als Anspruch in der Nachkriegszeit, als er in der akademischen Lehrerbildung Menschen den Weg in den Beruf des Lehrers weist, der sich zugleich als Erzieher versteht. Lehre allein bleibt unzulänglich. Hier gilt die Kierkegaardsche Forderung der Reduplikation, Lehre und Leben in Einklang zu bringen, Lehre durch Leben zu beglaubigen. Wegweisende Lehre wird durch das personale Sein als Zuspruch und Anspruch erfahrbar und fruchtbar. Das Amt des Erziehers wird durch seine Demut zur unerläßlichen Voraussetzung für Selbstfindung und Selbstwerden des Heranwachsenden und zur Herausforderung für die stete Verlebendigung existentieller Möglichkeiten des erwachsenen Menschen.

Diese Haltung war für Hammelsbeck so bestimmend geworden, daß er es vorzog, von seinen „Schülerfreunden“ zu sprechen, die das als angemessenen Ausdruck ihrer Verbundenheit werteten.

Karl Jaspers als Lehrer begegnet zu sein, empfand Hammelsbeck mit zunehmendem Alter als ein unbegreifliches Geschenk. Er preist in seinem Brief vom 23. Mai 1957: „Denn Ihr Lehrersein für uns ist nach Ihrem eigenen Willen dadurch bestimmt, daß zu lernen sei ohne ‘Schule’, ohne Halt an einem Lehrer zu philosophieren. Darin glaube ich, mit allen Folgerungen und mit dem eigenen Risiko zu dieser Freiheit, Ihr ‘Schüler’ geworden zu sein.“ Etwa 10 Jahre später variiert er diesen Gedanken: „Wir spüren erst im Alter, was wir unseren wirklichen Lehrern verdanken; wir sind in einer seltsamen Weise erstaunt, wie ähnlich das eigene Dasein im Denken und Handeln geprägt wurde. – Sie wollten nicht prägen; aber die Selbständigkeit, zu der Sie uns veranlaßt haben, die haben Sie zu dieser Freiheit der Beziehung auch zur Erfüllung geleitet“ (Brief 99).

Daß die Verbundenheit mit dem Lehrer in die Nähe zur Freundschaft gelangen kann, beweist das verwunderte Echo von Karl Jaspers auf die ungedruckte Festgabe zum 60. Geburtstag, die Hammelsbeck initiiert, umsichtig und geduldig in den Wirren der Kriegszeit vorbereitet und am 23. Februar 1943 überreicht hatte. Hier gelang eine Würdigung des gemeinsamen Lehrers, die den Geehrten überraschte und ihn unerwartet als einen bedeutenden Denker inmitten der Verfemung bestätigte. Hier konnte der im Dienst der Bekennenden Kirche stehende Hammelsbeck mit der unauffälligen Hilfe und der Verschwiegenheit von Gertrud Jaspers rechnen, die dieses Vorhaben besorgt und beglückt begleitete, wie dies durch ihre Briefe belegt wird.

Jaspers war überwältigt von dem Zeugnis unbeirrbarer Verbundenheit und pries die „unerhörte Mühe", die das Unwahrscheinliche Wirklichkeit werden ließ. Er war beglückt über die „Tatsache, daß Sie mir – und allein durch Sie ist das möglich geworden – das Bewußtsein verschafft haben, noch in der Welt da zu sein". Er dankte bewegt für die „Ermutigung", die er durch diese Zuneigung vernahm. Könnte sich die Gegenseitigkeit menschlicher Begegnung überzeugender darstellen?

Hammelsbecks Freude über den Einklang der Gesinnung am 60. Geburtstag klingt noch in einem Abschnitt seines „Nachrufs" in Westermanns Pädagogischen Beiträgen (1969) nach:

„Es war ein tröstliches 'Fest' des freien Geistes auf einer von Unfreiheit und Geistfeindschaft und Rassenhaß gegen die Jüdin bedrohten Oase. Ich vergesse nicht das am Nachmittag, wie üblich, zu zweit geführte Gespräch, verhangen und nur in beiderseits vertrauter *Zurückhaltung* durchsichtig. Hinter dem, was zur Sprache kam, ließ nur ahnen, was zwischen den Eheleuten in diesen Monaten Geheimnis bleiben mußte. Wenige Wochen vorher hatte uns in Berlin das hohe Beispiel der Solidarität von Liebe und Ausweglosigkeit im Hause Jochen Kleppers erschüttert: mit der jüdischen Frau und Stieftochter in den befreienden Tod gegangen! Ich ahnte nur, wie sehr dasselbe Geheimnis von Treue Karl und Gertrud Jaspers umtrieb. Aus der Philosophie der 'Grenzsituationen' war labile Existenz geworden, des Gasmordes an vielen Verwandten ohnmächtig bewußt." (312)

Durch dieses Bekenntnis zu dem aus der Universität Verbannten festigte sich die menschliche Verbundenheit so, daß sie durch die Kontroversen über den philosophischen Glauben nicht gelockert oder gar gelöst werden konnte.

Philosophischer Glaube und Christusglaube

In vielen Schriften bringt Hammelsbeck dankbar zum Ausdruck, was er dem Jasperschen Philosophieren an geistige Klarheit, an kritischem Urteilsvermögen, an aufschlußreichen Perspektiven verdankt, ohne zu verschweigen, worin er Vorbehalte anmeldet, was seinen Widerspruch auslöst. In den Briefen spitzen sich diese Fragen in ihrem unmittelbaren Ausdruck zu; sie werden in ihrer existentiellen Bedeutsamkeit unvermutet konkret. Die Distanz akademischer Betrachtung sinkt gleichsam in sich zusammen, da hier ein persönliches Votum gewagt wird. Die Subjektivität verwandelt die Abstraktheit allgemeiner Erörterungen in der unmittelbaren Anrede, in der redlichen Antwort.

In diesem Dialog bleibt die Bereitschaft maßgebend, „hören zu wollen, zu vernehmen, was gelten muß und was mir gilt! Ich will auch hören, was mich und meine Voraussetzungen in Frage stellen könnte, und auch erkennen, was meine eigentlichen Voraussetzungen sind, sofern sie sich nicht in Frage stellen lassen" (Brief 42). So setzt Hammelsbeck seinen Glauben und sein Glauben der kritischen Prüfung aus, läßt aber keinen Zweifel daran, daß er als Glaubender spricht, fragt und antwortet. Dabei unterscheidet er den Protestantismus als Säkularisationserscheinung von der Unverfügbarkeit evangelisch-reformatorischer Substanz. Das Evangelium von Jesus Christus ist das Maß, das entscheidende Wort, das richtet und aufrichtet, das Glauben weckt und Gehorsam wirkt. Um das rechte Verstehen dieses „Sachverhaltes", dieser Wirklichkeit kreist das Gespräch, in dem Zustimmung und Zurückweisung, Bekräftigung und Verwerfung dramatisch wechseln können. Hier mischen sich die Freude über die erstaunliche Nähe mit der Trauer über die unendlich anmutende Ferne. Der Christusglaube, der als Geschenk und Entscheidung vollzogen und verstanden wird, anerkennt die in Jesus von Nazareth Ereignis gewordene Offenbarung. Dieser Glaube wehrt sich gegen eine Reduktion des Christusereignisses auf sein Chiffersein. Die theologische Be streitung des philosophischen Glaubens – so hat Hammelsbeck seinen Beitrag zur Festschrift „Offener Horizont" betitelt – erfolgt als Akt des Gehorsams, ohne das begrenzte Recht der Jasperschen Aneignung biblischer Gehalte total bestreiten zu wollen. Dieser Widerspruch markiert eine Grenze, die unüberwindlich erscheint. Sie wirft die Frage nach der tragenden und einenden Kraft der Kommunikation auf. Sie stellt – so scheint es – vor eine unausweichliche Entscheidung. Wie sie sich ankündigt, wie sie sich rechtfertigt; das ist das Aufrüttelnde und Bewegende dieses Dialogs.

Die Stadien dieses Gespräches können hier nicht breit dargelegt werden. Sie seien nur angedeutet, auch wenn gegenwärtig bleiben muß, daß die einzelnen Fragen und Antworten auf diesem Wege als unentbehrliche Elemente eines angemessenen Verstehens dieser Problematik geachtet bleiben müssen.

Hammelsbeck hat die Frage nach der „Christlichkeit der Existenz" als eine Philosophie und Theologie betreffende und angehende bezeichnet. Im Advent 1935 zieht er eine Zwischenbilanz:

„Ich habe noch keinen Widerspruch zwischen diesem Philosophieren und dieser Christlichkeit entdeckt als nur den einen, dem wiederum gerade die Existenz-Philosophie entscheidend Raum gibt, wenn sie ihr Scheitern an der Verborgenheit Gottes als *unvergeßliche Wirklichkeit* nimmt" (Brief 16). In ähnlicher Weise sieht er die „echte Weltlichkeit" als eine Philosophie und Theologie verbindende Frage und Aufgabe.

Im August 1942 greift Hammelsbeck den von Jaspers verwendeten Begriff des „philosophischen Glaubens" auf und nimmt Stellung zu Bultmanns Programm der Entmythologisierung. Hammelsbeck unterzieht sich einer doppelten Aufgabe: als Anwalt der Philosophie verwahrt er sich gegen eine orthodoxe Verkrampfung, als Anwalt der Theologie wehrt er sich dagegen, daß sie in die von der Philosophie festgelegten Grenzen eingepfercht werde. Unüberhörbar bleibt die Mahnung, daß der Glaube nicht auferlegt werden darf. Nachdrücklich hebt Hammelsbeck hervor, daß der Ausschließlichkeitsanspruch nur für den Glaubenden gilt, der sich von der in Christus geoffenbarten Wahrheit ergreifen und überwinden und in die Gemeinde rufen läßt, in der dieser verbindende und verbindliche Glaube gemeinsam bekannt und verkündigt wird. Die Redlichkeit gebietet beiden Partnern, das Maß der Übereinstimmung eindeutig zu bestimmen und die tatsächliche Uneinigkeit nicht zu verkleistern. Die wechselseitig anerkannte Ebenbürtigkeit läßt auch nach dem fragen, was unklar, verschwommen, zweifelhaft, mißverständlich und strittig ist.

So bleibt das Verständnis der Offenbarung kontrovers. Jaspers bestreitet für sich selbst die Einzigkeit der Offenbarung. Zustimmung und radikale Ablehnung lösen sich ab (Brief 65). Die Alternative „Christus oder Nihilismus" empört ihn, und er fordert unerbittlich streng eine Rechtfertigung. Es geht darum, klar Positionen abzustecken, Gegensätze zu präzisieren, Mißverständnisse abzubauen, die Kommunikation nicht abzubrechen.

Strittig bleibt auch die Frage nach dem Abendmahl. Während Hammelsbeck die Teilnahme am Abendmahl als Verbundenheit mit der Gemeinde ansah, in deren Auftrag der Lehrer „Evangelische Unterweisung" erteilt, befürchtete Jaspers hier eine unannehmbare Forderung, eine unzumutbare Auflage, eine unabdingbare Voraussetzung, die ihn von der Erteilung des Religionsunterrichts ausschließen würde. Dieses Mißverständnis will Hammelsbeck ausräumen, indem er die Einladung betont, die kein Gewissen beschweren soll. Zugleich will er die Sorge zerstreuen, als ob hier Macht ausgeübt, Gewalt angewendet werden sollte.

Gegensätze brechen auf, wenn Jaspers gegen die Mahnung des Paulus protestiert, sich nicht durch die Philosophie verführen zu lassen. Schwingt nicht heiliger Zorn in seiner entrüsteten Zurückweisung mit: „Welche Barbarei und Inhumanität in diesem Satz des Paulus! Er hat nichts gespürt von der Herrlichkeit des Philosophierens, das längst da war, als es noch kein Christentum gab, und das sein wird, wenn es keines mehr gibt . . ." (Brief 65).

Wie verletzt mußte sich Jaspers fühlen, wenn er Antwort heischt auf seine Frage: „Bin ich nun in Ihrem Sinn Räuber und Nihilist?" Aber im leidenschaftlichen Ringen um die Wahrheit darf Gekränktsein den Willen zur Kommunikation nicht lähmen. Das beherzigt Jaspers, wenn er diesen Brief, der stellenweise schon als sarkastisch empfunden werden könnte, enden läßt „Mit wiederholtem Dank und guten Wünschen für Sie in alter Freundschaft Ihr Karl Jaspers".

Was diesen Dialog auszeichnet, ist der beiderseitige Verzicht, einen Alleinvertretungsanspruch der Wahrheit zu erheben und durchzusetzen. Diese Haltung erweist sich auch als bestimmend für den Umgang mit der Bibel, für die Interpretation biblischer Texte. Daß dieses Buch unter verschiedenen Gesichtspunkten gelesen, angeeignet, beherzigt wird, sollte niemand verärgern. Daß hier Streit entbrennen kann, ist kaum verwunderlich.

In diesen Briefen bekundet sich der Wille zur rückhaltlosen Begegnung. Persönliche Antworten entsprechen persönlichen Anfragen. Wenn gleichsam per Du gefragt wird, ist eine persönliche Antwort geboten. Flucht in eine Schein-Objektivität käme einer existentiellen Verweigerung gleich. So darf niemand dem anderen vorenthalten, was ihn in seinem Herzen bewegt, wenn die Gegenseitigkeit gewollt und gewahrt wird. Diese Offenheit kennzeichnet das Gespräch zwischen Jaspers und Hammelsbeck, wenn der eigene Lebensweg nachgezeichnet wird, wenn Führung und Fügung Gottes nicht verschwiegen werden. So erinnert sich Hammelsbeck am 23.5.1957 dankbar daran, daß er Jaspers als seinen Lehrer anerkennt, der Freiheit und Verantwortung eigenständigen Lebens, Denkens und Handelns ermöglichen half. Er unterschlägt aber nicht, daß er in seinem „späten Hinfinden in die christliche Gemeinde und den sie tragenden biblisch gegründeten Glauben“ „eine noch viel größere Freiheit“ entdeckte, die durch kein sacrificium intellectus belastet ist.

Für beide Partner stellt sich die Frage nach dem Christsein, das Jaspers auch für sich reklamiert: „Ich bin Christ, ohne an die Menschwerdung Gottes zu glauben. Diese Möglichkeit bestreiten offizielle Vertreter der Kirche. Im Protestantismus aber liegt das Prinzip, daß jeder selbst entscheidet, ob er Christ sei oder nicht und in welchem Sinne“ (Brief 87). Er fühlt sich der Basler „reformierten“ Gemeinde zugehörig, aber selbst im Falle eines Ausschlusses „wäre gar nichts entschieden“. Hammelsbeck stellt sich dieser Frage, indem er nicht in Abrede stellt, daß das sogenannte Christentum und die sogenannte christliche Religion geschichtlich „am Ende“ sind. Diese Sicht verführt ihn nicht zur Resignation. Sie fordert zu einer Unterscheidung auf zwischen dem abgesunkenen Erbe und einem unverlierbaren Vermächtnis. Hier ist die echte Säkularisierung des Evangeliums in der Welt abzuheben von einer verfälschenden Verweltlichung in Kirche und Religion. Im ersten Prozeß kann und darf kein Christ behaupten, mehr und besser Christ zu sein als irgendein anderer. Da aber, wo das übersäkulare Evangelium als Ursprung vernehmbar wird und sich Gehör und Gehorsam verschafft, zerschellt jede Behauptung, Christ zu sein. Hier ereignet es sich, daß Christus Menschen zu Christen beruft. (Brief 88)

Im Brief 98 greift Hammelsbeck die Frage nach dem Christsein noch einmal auf. Bei einem Besuch hatte er es für gut befunden, daß sein Enkelchen an Gehirnentzündung gestorben sei. Jaspers hatte sein Veto erhoben, weil man als Christ so etwas nicht sagen dürfe. Nun erläutert Hammelsbeck die für Jaspers unannehmbare Aussage: „Der Glaube ist nicht ein solcher, daß durch ihn bestimmt werden könnte, wie in diesem oder jenem Fall nach Registern des Verhaltens zu verfahren sei.“ Christsein und Glauben werden hier als etwas Ereignishaftes, Unverfügbares, Dynamisches verstanden, über das zu befinden uns versagt ist.

Frage der verantwortlichen Politik

Auch in diesem Bereich schätzt Hammelsbeck als das „hohe Glück“, in Karl Jaspers seinen Lehrer gefunden zu haben. Sein Artikel in der „Frankfurter Allgemeinen Zeitung“ vom 15.11.1958 über die Verleihung des Friedenspreises des Deutschen Buchhandels an Jaspers schließt: „Die Schüler gewesen und Lehrer geworden sind, dürfen sich immer noch als die Beschenkten dankbar erweisen.“

Jaspers und Hammelsbeck sind verbunden im Leiden an Deutschland, wenn der in den Schuldienst Ausgewichene am 29.6.36 klagt, daß die Universität von politischen Mächten belagert ist, die die Freiheit und Unabhängigkeit lebendigen Geistes antasten. Dieses Leid über die Verachtung des Geistes durch die Nationalsozialisten kann die Liebe zum Volk und die Dienstbereitschaft nicht tilgen: „und doch ist unser Herz und Sinn immer auf dem Sprung, diesem Deutschland und jedem Deutschland zu dienen mit aller Kraft und Tugend, aber eben jener obersten Tugend der Wahrhaftigkeit, die nicht dienen kann, ohne an ihr Wesen gebunden zu bleiben“ (Brief 17). Später sieht Hammelsbeck in der Jaspersschen Feststellung, daß nur die Staaten territorial gebunden seien, aber nicht die Völker, eine Annäherung an ähnliche, bis dahin mißverstandene und schwer angefeindete Äußerungen Martin Niemöllers.

Jaspers und Hammelsbeck treffen sich in der Sorge, daß über dem Wohlstand die sittliche Verpflichtung vergessen werden könnte. In dem Manuskript, das Hammelsbeck am 21. November 1958 seinem Brief beilegte und das die Frankfurter Allgemeine Zeitung nur gekürzt abdruckte, betont Hammelsbeck die „politische Verantwortung im Geist“, die quer fast durch alle Gruppen durch Einzelne wahrgenommen wird und die die Unverletzbarkeit jedes Einzelnen, auch des Andersdenkenden, respektiert. „Das ist entscheidend wichtig für die Frage der Wiedervereinigung bei uns Deutschen und für alles, was Freiheit statt Unfreiheit zu heißen verdient in der ‘Auseinandersetzung’ mit dem Kommunismus und überhaupt jeder ‘fremden’ Weltanschauung“. Hammelsbeck leugnet nicht, daß Parteinahme „ein Konstitutivum der republikanischen Demokratie“ ist, aber er bindet ihren Sinn und ihre Grenze an den Verzicht auf ihre „Totalisierung“.

Jaspers und Hammelsbeck bejahen gemeinsam die Überwindung des Nationalismus. Der in der akademischen Lehrerbildung Tätige sah in Jaspers’ angenommenem Ruf nach Basel „eine neue Vorwegnahme“ „für die notwendige kommende Veränderung in den politischen Verhältnissen überhaupt. Denn jede Beschränkung in den nationalstaatlichen Maßen ist sinnlos geworden; wenn überhaupt, so muß sich vom Miteinander im Geistigen zwischen den Völkern das Schwergewicht gegenüber Anarchie und Nihilismus vollziehen“ (Brief 54). In dem Streben nach einer „Völkergemeinschaft“ sichtete er eine Parallele zur ökumenischen Bewegung.

Jaspers und Hammelsbeck stimmen in der Verurteilung jeder Form von Totalitarismus überein, ohne die Menschen zu verdammen, die unter solchen Regimen zu leben gezwungen sind. So unterscheidet Jaspers „das Prinzip der totalen Herrschaft“ und die „menschliche Wirklichkeit der Russen“ (Brief 85).

Jaspers und Hammelsbeck bewegt gemeinsam die Sorge über die „verdeckte Unwahrhaftigkeit unseres Parteiwesens“. So spricht der Theologe und Pädagoge die Hoffnung aus, daß die beiden großen Parteien aufhören möchten, Weltanschauungsparteien zu sein. Er zitiert seinen akademischen Lehrer, der zu bedenken gibt, daß sich „eine politische Partei auf den biblischen Glauben nicht redlicherweise gründen läßt.“ Er verschärft diesen Vorbehalt, wenn er diagnostiziert, daß „alle sog. ‘christlichen’ Parteien in Europa und Vorderasien unwillkürlich die Liquidation des Christentums besorgen“. Der kirchlichen Verkündigung und Lehre weist Hammelsbeck die Aufgabe zu, „gegenüber allem degenerierten Christentum der Christen und Nichtchristen die übersäkulare Wahrheit des Evangeliums für den freiheitlichen Entschluß des Einzelnen offenzulegen und das ‘sekundäre System’ der weltanschaulichen und politischen Ableitungen zu entschleiern.“ („Zu Karl Jaspers’ Thesen über ‘Wahrheit, Freiheit und Friede’ “ in der FAZ vom 15.11.1958.)

Jaspers und Hammelsbeck unterstreichen die Notwendigkeit politischer Bildung, fragen nach ihren Möglichkeiten und Grenzen. So sieht Hammelsbeck in seinem Brief vom 6.12. 1958 „die studentische Jugend . . . durch ihre Stellungnahme gegen die atomare Bewaffnung der Bundeswehr in Gefahr, sich ‘ideologisch’ zu verlieren und dadurch die konkrete Verantwortung billig zu machen, so daß sie keine mehr ist. Ich erkenne für die politische Erziehung des künftigen Lehrerstandes eine Chance darin, daß der junge Student, der eine parteipolitische, meist jedoch eine nicht parteipolitische Entscheidung erwägt oder vollzieht, die Begründung ganz anderer Überzeugungen oder wie die Ihres Buches durchdenken und achten lernt.“ In diesem Zusammenhang erhält die Jaspersche Unterscheidung von Entscheidung, Denkungsart und Erklärung eine gesteigerte Bedeutung. So gilt: „Jede Entscheidung ist *praktisch.* Die politische Überlegung des selber nicht Handelnden ist so wenig eine Entscheidung wie eine öffentliche Erklärung“ (Brief 87).

Das Gespräch über politische Probleme erreicht seinen bemerkenswerten Rang durch den Ernst und die Verbindlichkeit einer Denkungsart, die in allem die persönliche Würde des Menschen zu achten gebietet, und durch die rückhaltlose Offenheit, in der Unterschiede und Gegensätze nicht verwischt und Mißverständnisse aufgedeckt und ausgeräumt werden. Die Flucht in allgemeine Behauptungen wird erschwert durch die Pflicht zur konkreten Beschreibung. Ernste Fragen perlen nicht ab oder verhallen ins Leere. Rede und Antwort stehen, gehört für beide zur selbstverständlichen Voraussetzung eines wahrhaftigen Gesprächs.

So widerspricht Hammelsbeck der öffentlichen Bezichtigung Niemöllers als Kommunist und versucht, die Jasperssche Wendung vom „Unsinn“ des Kirchenführers als verfehlt aufzudecken. Auch gesteht er unumwunden, daß er die Achtung, die Jaspers Adenauer entgegenbringt, nicht teilt, wie er auch den Eintritt Heinemanns in die SPD nicht zu billigen vermag, ohne seine und Niemöllers Lauterkeit anzweifeln zu lassen. Jaspers wiederum verwahrt sich gegen die Unterstellung, daß er ein „Chefideologe der Adenauerregierung“ sei, und präzisiert seinen Vorwurf gegen Niemöllers Aussagen, ohne seine Integrität antasten zu wollen. Korrekturen sind hier nicht mit „Gesichtsverlust" verknüpft. Aber erkannt wird, daß das Verstehen im Gespräch eher gelingt als in der Korrespondenz. Abweichendes Urteilen vermag jedoch nie die Verbundenheit aufzulösen, die über ein halbes Jahrhundert gewachsen und gereift ist. Die unwandelbare Gesinnung und Dankbarkeit füreinander werden nicht in Frage gestellt. So bleibt dieser Briefwechsel ein bewegendes Zeugnis eines liebenden Kampfes, der keine Niederlagen und keine Unterlegenen kennt.

Die Veröffentlichung dieses leider nicht vollständigen Briefwechsels wurde möglich durch das Entgegenkommen der Familie Hammelsbeck, die mir die Nutzungsrechte des Oskar Hammelsbeckschen Nachlasses abtrat, wie durch die Kollegialität von Dr. Hans Saner, der als Inhaber der Urheberrechte mir freundlich den Abdruck der Jaspers-Briefe gestattete.

Dem aufrichtigen Dank an das Deutsche Literaturarchiv in Marbach a. Nekkar, das mir Einblick in die dort aufbewahrten Briefe gewährte, an Frau Waldtraut Hammelsbeck + und ihre Familie, die mir den Nachlaß anvertrauten, und an Dr. Hans Saner, der beim Transskribieren handgeschriebener Briefe und bei der Klärung mancher Fragen behilflich war, schließt sich der Dank an den Minister für Wissenschaft und Forschung des Landes Nordrhein-Westfalen an, der mir durch ein Forschungssemester die Herausgabe dieses Briefwechsels ermöglichte.

Hagen, den 14. Mai 1985, Hermann Horn
10. Todestag Oskar Hammelsbecks

Chronologische Übersicht über Leben und Werk von Karl Jaspers*

23.2.1883	geboren in Oldenburg
1892-1901	Besuch des humanistischen Gymnasiums in Oldenburg
1901	Abitur – Diagnose seiner Krankheit durch Dr. Fraenkel
1901/02	Studium der Jurisprudenz in Heidelberg und München
1902/08	Studium der Medizin in Berlin, Göttingen u. Heidelberg
1908	Promotion zum Dr. med. – Dissertation: *Heimweh und Verbrechen*
1909	Approbation zum Arzt. Erste Begegnung mit Max Weber
1910	Heirat mit Gertrud Mayer
1909-1915	Volontärassistent an der Psychiatrischen Klinik in Heidelberg
1913	Habilitation bei Windelband für Psychologie mit *Allgemeine Psychopathologie*
1916	Extraordinarius für Psychologie in Heidelberg
1919	*Psychologie der Weltanschauungen*
1920	Beginn der Freundschaft mit Heidegger – Extraordinarius für Philosophie in Heidelberg
1921	Rufe nach Greifswald und Kiel abgelehnt – Persönliches Ordinariat für Philosophie in Heidelberg – *Max Weber (Gedenkrede)*
1922	Ordinarius für Philosophie in Heidelberg – *Strindberg und van Gogh*
1923	*Die Idee der Universität*
1928	Ruf nach Bonn abgelehnt
1931	*Die geistige Situation der Zeit*
1932	*Philosophie – Max Weber*
1933	Ausschluß aus der Universitätsverwaltung
1935	*Vernunft und Existenz*

* Die Kursivsetzungen bezeichnen die Titel der Werke.

Chronologische Übersicht über Leben und Werk von Oskar Hammelsbeck*

22.5.1899	geboren in Elberfeld
1903	Tod des Vaters
1906	Tod der Mutter
1908	Umzug mit den Pflegeeltern nach Saarbrücken – Besuch des Ludwigsgymnasiums
1916-1918	Kriegsfreiwilliger im Einsatz an der Somme, in Galizien und Flandern
1919-1923	Studium der Philosophie bei Rickert und Jaspers, der Geschichte bei Oncken, Ritter und Neumann, der Sozialwissenschaften bei Alfred Weber
3.5.1923	Promotion zum Dr. phil. – Dissertation: *Der Zollanschluß des deutschen Saargebietes an Frankreich*
1923	Heirat mit Waldtraut Dittrich
1923-1926	Geschäftsführer der Klavierfabrik Julius Deesz
1926	Gründung der Volkshochschule Saarbrücken
1927-1933	Leitung der Volkshochschule Saarbrücken – Zusammenarbeit im „Hohenrodter Bund" mit Theodor Bäuerle, Martin Buber, Wilhelm Flitner, Ernst Michel, Eugen Rosenstock-Huessy, Erich Weniger. Zahlreiche Aufsätze zur Erwachsenenbildung
1931-1933	Vorbereitung, Einrichtung und Leitung der Lager für erwerbslose Jugendliche im Freiwilligen Arbeitsdienst
1932-1934	Leitung der Evangelischen Laienschaft in Saarbrücken
1934	Mittelschullehrerprüfung in Pädagogik, Deutsch und Ev. Religion
Juli 1934 bis Okt. 1936	Aushilfslehrer an städtischen Volks- und Mittelschulen

* Die Kursivsetzungen bezeichnen die Titel der Werke

1936	*Nietzsche. Einführung in das Verständnis seines Philosophierens*
1937	Entlassung – *Descartes und die Philosophie*
1938	*Existenzphilosophie* – Publikationsverbot
1945	Wiedereinsetzung. 1. Senator der Universität
1946	Ehrensenator – *Allgemeine Psychopathologie* (4. völlig neu bearbeitete Auflage) – *Die Schuldfrage* – *Die Idee der Universität* (Neufassung)
1947	Kontroverse mit Georg Lukacs – Goethepreis der Stadt Frankfurt a.M. – Dr. h.c. ès lettres der Universität Lausanne – *Von der Wahrheit*
1948	Übersiedlung nach Basel als Nachfolger von Paul Häberlin – *Der philosophische Glaube*
1949	Angriff von E.R. Curtius – *Vom Ursprung und Ziel der Geschichte*
1950	*Einführung in die Philosophie* – *Vernunft und Widervernunft in unserer Zeit*
1951	*Rechenschaft und Ausblick*
1953	Dr. phil. h.c. der Universität Heidelberg – *Lionardo als Philosoph*
1954	*Die Frage der Entmythologisierung* (zusammen mit R. Bultmann)
1955	*Schelling. Größe und Verhängnis*
1957	*Die großen Philosophen I*
1958	Friedenspreis des Deutschen Buchhandels – Ehrenmitglied der Deutschen Akademie für Sprache und Dichtung in Darmstadt – Ehrenmitglied der American Academy of Arts and Sciences in Boston – *Die Atombombe und die Zukunft des Menschen* – *Philosophie und Welt*
1959	Erasmuspreis – Dr. h.c. der Universität Paris – Dr. h.c. ès lettres der Universität Genf
1960	*Freiheit und Wiedervereinigung*

1937	Aufbau und Leitung des Katechetischen Seminars der Bekennenden Kirche in Berlin; nach Verbot 1938 Fortsetzung der illegalen Arbeit in den „Sammelvikariaten" – Beginn der Freundschaft mit Dietrich Bonhoeffer. – Mitglied im Bruderrat der Altpreußischen Union
1939	*Der kirchliche Unterricht. Aufgabe – Umfang – Einheit* (2. Auflage 1947)
1940	*Die Straße der Heimkehrer* – *Glaube und Bildung*
1942/43	Vorbereitung der ungedruckten Festschrift zum 60. Geburtstag von Jaspers
1944	Ordination in Berlin
1944-1945	Pfarrverweser in Falkenhagen (Lippe)
1946-1959	Aufbau und Leitung der Pädagogischen Akademie Wuppertal
1946-1971	Lehrauftrag für Pädagogik und Katechetik an der Kirchlichen Hochschule Wuppertal
1946	*Kirche – Schule – Lehrerschaft* – *Die kulturpolitische Verantwortung der Kirche* – *Um Heil oder Unheil im öffentlichen Leben*
1947	*Der heilige Ruf*
1949-1965	Herausgeber der Zeitschrift „Der evangelische Erzieher"
1950	Mitbegründer der „Gemeinschaft evangelischer Erzieher" Mitverfasser der „10 Rengsdorfer Thesen zum evangelischen Religionsunterricht" *Evangelische Lehre von der Erziehung* (2. Auflage 1958)
1951-1965	Maßgebliche Mitverantwortung im „Arbeitskreis Pädagogischer Hochschulen"
1954	*Glaube – Welt – Erziehung*
1956	*Pädagogisches Reisetagebuch New York – San Franzisko*
1958	*Wuppertaler Buch für Schule und Lehrerbildung* Maßgebliche Mitarbeit am „Wort zur Schulfrage" der EKD-Synode, der er mehr als

1961	Emeritierung – *Die Idee der Universität* (zusammen mit K. Rossmann)
1962	Dr. med. h.c. der Universität Basel – *Der philosophische Glaube angesichts der Offenbarung*
1963	Preis der Oldenburg-Stiftung – Ehrenbürger der Stadt Oldenburg – Ehrenmitglied der Gesellschaft für Forensische Medizin Madrid – Ordensauszeichnung der Bundesrepublik abgelehnt – *Gesammelte Schriften zur Psychopathologie*
1964	Orden Pour le mérite – Ehrenmitglied der Royal Medico – Psychological Association London – Mitglied der Académie Royale Belgien – Ehrenmitglied der Academie der Athener – *Nicolaus Cusanus*
1965	Internationaler Friedenspreis Lüttich – *Kleine Schule des philosophischen Denkens – Hoffnung und Sorge. Schriften zur deutschen Politik 1945-1965*
1966	Ehrenmitglied der American Psychopathological Association – *Wohin treibt die Bundesrepublik?*
1967	Erwirbt das Basler Bürgerrecht. – Gibt die deutschen Pässe zurück – *Antwort – Schicksal und Wille. Autobiographische Schriften – Philosophische Aufsätze*
1968	*Aneignung und Polemik. Gesammelte Reden und Aufsätze zur Geschichte der Philosophie*
26.2.1969	gestorben in Basel (90. Geburtstag von Getrud Jaspers) – *Provokationen. Gespräche und Interviews.*
1970	*Chiffren der Transzendenz*

	zwei Jahrzehnte als Synodaler angehörte
1961	*Leibeserziehung in der Gesamterziehung* (2. Auflage 1967)
	Erziehung – Bildung – Geborgenheit
1962	*Volksschule in evangelischer Verantwortung*
3.5.1963	Ehrendoktorwürde der Theologischen Fakultät der Universität Bonn
1963	*Das Problem der Didaktik*
1963-1971	Lehrauftrag an der Pädagogischen Hochschule Hagen bzw. Pädagogischen Hochschule Ruhr
1964	Pensionierung und Verabschiedung von der Pädagogischen Hochschule Wuppertal
1971	Verleihung des Großen Verdienstkreuzes
1975	*Wie ist Erziehen noch möglich?*
14.5.1975	gestorben in Detmold

BRIEFE

1 1. Nov. 1919

Sehr geehrter Herr Professor!

Darf ich mit einer kleinen Bitte kommen, von deren Erfüllung ich mir sehr viel verspreche?

Ich möchte darum ersuchen, Herrn Professor einen Besuch machen zu dürfen, um bei dieser Gelegenheit mir Rat in einigen dringenden Fragen zu holen.

Seit meiner Soldatenzeit, die mit meinem freiwilligen Eintritt im Frühjahr 1916 begann, habe ich mich ernsthafter mit philosophischen Fragen beschäftigt, und mir nach der Revolution und Entlassung die Philosophie als Fachstudium erwählt.

Rickerts Liebenswürdigkeit ließ mir eine besondere Berücksichtigung zuteil werden, und ich habe mich mit Herz und Seele vorerst seinen Bahnen angeschlossen und vor allem Windelbands strenger historischer Schulung unterworfen.

Man hat nun in der Philosophie in der Mannigfaltigkeit, die an uns herantritt, seine besonderen Interessengebiete: und ich glaube in den Übungen über Hegel eine gewisse Gemeinschaft darin bemerkt zu haben, die mir den Wunsch nahe legen, mich mit Ihnen einmal auszusprechen.

Meine Lektüre – so wenig sie in der kurzen Zeit meines Semesterstudiums sein kann – hat sich auf folgende Werke erstreckt:
Lehrbuch und neuere Geschichte – Windelband und seine Präludien – Rickerts Gegenstand, soweit ich ihn in seinen Übungen benötige in Verbindung mit Lasks Logik.

Nietzsche zum Teil, nur um über ihn urteilen zu können, noch weniger Schopenhauer. Simmels und Cassirers Kant.

In der Psychologie haben mich – nachdem mir Maiers Kolleg im Sommer leider nicht das Geringste zu geben vermochte, die Versuche Luckas über die Grenzen der Seele und die 3 Stadien der Erotik sehr gefesselt, und ich beginne nun mit Kierkegaards Werken, die ich in der Gesamtausgabe besitze.

Als Einleitung in die Philosophie hat mir weniger Külpe als ganz besonders Windelband gedient und auch Rickerts Sommerkolleg.

Darf ich nun meine Bitte wiederholen und Herrn Professor ersuchen, mich durch untenstehende Anschrift zu benachrichtigen; wenn ich vielleicht eine kleine Zeitgrenze ziehen darf, am liebsten vormittags außer Mittwoch wegen Rikkerts Übungen.

Ich erlaube mir, mit freundlichem Gruße zu sein

Ihr ganz ergebener Oscar Hammelsbeck
studphilos. Heidelberg, Gaisbergstr. 1 II

2 Heidelberg, den 28.4.21

Seit langem habe ich immer wieder den Gedanken verworfen, mit Ihnen, hochverehrter Herr Professor, wieder in persönliche Verbindung zu treten, die ich vor anderthalb Jahren verlor, als mir eine dringende Reise nach Saarbrücken verbot, Ihrer freundlichen Abendeinladung zu folgen. Es war einmal in voller Aufrichtigkeit der Gedanke, daß es kläglich sei, mich mit der Bitte um Ihr Wohlwollen Ihnen aufzudrängen, das Sie mir aus Höflichkeit wohl schenken würden, zweitens der, als ewig stummer Seminarhörer Ihre Geneigtheit nicht mehr zu verdienen.

Am Ende bricht aber doch in der vollen Unlust der Wunsch durch, Gedanken nicht einseitig und isoliert in sich vegetieren zu lassen, die in einer Umgebung anders interessierter Kameraden keinen Kampf und Austausch, keine Produktion finden können. Ich weiß, daß Sie, Herr Professor, das verstehen und habe die Hoffnung, darum einiges Entgegenkommen zu finden, wenn ich mich heute kurzerhand entschlossen habe, Ihnen ein Geschreibsel zu übersenden, in dem ich den Ertrag des vergangenen Semesters, Ertrag an meinem persönlichen weltanschaulichen Fortschritt, gesammelt habe.

Sie werden Stellen aus Ihrer Vorlesung, die ernsten und dankbaren Widerhall bei mir fanden, entdecken und mir hoffentlich darum nicht böse sein. Glauben Sie nicht, daß ich eitle und falsche Illusionen über die Arbeit habe, was sie als Arbeit ist; ich weiß, wie wenig und wieviel Selbstgeschaffenes sie enthält, und ertrage diesen Skrupel nur, weil ich glaube, dennoch oder gerade deshalb den wenigen Menschen, denen ich sie vortragen will, von einigem Nutzen zu sein. Wir haben nämlich in meiner Verbindung zur Pflege der allgemeinen Bildung einen allwöchentlichen Vortragsabend eingerichtet, an denen ich die ethischen Fragen nicht zu kurz kommen lassen möchte. Weiter erfährt niemand von der Arbeit.

Das, was Sie, Herr Professor, heute morgen von den Erwartungen des jungen Menschen sagten, ist für mich seit zwei Jahren, namentlich aber seit vorigem Sommer das Problem, an dem ich immer zu scheitern fürchte.

Aber ich möchte diesen Brief nicht zu lang machen und mir lieber wünschen, Sie mit meinem Anliegen nicht erzürnt zu haben.

Wollen Sie die Güte haben, das Heft nicht postwendend zurückzuschicken, sondern mich von der Stunde zu benachrichtigen, wo ich es aus Ihrer Hand wieder empfangen darf, so bitte ich, mich mit rücksichtsloser Strenge zu verurteilen, – was ich zu ertragen hoffe.

Mit dem Ersuchen, etwaige rückständige Fehler der eiligen Maschinenschrift zu entschuldigen, bin ich Ihr stets ergebener und dankbarer

stud. phil. Oscar Hammelsbeck – Kettengasse 19I bei Frau Reiter

3 Heidelberg, den 6.5.21

Verehrter Herr Professor!

Mit diesem Briefe möchte ich Ihnen meinen Dank sagen für das Wohlwollen und den Ernst, mit dem Sie sich meinem kleinen Versuche und meiner Person gewidmet haben. Ich möchte es, um Sie, Herr Professor, recht wissen zu lassen, was Gutes eine solche Stunde für mich bedeutet, so wenig [auch] gesprochen werden konnte und so ärgerlich es ist, daß die besseren Fragen und Antworten sich gewöhnlich erst nachher bei mir einstellen.

Abgesehen von der Förderung, die eine direkte geistige Verbindung mit einem Älteren, Überlegenen bringt, vermisse ich den Umgang mit gleich interessierten Kameraden, mit denen ich sprechen kann, die sind meist noch unphilosophischer als ich. Ich habe keinen einzigen Freund. Oft sehe ich in den Hörsälen oder auf der Straße in junge Gesichter, die mir völlig unbekannt sind, bei denen mir eine instinktive Ahnung kommt, daß mit ihnen ein Freund für mich in diesem höheren Sinne vorübergehe, das heißt, einer, der es vielleicht werden könne. Aber Gemeinschaften und Vereine, wo ich vielleicht manchen solchen treffen könnte, sind mir zuwider.

Eine rege Kritik und Infragestellen durch gedanklichen Austausch tut mir not; ich weiß, daß die vorgestrige Stunde eine größere Klarheit und Beweglichkeit mir gebracht hat. Sie sagten mir, daß das Nachwort meiner Arbeit einen „Sprung" gegen das Vorhergehende bedeute; und ich nahm es als eine kleine Anerkennung, daß Ihnen aus seinem Inhalt ein wirkliches Erleben entgegentönte. Was ich Ihnen dazu noch gern sagen möchte – vorgestern teils zufällig, teils absichtlich verschwiegen – und was auf meine Arbeit gewiß einen wichtigen Einfluß ausgeübt hat, ist, daß ich schon länger als seit Jahresfrist verlobt bin. Ich verstehe, daß auch Sie darüber unwillig sein könnten. Aber nachdem Sie meine Arbeit kennen, werden auch Sie vielleicht einen Ernst in diesem Lebensbund vermuten, an dem ein Menschenpaar gemeinsam trägt, das selbst oft darüber schaudert, erst knapp vor oder nach den ersten 20 Lebensjahren zu stehen. Hier findet sich, wenn Sie wollen, auch mein einziger Freund. Ich wollte diese Mitteilung nachholen, weil sie vermutlich die Aufgabe hat, den Eindruck der Echtheit des Nachwortes, den Sie mir bezeugten, zu verstärken.

Noch etwas. Ich habe auf Ihre Frage nach dem Ziel meines Studiums, verehrter Herr Professor, geantwortet, den Beruf des Oberlehrers im Auge zu haben. Diese Resignation hat vielleicht nicht ausgedrückt oder vielmehr den Anschein bewirkt, als sei ich der „wissenschaftlichen" Laufbahn abgeneigt. Das gerade Gegenteil ist der Fall; sie ist mein erstes Ideal gewesen, als ich nach Heidelberg zog, und geblieben. Nur materielle Verhältnisse ließen mich zu einem „Brotberuf" wählen; ich bin als alleinstehende Waise darauf angewiesen und kann sogar in meiner jugendlichen Selbständigkeit nur recht schwer einen gewissen Leichtsinn bezähmen, der sich in einer Bücherleidenschaft kundtut. Indessen fehlt mir nicht eine große Freude für pädagogische Tätigkeit, wenn ich auch bei Gelegenheit sofort mit einer „spezifisch wissenschaftlichen" Laufbahn tauschen würde.

Ich hatte das Bedürfnis, unsere vorgestrige Unterredung wenigstens soweit zu korrigieren.

In der Wichtigkeit, die sie für mich hatte, habe ich sie mir gestern nachdrücklich ins Gedächtnis zurückgerufen und dadurch klarer gemacht, indem ich die Hauptsache niederschrieb mit der Adresse an meine – Sie wissen, wie ungern ich dieses Wort brauche – an meine Braut in Saarbrücken.

Sie erwartet mit Spannung meinen Bericht, – sie ist es gewesen, die mich eigentlich von Anfang dazu getrieben, Ihnen, Herr Professor, die Arbeit zu überreichen.

Mein Leben, wie es sich im letzten Jahre mir aufgetan, möchte ich als einen Jahrmarkt bezeichnen, auf dem ich mich abenteuerlich herumschlage, in einem weltanschaulichen Wirbel zwischen Humboldt, Hölderlin, Nietzsche, Weber, Beethoven, Rolland, Tolstoi, Ibsen usw. und ich weiß, daß ich nun die Straße gefunden habe – möge sie zu einer wissenschaftlichen Durchdringung führen, – ich danke Ihnen, daß Sie zwischen dem Jahrmarkt und der Straße gestanden haben.

Empfehlen Sie mich bitte Ihrer Frau Gemahlin und nehmen selbst meine verbindlichsten Grüße entgegen

Ihr allezeit dankbarer

Oscar Hammelsbeck

4

Saarbrücken 1, den 1. Jan. 24
Spichererbergstr. 67

Mein sehr verehrter Professor Jaspers!

Mit dem Jahreswechsel möchte ich endlich einer lange gefühlten Verpflichtung des alten Jahres nachkommen, der es nicht an Freude zur Erledigung, sondern nur an rechter Zeit gefehlt.

Im Mai habe ich bereits mein Examen in Heidelberg bei Alfred Weber gemacht und in Fächern, die keine Prüfung und Bemühung durch Sie forderten, während ich mich in der Dankbarkeit für meine Lehrer zuerst an Sie erinnert fühle, als an den, der mich den Weg zu diesem Examen, oder was mehr bedeutet, zu diesem Bildungsgang gewiesen. Ich kam aus konventionell-bürgerlich-enger Umgebung, durch das Erleben als Soldat zum Verlangen nach freieren Einsichten geweckt, ich wollte mit Gewalt ein philosophisches Weltbild gewinnen. Vorurteil, Falschurteil und Größenwahn hielten mich stattdessen in den alten bürgerlichen Grenzen. Erst der Umgang mit Ihnen und Ihrer Gedankenart riß mich aus diesem philosophischen, philosophisch-falschen Weltbild in ein solches, das mir psychologisch-soziologische Aufgaben stellte. In ihm habe ich den ganzen Sinn meines Studiums gefunden, das mich zur Sozialökonomik drängte, als deren größter Geist mich Max Weber fesselte.

Max Weber und Nietzsche haben mich nicht mehr los gelassen, und ich denke, sie als Meister zu haben, läßt entschuldigen, daß Kant und Hegel, so sehr sie mich interessieren, noch in meinen Bücherregalen auf mich warten, denn dazu bin ich noch nicht gekommen. Eine Zeitlang war ich Syndikus der deutschen politischen Parteien des Saargebietes, ich bin im Vorstand geblieben, aber inzwischen als Chef der seit 1820 bestehenden Pianofortefabrik Julius Deesz in eine andere Tätigkeit übergegangen. Meine Arbeit macht mir große Freude. Ich fühle mich als freier Mensch und habe eine glückliche geistige Ehe gefunden.

Manchmal nehme ich meine kleinen Arbeiten aus der Studentenzeit vor, mit denen ich als Proben meiner philosophischen Beschäftigung auch zu Ihnen gekommen bin und die Sie so freundlich kritisierten. Ich nehme sie auch heute noch zu ernst, als daß sie lächerlich auf mich wirkten.

Sie und Carl Neumann sind die Lehrer meines Bildungsganges, denen ich persönlich am meisten verdanke.

Ich habe damals lange geschwankt, wen ich für das zweite Nebenfach meines Examens wählen solle, bis mir die Kunstgeschichte für eine Detaillierung, die erforderlich war, geeigneter erschien als die Philosophie als Examensstoff.

Ich wünsche Ihnen und Ihrer sehr verehrten Frau Gemahlin ein neues Jahr in Gesundheit und froher Arbeit

und bin mit herzlichen Grüßen Ihr dankbarer Schüler

Oscar Hammelsbeck

5 Saarbrücken, den 27. Dez. 1930

Lieber verehrter Professor Jaspers!

Nach langen Überlegungen bei Tag und bei Nacht bin ich entschlossen, Sie um Ihren freundschaftlichen Rat zu bitten. Seien Sie nicht böse, wenn ich Ihnen gleich 2 Aufsätze zu lesen schicke. Es genügt vielleicht, daß Sie nur hineinsehen, um zu einem Urteil darüber zu gelangen, ob meine Pläne gut sind oder nicht. Das Manuskript ist ein Kapitel von fünfzehn zu einem knappen Büchlein, das ich im letzten Jahre gedrängt war zu schreiben, dessen Thema und Disposition ich auch beilege. Ob ich es drucken lassen kann, ist fraglich geworden. Die Verleger, die mir ihr freundliches Interesse bekundeten, sind durch die wirtschaftliche Notlage nicht aufgelegt, sich mit „esoterischen" Schriften zu belasten. Marianne Weber, die dieses Kapitel auch kennt, hat mir sehr anerkennende Worte geschrieben, aber sie versteht doch nicht mehr, um was es mir geht. Sie stellt es neben Simmel als eine „fein gesponnene Metaphysik". Der andere Aufsatz deutet vielerlei Gedanken und Zweifel an, an die ich in der Praxis meiner pädagogischen Arbeit komme.

Das ist nun der Punkt, wo ich Ihres Rates bedarf. Sie wissen, daß ich mit wirklicher Hingabe in meinem Berufe stehe. Eben darum komme ich immer mehr an seine Grenzen. Die Menschen, die mich brauchen, mißbrauchen mich. Es ist eine fatale Situation in der Volksbildung, daß wir als *Person* alles hervorbringen und hergeben sollen, daß keine genügende Fülle an Gemeinschaft, Dogma oder Wirklichkeit hinter uns und in uns ist, aus der heraus verbindlicher gesprochen und gegeben werden könnte. Und wenn wir wirklich etwas haben, ein klein wenig, das mit Herzblut erkauft und sehr schwer errungen ist, dann verfällt es einer lächerlichen Zustimmung bei solchen, die es nicht verstehen, und andere, von denen eine förderliche Kritik erwartet werden könnte, lassen sich vertreiben. Ich empfinde es als unser härtestes Schicksal, als einer der Schlüssel zu der geistigen Unwirksamkeit in unserer Zeit, daß wir nur überall ins Weiche fassen mit dem, was wir Wirkliches erringen und kein wirklich kritisches Gegenüber finden.

Auf diese Weise erklärt sich dieser Zustand, daß durch das Fehlen einer begrenzten Fülle, in der der Pädagoge sein Feld behaupten könnte, ich anfangen muß, Bücher zu schreiben, um eine andere anonyme Verbundenheit der Geister zu suchen. Die Einsamkeit, in der ich mich geistig befinde, könnte heilsam und fruchtbar werden, wenn sie nicht nur eine Insel der Verzweiflung innerhalb der pädagogischen Praxis sein müßte.

So suche ich nach theoretischen Begründungen und Folgerungen meiner praktischen Erfahrung, nach wissenschaftlicher Arbeit. Es ist nicht möglich, länger als fünf bis zehn Jahre Volkshochschule zu halten, ohne an eine gefährliche Routine oder hausbackene Verspießerung zu gelangen. Ich möchte deshalb Schritte tun, um möglicherweise über den Weg der Habilitierung den Gewinn dieser praktischen Jahre in andere Wirksamkeiten zu leiten. Können Sie mir dazu raten, und wenn ja, würden Sie mir der fachliche Helfer bei der Universität Heidelberg sein wollen?

Als Arbeit denke ich an eine zusammenfassende Darstellung der Bildungsprobleme in bezug auf Weltanschauung und Politik, wie sie mir aus der Erwachsenenbildungsarbeit zur Fragestellung geworden sind. Das nur als Andeutung.

Ich bin vom 1.-7. Januar auf der Comburg in Schwaben, dort auch mit Marianne Weber zusammen. Am 8. abends habe ich in einem Saarzyklus einen Radiovortrag in Frankfurt zu halten. Darf ich Sie am 8. vormittags in Heidelberg besuchen und mit Ihnen diese Dinge besprechen? Paßt es Ihnen, so erbitte ich eine kurze Mitteilung mit Zeitangabe an mich nach Volkshochschule Comburg bei Schwäbisch-Hall.

Mit herzlichen Grüßen und Neujahrswünschen
an Sie und Ihre verehrte Frau Gemahlin von
Ihrem getreuen

Oskar Hammelsbeck

6 Heidelberg, 31.12.30

Lieber Herr Hammelsbeck!

Ich danke Ihnen herzlich für Ihre jetzigen und früheren Sendungen, die mich stets interessiert haben.

Am 8. Januar (Donnerstag) erwarte ich Sie vormittags 12 Uhr in meiner Wohnung, wenn ich nichts anderes höre.

Zwar kann ich Ihnen auf Grund des Vorliegenden keine Aussicht auf eine Habilitation für Philosophie machen. Aber es wäre doch vielleicht sinnvoll, daß ich Sie über die Möglichkeiten unterrichte, und daß wir über Ihre Lage uns einmal unterhalten.

Mit herzlichen Grüßen und
guten Wünschen zum neuen Jahr

Ihr K. Jaspers

7 Volkshochschule Comburg, 4.1.31

Lieber Professor Jaspers!

Vielen Dank; ich werde am Donnerstag 12 Uhr bei Ihnen sein.

Das „Vorliegende" sollte keine Empfehlung für die Möglichkeit der Habilitation sein, sondern nur für das Ausmaß oder den Tiefgang meiner allgemeinen Einsichten, sofern sie das sein können und ausdrücklich sich des nicht-wissenschaftlichen Gewandes bedienen müssen. Was mir fehlt, ist eine gründliche wissenschaftliche Disziplinierung, in der Studentenzeit versäumt unter den damaligen abenteuerlichen Verhinderungen; was ich meine, ist eine logisch-disziplinierte Anstrengung im Nachtrag zu wohl wichtigen Erfahrungen des Lebens und des Berufes. Vielleicht ist es aber mein Schicksal, daß meine Lebens- und Ausdrucksform abseits der akademischen Form ihren Weg zu gehen hat.

Auch dann würde durch Ihren Rat hindurch eine Klärung über diesen Zustand glücklich sein, der . . . ein objektives Rückgrat braucht. Es bedarf zwar nicht der Flucht aus der Labilität unseres Weltbildes, für die der wachsende Glaube einsteht, aber sie bedarf der logischen Meisterung und des bewußt gemachten Ortes in der Geistesgeschichte. Sonst nimmt der Dilettantismus überhand, da man nicht dauernd echt bleiben kann im Essayistischen.

Mit Gruß

Ihr dankbarer Oskar Hammelsbeck

8 8.3.31

Verehrter Professor Jaspers!

Ich wäre Ihnen sehr dankbar, wenn Sie mir mein Manuskript (Kap. 14) sofort zur Volkshochschule Comburg bei Schwäbisch-Hall schicken könnten, wohin ich soeben reise.

In Eile mit herzlichen Grüßen
auch an Ihre Frau Gemahlin

Ihr Oskar Hammelsbeck

9 Saarbrücken 18. Okt. 31

Mein lieber verehrter Herr Jaspers!

Seit wir im vorigen Jahre im kurzen Gespräch vom „Menschen am Anfang" als unserer gemeinsamen praktischen und theoretischen Erkenntnis sprachen und Sie andeutend auf Ihre nun erscheinenden Bücher hinwiesen, habe ich mit verhaltener Spannung das Göschen-Bändchen erwartet. Nun haben Sie es mir liebenswürdigerweise einen Tag früher geschickt, als es auch durch meine Buchhändler in Heidelberg und Saarbrücken ins Haus kam. So konnte ich es schon zweimal verschenken und darf Ihnen ganz besonders herzlich danken.

Verstehen Sie recht, wenn ich nach zweimaligem Lesen meinen Dank nun so ausspreche, –: daß ich nun weiß, wie sehr ich Ihr Schüler war und geblieben bin! Meine Studienjahre gingen nicht mit Jaspers zu Ende, sondern bei Alfred Weber und einem sozialwissenschaftlichen Examen. Dann sind diese 8 Jahre praktisches Tun und Denken gefolgt, wobei es keine Stützen an Lehrmeinungen gab, die ich von der Universität hätte übernommen haben können. Lese ich nun Ihre Thesen, so gibt es nur zweierlei Erklärungen für die Übereinstimmung. Mein Leben und meine Erfahrung führen mich in dieselbe Erkenntnis der Wirklichkeit. Und zweitens, was Sie vor zehn Jahren in das aufgeschlossene Gemüt des kriegsentlassenen Studenten gesenkt haben, ist von einer ungewollten und ungewußten, aber um so prägsameren Bestimmung gewesen.

In einem Augenblick, wo mein Glaube an die Volksbildung – wie ich sie tue – vor die Entscheidung gestellt ist, durchgreifende Maßnahmen gegenüber Politik und Ungeist zu verwirklichen, kommt Ihre Botschaft als fördernde Besinnung und Kraft. Es tut so gut, in der Verlegenheit, täglich ohne zureichende Mittel Gebender sein zu müssen, einmal wieder ganz still Empfangender zu sein.

Auf meinem Schreibtisch stehen Bücher, die ich in diesen Monaten durcharbeite (darunter Heidegger, Geismars Kierkegaard, Karl Heim, Hans Weil u.a.). Ich hoffe, daß bald Ihre großen Bände dazukommen. Im Einzelnen möchte ich nur kurz bemerken, wie sehr mir Ihre Thesen zum Verstehen der geschichtlichen

Welt weiterhalfen und mir auch als fruchtbare Überwindung zu Grisebach bedeutsam scheinen.

Ich grüße Sie und Ihre Frau
als Ihr herzlich dankbarer O. Hammelsbeck

10 [Postkarte abgestempelt 20.10.31]

Lieber Herr Hammelsbeck!

Haben Sie herzlichen Dank für Ihren freundlichen Brief und Ihre zustimmende Gesinnung. – Ich hoffe, daß Ihnen in Ihrer Volksbildungsarbeit der Weg nicht verbaut wird. Mir scheint hier immer eine große Aufgabe zu liegen und Ihre Haltung in dieser Situation eine solche, die etwas verspricht. Es ist gewiß nicht leicht.

Alles Gute, und herzliche Grüße

Ihr K. Jaspers

11 Saarbrücken 1, 10. Jan. 33

Lieber verehrter Professor Jaspers!

Leider ist ein solcher Briefwechsel wie zwischen Schickele und mir ziemlich hoffnungslos – ein Gestrüpp der Mißverständnisse. Dennoch will ich Sie davon wissen lassen als Dank für die Übersendung des Max-Weber-Büchleins. Bitte schicken Sie den Brief von Schickele gelegentlich zurück.

Meine Arbeit steht innerlich gut, äußerlich schlechter denn je. Man muß einen aussichtslosen Kampf gegen Partei- und Interessenpolitiker führen, um unserer erwerbslosen Jugend – es sind so prachtvolle Kerle darunter – ihren kargen Lebensraum zu retten.

Mit herzlichen Grüßen an Sie
und Ihre Frau Gemahlin

Ihr getreuer O. Hammelsbeck

12 Heidelberg, den 15.1.1933

Lieber Herr Hammelsbeck!

Haben Sie herzlichen Dank für Ihren Brief und Ihre Correspondenz mit Schickele, dessen Brief ich wieder beilege. Es ist mir wohltätig, Ihre Gesinnung für unser Philosophieren wahrzunehmen.

Die Neujahrsbetrachtung Schickeles ist mir nicht zu Gesicht gekommen. Sollten Sie das Zeitungsexemplar besitzen, wäre es lieb von Ihnen, es mir einige Tage zur Einsicht zu leihen.

Daß Ihre Arbeit Sie befriedigt und sich als innerlich sinnvoll erweist, las ich gern. Umso mehr wünsche ich, daß es Ihnen gelingen wird, sie auch materiell trotz aller Schwierigkeiten aufrecht zu erhalten. Aus den jungen Erwerbslosen, soweit sie treffliche Menschen sind, kann doch in veränderten Zeiten noch Tüchtiges werden. Dafür ist ihre Betreuung in diesen schlimmen Jahren sehr wichtig.

Mit herzlichen Grüßen auch von meiner Frau an Sie und Ihre Frau

Ihr Karl Jaspers

13 Heidelberg, den 23.1.1933

Lieber Herr Hammelsbeck!

Mit herzlichem Dank schicke ich Ihnen den Zeitungsausschnitt zurück. Es ist in der Tat grotesk, so aufgefaßt zu werden. Ihr Brief ist mir nun in seinen einzelnen Sätzen erst ganz verständlich. Ich danke Ihnen darum noch einmal für Ihren Versuch, für unser Philosophieren bei Schickele eine Lanze zu brechen. Mir scheint, daß die Mißverständnisse einer unbewußten vorher eingenommenen Tendenz entspringen, aus der heraus er gar nicht mehr eigentlich hört und liest. Es ist mir nicht zum ersten Mal passiert, daß ich das Gefühl habe, ganz zufällig zu einer meine Arbeit gar nichts angehenden Pointe verwendet zu werden.

Ich hoffe gelegentlich mal wieder von Ihnen zu hören und wünsche Ihnen sehr, daß Ihre Arbeit Ihnen nicht ruiniert wird.

Mit herzlichem Gruß

Ihr Karl Jaspers

14 S[aarbrücken], den 3.2.33

Lieber Herr Prof. Jaspers!

Am Tage, als ich Ihren freundlichen Brief erhielt, schrieb ich gerade noch mal an Schickele. Ich schicke Ihnen auch seine Antwort, mit der er, „unbelehrt", den Briefwechsel beschließt. Schickeles Brief erbitte ich zurück.

Mit freundlichen Grüßen

Ihr O. Hammelsbeck

15 Heidelberg, den 6.2.1933

Lieber Herr Hammelsbeck!

Ich danke Ihnen herzlich für Ihre neuerliche Correspondenz mit Herrn Schickele. Dieser Mann scheint mir hoffnungslos. Jedoch haben mich Ihre Ausführungen lebhaft interessiert. Daß Sie mit so großem Ernst an diesem Philosophieren teilnehmen, ist mir eine große Befriedigung. Daß Ihnen die Philosophie nicht genügt, kann ich gut verstehen, wenn ich auch selbst den Sprung nicht zu tun vermag. Aber darüber kann, wenn man wie ich philosophiert, niemals ein Kampf entstehen.

Es ist schön, daß ich einmal wieder von Ihnen gehört habe. Seien Sie zufrieden, wenn ich trotz meiner Freude in der knappen Zeit des Semesters nur so kurz antworte.

Mit herzlichen Grüßen

Ihr K. Jaspers

16 Saarbrücken im Advent 1935

Liebe und verehrte Jaspers!

Ihnen Beiden sende ich zum Weihnachtsfest herzliche Grüße und Wünsche. Diese Zeit lehrt uns, Wünsche untereinander mit denen auszutauschen, mit denen wir im Einklang sind: Je weniger es werden, desto dichter wird uns das Leben.

Ich habe in diesen Tagen die Groninger Vorlesungen durchgearbeitet und auch immer wieder zu den drei großen Bänden gegriffen. Ich möchte Ihnen sagen, wie es mir damit ergeht, – vor allem, weil mich die Hilflosigkeit und Verkrampfung in der Antwort Sternbergers auf Schmiele fast anwidert. Man wünscht sich in Ablehnungen so gern ein starkes Gesicht, und hier gab es nur eine mißvergnügte Fratze.

Umso mehr blieb mir die Frage zurück, wie ich eigentlich zu Jaspers stehe.

Es wäre um nichts besser, wenn aus meiner Zustimmung nur ein süß lächelndes Frätzchen herausschaute. Mir ist es immer bedenklich erschienen, mich als einen „Schüler“ zu wissen. Und ich habe mehr als 10 Jahre keinen Gebrauch davon gemacht. Es meldete sich mir immer der Zweifel, daß Heidelberg für mein Studentsein doch mehr oder weniger ein Zufall gewesen. Ich wollte “Philosoph” werden und hielt mich darum an den Modenamen Rickert. Als ich dann Jaspers hörte, wurde mir klar, daß er mich mehr anging, und ich ließ mich führen. Dann kam der Widerstand des Lebens gegen meine Träume und ein langer Umweg ohne Ziel. Die philosophischen Einsichten schienen verschlossen; ich hatte ihnen den Rücken gekehrt, und der Anspruch täglich neuer Situationen forderte mich von Einsatz zu Einsatz, aber damit auch von Besinnung zu Besinnung. Die Theologie meldete sich in ihnen, und was mir erschien, war die „Christlichkeit der Existenz“.

Und dann wirft mich der Zusammenbruch äußerer „Existenz“ 1933 hinein in den Jasperschen „Glaskasten“ mit der nun erst schülerhaften Dämmerung: so ist unsere Erfahrung!

Seitdem geht es für mich um die kritische Selbstkontrolle über die sich in mir vorwegnehmende Selbstverständlichkeit, daß unser philosophisches Weltbesinnen und Denken – ich sage nun ganz bewußt: *unser* – mit dem von mir erfahrenen christlichen Anspruch gleichen Schritt hält. Es vollzieht sich sozusagen dabei ein dialogisches Verhalten in mir selbst. Ich habe noch keinen Widerspruch zwischen diesem Philosophieren und dieser Christlichkeit entdeckt als nur den einen, dem wiederum gerade die Existenz-Philosophie entscheidend Raum gibt, wenn sie ihr Scheitern an der Verborgenheit Gottes als *unvergeßliche Wirklichkeit* nimmt.

Seitdem erkenne ich mich in allen Überlegungen durch meinen „Lehrer“ gefördert und rückbetrachtend meine früheren volkspädagogischen Arbeiten unter denselben Vorzeichen. Das ist schön und macht dankbar.

Ich fühle mich ganz frei, nun auch mit dieser Philosophie vor die Lehrerschaft zu treten und an sie Forderungen und Folgerungen für das zu knüpfen, was wir notwendig heute über Gemeinschaft und Volk zu denken haben. (Ich lege Ihnen die Disposition dazu bei.)

Sie sehen nach diesem allen: ich befinde mich einigermaßen wohlgemut in meinem Dilemma. Und doch wäre mein Schreiben unvollständig, wenn der Unterton dieser Wohlgemutheit nicht seine bestimmende Gewalt mitverkündete: unsere Not um das scheinbar Vergebliche unseres Tuns und Verharrens.

Mit diesem Leiden um Deutschland schlafen wir ein, mit ihm wachen wir wieder auf. Wie grausam ist es, uns darin belebt zu finden, was Platen vor mehr als 100 Jahren in einem Gedichte hinausseufzte:

> „Was ich soll, wer löst mir je die Frage?
> Was ich kann, wer gönnt mir den Versuch?
> Was ich muß, vermag ich's ohne Klage?
> So viel Arbeit um ein Leichentuch!

Kommt und lispelt Mut ins Herz mir, zarte
Liederstimmen, die ihr lange schlieft,
Daß ich wie ein Träumer nicht entarte,
In verlorne Neigungen vertieft."

Es ist eben doch ein Kampf, ob die Würde der Person – ihre „Dignität" nach Thomas – nur in der Erfüllung eines der Person gemäßen Amtes gewahrt wird, ob sie ohne das doch nur in der Eremitage enden kann!

Leben Sie wohl, freuen Sie sich unserer Verbundenheit in den Tagen der Ruhe; ich grüße Sie mit meiner Frau

herzlichst als Ihr O. Hammelsbeck

17 Saarbrücken, am 29.6.36

Mein lieber, verehrter Professor Jaspers!

Wie merkwürdig ist das, daß mich erst die dicken Schlagzeilen der Zeitung an das Fest unserer Universität erinnern müssen. Ich habe Heidelberg, in dem ich vier Jahre des wiedergeschenkten Lebens nach dem Krieg verbrachte, oft meine zweite Heimat genannt. Ich habe nie das Gefühl verloren, daß diese Jahre meine Heimat bleiben als Wiege des geistigen Lebens, für das wir nun nach kurzen Lehr- und Wanderjahren in einem neuen, anderen Kriege stehen. Die Festung, in der wir einst die Kraft gewannen, ist heute von anderen Mächten belagert, daß wir keinen Weg des Friedens zu ihr hindurchzufinden vermöchten, um ein Jubiläum des „lebendigen Geistes" zu feiern.

Wenn es darum geht, Dankbarkeit zu bezeugen, dann soll man mich trotzdem in der vordersten Linie treffen. Die Form eines solchen Dankes ist nicht in unsere Wünschbarkeit gestellt. Man sollte denken, daß ihr bestes Zeugnis sich in der Leistung erwiese. Aber wir erkennen in unserer Lage, daß Tat und Tugend doch nicht so ohne weiteres miteinander gemessen werden können. Die Tugenden – und damit im großen Rahmen das Sittliche überhaupt – sind etwas, das uns aus der Erfahrung der Wirklichkeit zuwächst. Und darum ist es so: Wenn der lebendige Geist, dem wir unsere bildsamen Jahre in Heidelberg hingegeben haben, uns ein Stück der Wirklichkeit geworden ist, dann besteht unsere höchste Tugend ganz von selbst darin, die Größe dieses Wirklichen nicht zu verleugnen.

Der Weg, den Sie uns als Lehrer in der gleichen Treue für den lebendigen Geist gewiesen haben, führt uns zwar in die Jahre, in denen wir wirklich etwas leisten könnten, aber an der Wahrnehmung der Gelegenheiten vorbei, die uns die Zeit bietet. Dieses Abseitsstehen wird somit ein Kämpfen, Leiden und Entsagen, – früher als es unserem Lebensalter zukommt, aber zugleich eine Bewährung an Einsatzbereitschaft, die in sich das Bewußtsein einer Zukunft trägt, und wenn es auch nur beim Erhalten des Feuers für das folgende Geschlecht bleiben sollte.

„Nicht nur Verdienst, auch Treue wahrt uns die Person" (Schiller).

Mir fällt oft Ihr Wort bei der Volkshochschultagung 1929 ein über die Kette der Hochschullehrer vom 19. Jahrhundert her bis dahin: Sie hätten noch Max Weber als lebendige Lehrerpersönlichkeit gehabt, die heutigen nur Ihre Generation, „und die späteren? ?"

Ich will mich einmal als Ihr Schüler ganz dieser Wertskala annehmen und aus meinem Dank, den ich Ihnen gegenüber empfinde, keine Schmeichelworte machen: Wie sehr muß dann die Zeit, die nunmehr über uns gekommen ist, eine innere Sammlung werden, um für eine spätere Saat in die Scheunen zu sammeln!

Bereitmachen und wachsen aus der Saat, die in uns gefallen ist, – das bleibt in der Neige des Wunsches, den wir an ihrem Fest für Ruperto Carola hegen! Böser Wille kann das als Verstocktsein oder Feindschaft aussinnen, und doch ist unser Herz und Sinn immer auf dem Sprung, diesem Deutschland und jedem Deutschland zu dienen mit aller Kraft und Tugend, aber eben jener obersten Tugend der Wahrhaftigkeit, die nicht dienen kann, ohne an ihr Wesen gebunden zu bleiben.

So sieht meine Dankbarkeit für unsere Universität aus und für Sie, die Sie mir ihr Wesen verkündeten.

Lesen Sie beide bitte das Beiliegende; darf ich aber bitten, es mir wiederzuschicken! Vielleicht über Marianne Weber. Und wie geht es Ihnen und Ihrer verehrten Frau, und wie ist es Ihrem Nietzsche ergangen?

Mit guten Wünschen

Ihr getreuer O. Hammelsbeck

18 Heidelberg, 30.7.36

Lieber Herr Hammelsbeck!

Erst heute kam ich dazu, Ihr Manuskript zu lesen. Ich tat es mit wachsender Ergriffenheit. Sie sprechen ein Wahres aus, mit allem Maß und aller Gerechtigkeit, aber auch mit aller Unerbittlichkeit, um das man nicht herumkommen kann und darf. Sie lassen den Blick in eine Tiefe fallen, wo die unabsichtliche Wahl stattfindet: „alles verschüttet" oder „Ursprung".

Mehr noch ergriff mich, daß ich ständig an Sie dachte und etwas von dem Schweren, Ungesagten und nicht eigentlich Sagbaren erfuhr, das Sie ergriffen haben, weil *es* Sie ergriffen hat. Ich selbst kann hier, wie Sie wissen, nicht mitreden, da ich nicht im Kriege war. Um so aufgeschlossener bin ich, wenn ich von da etwas Echtes höre.

Ich danke Ihnen herzlich.

Beiliegend sende ich, wie gewünscht, das Manuskript zurück.

Herzliche Grüße

Ihr K. Jaspers

Eben denke ich daran, daß ich Ihnen wahrscheinlich für Ihren lieben Weihnachtsbrief gar nicht gedankt habe. Meine Frau und ich haben uns damals innig gefreut.

19 Lenzkirch, Haus Siebler, 5.8.36

Lieber, verehrter Professor Jaspers!

Ich danke Ihnen herzlich für Ihren Brief, den ich hier in den Regenferien erhielt. Ihre Worte sind mir sehr wertvoll; sie bestätigen, was ich in anderer Weise selbst von der Situation halten muß. Es ist eine Feststellung, daß ein Sprung geschehen ist, den man nicht wollen kann, und der nicht etwa einen Erfolg bringt. Insofern ist auch die Wahl, von der Sie sprechen, nicht eine, die vorher möglich wäre, sondern die erst aus der Freiheit geschieht, die in der Wirklichkeit des „Ergriffenseins" geschenkt wird.

Das „Ursprüngliche", mit dem wir dann Hand in Hand gehen, ist die Voraussetzung für alle Kultur, für die echte Bewahrung und Bewährung des geistesgeschichtlichen Gutes, während „Bildung" nicht ursprünglich ist und deshalb so leicht Gefahr für die Kultur wird.

Lesen Sie in diesem Sinne, wenn ich darum bitten darf, meinen fordernden Aufsatz in der Jungen Kirche, wobei ich hoffe, daß in ihm unser Philosophieren über die Existenz nicht zu kurz kommt. Bitte geben Sie beide Anlagen auch Ihrer Frau und später an Marianne Weber (ich bekam leider nicht viel Belege).

Herzlich und dankbar

Ihr O. Hammelsbeck

20 7.11.36

Liebe, verehrte Jaspers und Frau Weber!

Ich darf mich mit der Eile, in der ich heute ein gutes Dutzend Briefe nach allen Richtungen hinausgehen lassen muß, entschuldigen, Ihnen gemeinsam zu schreiben. Ich weiß ja, daß Sie alle drei mit derselben Anteilnahme die Sache aufnehmen werden, die ich Ihnen mitzuteilen habe. Das Beiliegende erklärt Ihnen die äußeren Umstände und meine Entschlüsse. Denken Sie nicht, daß ich traurig bin und den Kopf hängen lasse; ich trage ihn sogar wieder ein wenig höher als in den drei Jahren, die hinter mir liegen. Und meine gute Frau nicht minder. Im

Griechischen bin ich schon tüchtig drin und habe schon auf der ersten Seite gelernt: ẻpeí gàr ỏux parabaínomen toùs hórkous, ảll' ẻmménomen aủtoĩs, symmáchous ẻ̈xhomen ỏuk ảnthrópous mónon, ảllà kaì toús theoús – daß also, wenn wir die Eide halten, nicht nur Menschen, sondern sogar die Götter zu Bundesgenossen haben!

Aber Bundesgenossen brauchen wir eben, wenn es in einen so schweren Kampf geht. Und was die menschlichen anbetrifft, so möchte ich die Bitte nicht unwiederholt lassen, als wir gerade vor acht Tagen zusammen saßen, liebe Frau Weber, ob Ihre Empfehlung an den Verlag Langewiesche mir vielleicht eine Erleichterung verschaffen könnte. Für die Kapitel meines Ehebüchleins, das seit 1930 im Schreibtisch ruht, wird wohl jetzt keine Verlagsneigung sein, aber irgend eine andere Form meiner Eignung ließe sich vielleicht finden. Ich muß nun auch zuerst einmal sehen, ob mein Einsatz in der kirchlichen Arbeit nicht vielleicht schon in einem Maße möglich wird, daß ich an gar nicht viel anderes mehr denken darf. Aber das scheint mir sehr ungewiß.

Das Ergebnis der Heidelberger Herzuntersuchung ist sehr günstig; und da das Herz noch so arbeitstüchtig sein soll, wird der Geist ja hoffentlich nichts nachgeben, wenn auch einmal gelegentlich ein paar störende Püffe dazwischen kommen.

Mit herzlichen Grüßen von uns beiden

Ihr Oskar Hammelsbeck

Von Weniger in Frankfurt konnte ich bezüglich der Kritik Bollnows nicht viel erfahren. Die Schrift soll bis Weihnachten in Stärke von 120 Seiten fertig sein. Der „Nietzsche“ wird in der ersten Hälfte durchaus positiv beurteilt, im zweiten war zugegeben, daß das Recht besteht, die Interpretation mit den Mitteln des eigenen Philosophierens zu durchdringen; doch scheint hier über Ausmaß oder Form der Ansatz zur Kritik zu liegen; relato refero.

Frau v.d. Kall wollte so liebenswürdig sein, den Lessing gelegentlich bei Ihnen abzugeben.

21 Heidelberg 9.11.36

Lieber Herr Hammelsbeck!

Nun ist so schnell erfolgt, was Sie neulich befürchteten! Sie gehen mit Ihrer Frau tapfer auf den neuen Weg. Möge er Ihnen glücken! Daß sie in irgendeiner Weise im kirchlichen Dienst Möglichkeiten für Ihre pädagogischen Fähigkeiten gewönnen, wäre sehr zu wünschen. Daß das ohne die theologischen Examina [nicht] anders als vorübergehend und dauernd ungewiß ginge, vermute ich. Die Examina sind – zumal in Ihrem Alter – keine Kleinigkeit.

Wenn Sie eine Gelegenheit sehen, wo Sie meine Hilfe brauchen können, stehe ich natürlich zur Verfügung. Aber ich bin traurig, daß ich ohnmächtiger als je, nur geduldet, und fast durch meinen Namen diskreditierend bin.

Haben Sie herzlichen Dank für die kleine Schrift, die mich im Zusammenhang mit Ihrer pädagogischen Erzählung interessiert. So bald ich kann, lese ich sie.

Mit herzlichen Grüßen

Ihr K. Jaspers

[Zusatz von Gertrud Jaspers]

Lieber Herr Hammelsbeck,

es bleibt ja nichts übrig als tapfer es auf sich zu nehmen! Gelingt Ihr Plan – so wäre es wunderschön!! Wie herzlich ich Ihrer, Ihrer Frau und der vier Kinder gedenke, möchte ich Ihnen sagen. Frau v. K. brachte mir freundlicherweise das Buch, aber da ich grade ins Colleg mußte, blieb keine Zeit zu näherer Unterhaltung. Hoffentlich haben Sie geeignete Lehrer, die Sie *schnell* in die beiden Sprachen einführen! Alles, alles Gute!

Ihre Gertrud J.

22

Berlin – Friedenau, 15.1.37
Handjerystr. 19

Liebe, verehrte Jaspers!

Daß mir das neue Jahr eine unverhoffte Wendung gebracht hat, möchte ich Ihnen nach Aufnahme meiner neuen Arbeit schnell mitteilen. Es ist mir angeboten und inzwischen in einem vorläufigen Auftrag bis Ostern verwirklicht worden, am hiesigen Katechetischen Seminar der Goßner-Mission als Dozent für Pädagogik und Psychologie mitzuarbeiten. Zunächst haben wir 20 Vikare zu einem Fortbildungskursus.

Ich wohne mit ihnen in Heimgemeinschaft, und wenn sich eine Fortsetzung der Arbeit nach Ostern ermöglichen läßt, werde ich mit der Familie hierherziehen. Unser Haus in Saarbrücken geben wir zum 1. Februar auf, stellen die Möbel bis zur Entscheidung unter, und meine Frau mietet für sich und die Kinder eine kleine möblierte Wohnung in Freudenstadt, da Reinhart, unser Zweiter, zur Kräftigung der Bronchialdrüsen eine klimatische Kur brauchen soll.

Harte Entschlüsse machen das Leben um vieles einfacher. Meine Frau ist getrost und heiter, und ich schwimme hinter allem Schmerz über die Lösung aus der Heimat, der ich so lange habe dienen wollen, in den Wonnen des Dozierens und lang entbehrter systematischer Arbeit, nicht ohne die innere Warnung, auch diese Möglichkeiten über Nacht wieder verlieren zu können.

Jaspers wirkt durch mich hindurch hier mit, und das ist eine freudige Gelegenheit für mich. So gewinnt Ihr Heidelberger Bündnis mit den Theologen in mir eine verjüngte Personalunion.

Wenn Sie einmal in Berlin sein werden, verehrte Frau Jaspers, vergessen Sie nicht, daß ich da bin!

Herzliche Grüße

Ihr O. Hammelsbeck

23

Heidelberg 16.1.37

Lieber Herr Hammelsbeck!

Das ist heute eine *sehr* erfreuliche Nachricht. Herzlichen Dank, daß Sie uns diese gleich zukommen ließen! Es ist für mich ganz überraschend, daß Ihnen eine Ihnen so angemessene Tätigkeit so schnell angeboten wird. Natürlich ist mit dem Verlassen Ihrer Heimat und der zeitweisen Trennung von Ihrer Familie ein Schmerz verknüpft, der die große Verwandlung Ihres durch die Kündigung in Saarbrücken so jäh zerschnittenen Lebensganges fühlbar macht. Nun hoffe ich, daß Ihre Position sich festigt und daß Ihre Auftraggeber eine so solide Institution sind, daß Sie mit Ihrer Familie wieder auf lange Sicht denken dürfen.

Alles Gute und herzliche Grüße

Ihr Karl Jaspers

[Nachwort von Gertrud Jaspers]

Wie ich mich gefreut habe! Denn ich habe sehr, sehr viel Ihrer gedacht! Gewiß hören Sie von mir, wenn ich wieder mal nach Berlin komme. Sie haben gewiß viele Verbindungen? – Diese Tätigkeit erscheint mir ausgezeichnet! Möge sie Bestand haben. Uns geht es gut. Hoffentlich ist es nichts als Vorbeugung für Ihren Jungen!

Herzliche Grüße

Ihre Gertrud Jaspers

24 Berlin am 1.9.37

Liebe Frau Jaspers, lieber Professor!

Es ist eine Schande, daß ich so wenig Zeitung lese und die Nachrichten so schlecht durch die Welt gehen: ich habe erst am Sonntag in Lippoldsberg bei Nohl und Weniger erfahren, wie es Ihnen ergangen ist. Wir haben verlernt, gegenüber all solchen Ereignissen uns anders zu äußern, als nur die bloße Feststellung zu treffen. Es ist wie im Kriege an den großen Schlacht- und Trommelfeuertagen, wenn die Verluste sich um uns her häuften und die Meldungen über Tote, Verwundete und Gefangene kamen. Alle Sentiments lösen sich wie unter Siedehitze in Dunst auf, und selbst das überhelle Bewußtsein, in gleicher Gefahr zu sein, schmilzt in ein Dasein von so unerhörter Konkretion, daß es weder positive noch negative Vorzeichen gibt.

Es bleibt nur noch das Nächste, der eine und einzige Tag, für den nur noch zu leben und zu wirken gilt; morgen kann es wiederum noch einen solchen Tag geben, und aus vielen Tagen dieser Dichte kann sich vielleicht einmal wieder „Zeit" ergeben, die dann von diesem allen zu zehren vermag und sich dabei selber schöpferisch vorkommt. Wir fragen heute nicht danach, ob wir schöpferisch sind; es geschieht etwas, und wir sind auf eine besondere Weise dabei, von Niederlage zu Niederlage mit einem existentiellen Bewußtsein, das ebenso gut mit Huttens Ruf ausgedrückt werden kann: „Es ist eine Lust zu leben"! – ich meine das ganz ernsthaft – wie mit Elias': „Es ist genug, Herr, nimm meine Seele von mir!" Es gibt kein größeres Geschenk an Wirklichkeit und Kraftentfaltung, als auf verlorenem Posten zu kämpfen. Siegreich vorgetragener Geist läßt seine Fahnen in Spekulationen verflattern und uns nicht im Tiefsten erfahren, was Treue ist.

Es hat sich nun über dem Schreiben ergeben, daß ich allerhand daherrede, was ich gar nicht wollte, sondern vielmehr nach Ihrem Ergehen fragen und alle guten Wünsche anfügen. Das tue ich also noch zum Schluß. Von mir selbst will ich nur sagen, daß Anforderungen und Aufgaben von Tag zu Tag wachsen, immer in der Bedrohung, wie sie uns heute auferlegt ist. Merkwürdig, wie das alles an gewisse Unveränderlichkeiten des äußeren Lebens aufgehängt bleibt, Alltäglichkeiten, für die man dankbar wird wie für die Wiederkehr der Jahreszeiten mit ihrem Wechsel an Schönheit und Wunder. Und daß da die herrlichen Rembrandts in Kassel hängen, die ich in der vorigen Woche wiedersah, wie ich sie vor 15 Jahren mit Carl Neumann sah und doch mehr und noch dankbarer hineinsah, all das wirkt und bleibt treu und macht treu!

Herzlichst, auch mit Grüßen meiner Frau,

Ihr O. Hammelsbeck

25 den 8.10.37

Lieber Herr Hammelsbeck,

endlich schreibe ich Ihnen in unserer beider Namen auf Ihren uns damals bewegenden Brief. Wir haben öfters von Ihnen gesprochen, oft an Sie gedacht. Möge es doch Ihnen und Ihrer Arbeit gut gehen! Daß wir mit herzlichen Wünschen Ihrer gedenken, wissen Sie.

Mein Mann hat noch einmal Vorträge gehalten im Freien Deutschen Hochstift in Frankfurt. Es hat ihm Freude gemacht und mir auch. Nun ist er leider leicht erkrankt, aber in der Reconvaleszenz, sodaß wir hoffen, bald kann die stille stetige Arbeit beginnen, zu der er Vertrauen und Lust hat. –

Das Schreiben gelingt mir nicht, viel lieber spräche ich Sie. Falls ich vielleicht Ende des Monats nach Berlin komme, melde ich mich rechtzeitig, daß wir ein Treffen verabreden.

Mit herlichen Grüßen von meinem Manne und mir an Ihre Frau und an Sie

Ihre Gertrud Jaspers

26 z.Zt. Neuhaus/Ostsee, 23.7.1939

Lieber, verehrter Professor!

Ich freue mich, Ihnen mein erstes größeres Buch ankündigen zu können, das Ihnen der Verlag im August zugehen lassen wird. Die letzten Korrekturen und das Register sind soeben abgegangen, und es bleibt vor der Rückkehr aus dem Urlaub etwas Muße, sich über alles, was geworden ist und wie es geworden ist, auch einmal „privat" zu besinnen. Es fällt dabei so vieles ab, was früher scheinbar so wichtig genommen werden mußte; und anderes war nur Vorstufe und Umweg, aber unentbehrlich und notwendig.

Dabei bleibt mir in immer gleicher Dankbarkeit, was ich durch die Begegnung mit Ihnen an Philosophieren „gelernt" habe. Mag es auch ganz andere Formen haben als die Ihren, – ich muß es heute einmal feststellen, – wieviel die zwanglose Form den echten Inhalten zugute gekommen ist. – Ich habe an einer kleinen Stelle in meinem Buch das Gespräch mit Ihnen aufgenommen, wo es mir theologisch am zentralsten erscheint. Vielleicht komme ich, nachdem dieses notwendige Buch hinter mich gebracht ist, dazu, hier noch mehr zu sagen. Und deshalb schreibe ich Ihnen heute schon vorweg, ehe Sie in das Buch hineingeblickt haben.

Ich bin von der Philosophie her, soviel ich als Student davon verstand, über die Verantwortung, Menschen aller Schichten zu begegnen, die über den Weg der Bildung konkrete, oft verzweifelte und verzweifelnde Anliegen und Ansprüche an mich stellten, schrittweise zum biblischen Christentum gelangt. Mein

Buch nimmt die Erkenntnisse, Forderungen, Möglichkeiten im Umkreis der konkreten Notwendigkeiten für die Kirche. So bin ich geführt worden. Erst zu dem Kern und Tiefpunkt, zur Quelle und Kraft zurück – wie es die Reformatoren gewollt haben. Und dann wird der Weg wieder frei – oder ist dann freizumachen –, der die „Sphäre der echten Weltlichkeit“ in allen Dingen der Kultur, des Geistes, des wahren Lebens in der Welt betrifft. Ich meine das nicht illusionär. Es geht nach der echten Wiederanknüpfung an die Reformation um die echte Wiederanknüpfung an die nach ihr begonnene und im Zusammenklang mit Antike und Mittelalter in das Goethe-Zeitalter führende Linie.

Nun finde ich, daß Ihr Philosophieren auf seine Weise dieselben Erkenntnisse fördert – und das danke ich Ihnen. Es ist mir deshalb ein erfreuliches Anzeichen, daß ganz unabhängig von mir ein Mathematiker und Naturwissenschaftler, Doktor Howe – Flensburg, mit dem ich kirchlich zusammenarbeite und den ich als Mitarbeiter aufforderte für ein im Herbst geplantes Heft zur Frage „Kirche und Akademiker“, mir in den Vorverhandlungen schrieb, er wolle theologisch an den von Ihnen in Ihrem „Descartes“ vorgetragenen Gedanken über „Natur“ anknüpfen.

Die Form und Art der Wirksamkeit unseres Schaffens ist nebensächlich; daß wir tun, was uns aufgetragen ist zu tun, und es „ohne Ansehen der Person“ tun, bleibt uns, Ihnen wie uns. Ich habe in den arbeitsreichen Monaten des letzten Jahres oft, sehr oft an Sie und Ihre Frau gedacht und immer gute Wünsche für Sie beide im Herzen getragen. Das ist sehr wenig – ich weiß es wohl. Doch hat wohl Schiller recht zu sagen:

Nicht nur Verdienst, auch Treue wahrt uns die Person.

Uns ist es bisher immer noch und immer wieder gut gegangen. Die Kinder wachsen heran und machen uns deutlich, daß es wieder eine Generation geben wird – ähnlich und anders, voller Gefahren, Möglichkeiten, Notwendigkeiten immer gleicher und eigener Art, von uns Bewahrung und Verzicht zu gleichen Teilen fordernd.

Alle guten Wünsche und Grüße Ihnen und Ihrer Frau
auch von meiner Frau
Ihr O. Hammelsbeck

Gerne wüßte ich bei Gelegenheit, wie Prof. Fr. gestorben ist.

27 am 17.4.42

Verehrter Herr Professor Jaspers!

Schon zu Ostern hätte ich gerne einen Gruß an Sie gesandt, wartete aber noch ab, bis ich ein Exemplar des Bultmann-Heftes für Sie zur Hand hatte, das ich Ihnen heute schicke. Vor allem der 2. Aufsatz zur Frage der Entmythologisierung geht ja um die Dinge, die wir miteinander im Oktober besprachen. Es ist hier ein heftiger Kampf um die Fragestellung Bultmanns entbrannt, bei der ich gegen eine falsche Orthodoxie auf der Seite Bultmanns stehe, nicht weil ich ihm in seinen Antworten zustimme, wohl aber in seiner Fragestellung, die ausgestanden werden muß, wenn die Theologie ein echtes Verhältnis zur Philosophie wiedergewinnen soll.

Meine Arbeit ist noch immer möglich und wachsend vielseitig. Mit Spranger habe ich laufend sehr schöne Gespräche über die Religion der Gebildeten. Auch ist es zur Berührung mit dem Institut für Psychotherapie und Psychologie gekommen, wo ich vielleicht einen Vortrag halten soll über „Grenzfragen der Seelsorge und Seelenbehandlung zwischen Glauben und Unglauben". Umso mehr bin ich begierig, ob Sie mit der Neubearbeitung Ihrer „Psychopathologie" vorwärtsgekommen sind und das Buch bald erwartet werden darf. Neulich war Ernst Michel – Frankfurt am Main hier, dessen Besuch bei Ihnen ja leider noch nicht hat verwirklicht werden können.

Ich lege für Sie beide das Manuskript eines Aufsatzes bei, der im Juni oder Juli in der „Deutschen Rundschau" erscheinen soll über Goethes Politik. Belegexemplare gibt es jetzt immer nur noch zwei.

Merkwürdig ist, daß ich mit dem Enkel des Grafen Yorck von Wartenburg in ähnlichen Gesprächen bin, wie sie einst Dilthey mit dem Großvater geführt hat; wobei kein Vergleich in falschen Maßstäben gezogen sein soll. Der Graf, den ich schon früher in Kleinöls besuchte, ist zur Zeit hier in Genesung von einer schweren Verwundung.

Unser Ältester hat sein Abitur gemacht und fängt, da er militärisch bis August zurückgestellt ist, sein medizinisches Studium an. Meine Frau plagt sich ab, uns alle satt zu kriegen und in Nähten zu halten.

Wir grüßen Sie beide sehr herzlich mit allen guten Wünschen

Ihr O. Hammelsbeck

28 Berlin-Zehlendorf, 10.6.42
Forststraße 12

Verehrte Frau Jaspers!

Ich komme heute mit einer besonderen Frage zu Ihnen. Im nächsten Februar wird Ihr Mann 60 Jahre alt. In anderen Zeiten würde der Dank seiner Schüler durch eine Festschrift zum Ausdruck gebracht worden sein. Ich weiß nun nicht, ob doch einige die Absicht haben, gedruckt oder nicht gedruckt ihm eine Arbeit zu überreichen. Es wäre dann doch schön, wenigstens die Manuskripte zu sammeln und gesammelt zu überreichen. Ich jedenfalls würde gerne eine Arbeit hinzugeben.

So frage ich also, ob Sie wissen, ob dergleichen bereits geplant ist und wer die Sammlung übernimmt, damit ich mich an ihn wenden kann.

Wie geht es Ihnen? Ich bedaure sehr, nicht wieder einmal nach Heidelberg oder Umgebung reisen zu müssen, um Sie beide zu sehen.

Herzliche Grüße, auch von meiner Frau

Ihr O. Hammelsbeck

29 den 13.VI. 1942

Lieber Herr Hammelsbeck,

wie ganz rührend von Ihnen, an meines Mannes 60. Geburtstag zu denken. Vor einem Jahre etwa warf eine Frau, die nicht bei meinem Manne studiert hatte und die eigentlich nicht für solche Angelegenheiten geeignet schien, hohe Betriebsamkeit oder wegen dieser, die Frage auf. Es verlief im Sande, weil sie einsah, daß kein junger Mensch dafür seinen Namen geben könne. Es berührte uns nicht, ich hatte es nämlich meinem Manne erzählt. Ganz anders erscheint mir Ihre Frage, von der ich deshalb auch meinem Manne nichts sagte. Dies wäre der *intime* Ausdruck der Schüler, daß dies Philosophieren sie weiter mit meinem Manne verbinde. So denke ich, Sie versuchen es wirklich, obwohl es mir schwer erscheint. Natürlich kann es sich nur um nicht Gedrucktes handeln, damit niemand Schaden leidet. Zu jeder Zeit aber wäre solche Festschrift schwer, weil es im Wesen dieser Philosophie liegt, nicht eigentlich Schüler zu haben. So sind sie überdies entweder weit fort, oder Eigenbrödler, oder die Jüngeren im Felde. In der akademischen Laufbahn als Literar- Historiker sind Benno v. Wiese, Ord. in Erlangen und Dr. Otto Mann. Ersterer besucht noch meinen Mann, wenn er hier Vorträge hält. Otto Mann ist eingezogen, im Lande . . .

Ein Dr. Rudolf Kress und seine Frau Dr. Anneliese Kress leben in Hersfeld – Fritz Rechbergstr. 34. Zwei Pfarrerskinder, zwei Schüler meines Mannes. . . .

Hier lebt Fr. Dr. Drescher, die Ihnen vielleicht schreibt. Mein Mann schätzt ganz besonders Frl. Dr. Maria Salditt, Lüneburg, Feldstr. 5/II. Sie ist Studienrätin, ganz in der Philosophie, macht grade das Register für die Neuauflage der Psychopathologie und liest kritisch das Manuskript mit. . . . – Soviel davon für heute.

Sie wissen doch, daß mein Mann um die Jahreswende und bis in den Februar sehr krank an Lungenentzündung war. Um Weihnachten stand es schlimm. Es war so hart, daß ich bei all der Pflege nun nicht weiß, ob ich Ihnen schrieb. Auch sonst war viel Leid zu tragen. Und die Sorge begleitet mich um meine beiden Brüder in Holland. Und um uns? Da hören wir oft beängstigende Dinge, aber nichts Gewisses. Wie wäre es schön, Sie zu sprechen. Geht es allen Kindern gut?

Ich grüße Sie und Ihre Frau herzlich.

Ihre G. J.

Eben lese ich Ihren Brief nochmals und finde, daß ich hineingelegt habe, als ob Sie sich die Mühe machen wollten, solche Sammlung zu versuchen. Bitte lassen Sie es laufen, es wird doch eine Sackgasse, weil die Menschen fehlen!

30 den 26.6.1942

Lieber Herr Hammelsbeck,

eine Freundin von Dr. Mann, die ich vorläufig nur telefonisch sprach, sagte mir von ihm, daß er im Winter vor Moskau gewesen sei, jetzt in Warschau, und daß er keine Ruhe für eine Arbeit habe. Ich verstand nicht genau, da mein Mann gerade ins Zimmer kam, ob Sie von ihm weitere Adressen oder das IndieHandnehmen der Sache erfragt hatten. Jedenfalls kann er nicht. –

Mir war schon das Mitwissen dieser zwar guten und netten Dame peinlich, ebenfalls dies vergebliche Fragen. Es geht so etwas nur aus der Fülle, also nur in Friedenszeiten. Daher werden auch Sie finden, es unterbleibt lieber. – Falls Sie noch etwas wissen wollen, wenden Sie sich doch an Fräulein Dr. Salditt, deren Verehrung und Leben in dieser Philosophie fraglos ist. . . .

Wie so sehr lieb und anhänglich von Ihnen war es, auf diese Möglichkeit zu kommen. Das wird später auch meinen Mann sehr freuen, wenn wir es erleben. Jetzt ist er (und ich als Sekretärin) beim Abschluß der Psycho-Pathologie, die er völlig neu bearbeitete auf Springers Wunsch. Ich schrieb es wohl schon. Ob Springer es nun drucken kann, wird er nächstens schreiben.

Ich brauche alle meine Seelenkraft, mein ganzes Sein – da ich erschüttert an meinen jüngsten Bruder in P....... denke. –

Mit herzlichen Grüßen für Ihre Frau
und für Sie

Ihre G.J.

31 Zehlendorf, 3.7.42

Liebe, verehrte Frau Jaspers!

So schnell möchte ich das Rennen nicht aufgeben. Nachdem Dr. Mann mir bisher nicht geantwortet hat, habe ich an Dr. Salditt geschrieben. Sie ist sehr dafür, vergaß nur, mir weitere Namen zu nennen, außer Dr. Drescher, die nach möglichen Mitarbeitern aus dem jüngeren Schülerkreis zu befragen sei. Da ich die Anschrift von Frl. Dr. Drescher nicht habe, bitte ich Sie, ihr beiliegenden Durchschlag zu übermitteln. Aus ihm ersehen Sie, daß ich bei Springer angefragt habe, der eigentlich zuständige Herr – Gosse – ist noch in Ferien; er soll mich aber in der nächsten Woche beraten, welche Zeitschrift etwa in Frage käme. Vielleicht können Sie mir da aber auch Hinweise geben. Wer käme von den Medizinern und Psychologen in Frage?

An v. Wiese und Dr. Kress habe ich heute auch eine Anfrage gerichtet. Haben Sie Nachricht von Ihren Geschwistern?

In herzlichem Gedenken grüßen wir Sie!

Ihr O. Hammelsbeck

32 den 5.7.1942

Lieber Herr Hammelsbeck,

lieb von Ihnen, daß Sie so schnell das Rennen nicht aufgeben – aber ich glaube, Sie werden es im weiteren Verlauf doch müssen. Es sind keine produktiven Menschen im üblichen Sinne dabei, das ist m e i n e Meinung. Am 13. ds. Monats kommt Fräulein Dr. Salditt nach Heidelberg, mit der werde ich wegen etwaiger Namen sprechen, sie wird dann den Briefwechsel mit Ihnen übernehmen. Ich kann es nicht. Das wird Ihnen klar sein. . . .

Bitte, lieber Herr Hammelsbeck, seien Sie nicht traurig, wenn es nichts wird.–

Es ist ein großes Glück, daß mein Mann diese Krankheit im Winter überstand und wieder so intensiv bei der Arbeit ist. Möge er noch einiges aus seinen umfassenden Plänen vollenden dürfen.

Sie fragen so lieb nach meinen Geschwistern. Große Sorge habe ich um zwei Brüder in Holland, jetzt ist die Sorge zurückgedrängt um die in P. . . Sie können es sich denken. Kaum kann ich es ertragen, brauche alle Kraft, meine Seelenqualen zu meistern.

Es muß mich aufrichten das Rätselwort des Jeremias: „Jawe hat gepflanzt, und Jawe reißt aus." Ich füge hinzu: „Gott ist der Herr." Das Rätselwort, das die frommen Juden beim Tode des Menschen sagen. –

Wir wissen nichts, wir Menschen.

Zurückkommend auf Ihren Plan, Dr. Mann . . . kann sich nicht beteiligen, ist sicher der Begabteste. Herr von Wiese wird auch ablehnen, denke ich. Viele sind fort – manche an der Front.

Herzliche Grüße

Ihre G.J.

33 den 15.7.1942

Lieber Herr Hammelsbeck,

inzwischen war Fräulein Dr. Salditt da, und ich habe mit ihr, und sie mit Fräulein Dr. Drescher gesprochen. Auch Frl. Dr. Salditt war sehr skeptisch . . . Ich will mich nicht selbst kümmern, möchte aber auch nichts versäumen. So entschloß ich mich, mit unserem guten Freunde Radbruch zu sprechen, der sofort auf einen Einfall kam. Eine Zeitschrift-Nummer, wie sonst üblich, meinem Manne zu widmen, hielt er für unmöglich. Aber er schlug vor, wie er selbst es zum fünfzigsten Geburtstag erfahren, einen weiteren Kreis von Schülern, Freunden, Kollegen, Verehrern zu finden, die eine vorher bestimmte Reihenzahl schrieben, in der sie zu dem Werke oder dem Einfluß Stellung nehmen. Wie das formuliert werden soll, weiß ich nicht. Das macht Radbruch aus seiner Kenntnis akademischer Gepflogenheiten. Man sichert sich dann ein Quantum Papier gleichen Formats und gleicher Art, das später zusammengebunden wird, in ästhetisch ansprechender Form. Radbruch selbst will es übernehmen und Fräulein Dr. Drescher ihm helfen.

Natürlich mußte ich den Kreis der weiteren Bekannten mit Radbruch durchgehen. Damit ist meine Aufgabe erledigt, und die Menschen können frei ablehnen oder zusagen. – In normalen Zeiten wäre Ihre Absicht *sachlich* schöner gewesen, aber eine Freude für meinen Mann verspreche ich mir auch so. Es ist Ihnen doch recht, daß die von Ihnen in Fluß gebrachte Sache so läuft? Sie hören später von Frl. Dr. Drescher Näheres, wie der Plan geht. Radbruch kennt die akademischen Sitten und Gepflogenheiten. Hier können auch die jungen Menschen an der Front sich beteiligen und Alt und Jung mittun. Gefällt es Ihnen?

Springer hätte unmöglich eine Zeitschrift nennen können; besonders bei den Druckschwierigkeiten.

Ich vergesse Ihren lieben Gedanken nicht, und wenn wir den Tag des 60. Geburtstag erleben sollten, erzähle ich meinem Mann den Verlauf Ihrer Anregung und spare Ihre Briefe dafür auf.

Sonst habe ich viele Erschütterungen, Abschiedsbriefe einer Jugendfreundin usw. Um die Brüder und uns alle gehen die Sorgen weiter.

Mit herzlichen Grüßen an Ihre Frau und Sie
und mit guten, guten Wünschen für den
Ältesten besonders

Ihre Gertrud Jaspers

34 z.Zt. Wien I, am 22.7.42

Verehrte Frau Jaspers!

Ihr Brief vom 15. erreicht mich bei meiner heutigen Ankunft hier; ich bin mit meinem 2. Sohn Reinhart auf Inn und Donau gepaddelt.

Da Sie neulich – mir durchaus verständlich – schrieben, selbst nichts mehr in unserer Sache zu tun, habe ich inzwischen längst weitergearbeitet, sodaß mir der Radbruch-Vorschlag nun etwas quer kommt.

v. Wiese – Erlangen hat gleich zugesagt, ebenso die beiden Dr. Kress und nun auch Dr. Mann, aber auch ganz andere Leute, die ich Ihnen eigentlich auch verschweigen möchte.

Morgen geht eine „Richtlinie" an alle Mitarbeiter heraus und zwar in dem Sinne, daß bei Verzicht auf Veröffentlichung eine gleichmäßig geschriebene Abhandlung bis 31.12. an mich zu geben ist, die dann alle zusammen gebunden werden, genau wie Radbruch es vorschlägt. Meine Sekretärin hat in Berlin alles vorbereitet, und es kann von mir nicht mehr aufgehalten werden.

Werden Sie es nun doch lieber in Radbruchs Hände legen? Jedenfalls bin ich gerne bereit, mit ihm über alles zu korrespondieren.

Mir wäre also nach Lage der Dinge lieb, wenn er zunächst nichts unternähme, weil sonst leicht alles durcheinander kommt.

Prof. v. Wiese wird Sie ja in diesen Tagen besuchen. Bitte sagen Sie ihm auch entsprechend Bescheid.

Am Dienstag nächster Woche bin ich wieder in Berlin und erbitte mir dorthin Prof. Radbruchs Adresse.

Entschuldigen Sie bitte die schnelle und ungeordnete Schreiberei heute. Die Tinte ist mir ausgegangen.

Es ist also bis jetzt alles sehr schön ins Laufen gekommen, und noch niemand hat Nein gesagt.

Ich denke viel auch an Sie persönlich und grüße Sie in herzlichem Gedenken

Ihr O. Hammelsbeck

35 den 24.7.1942

Lieber Herr Hammelsbeck,

vielen herzlichen Dank für Ihren Brief. Ich sprach heute gleich mit Radbruch (Adresse: Prof. Gustav Radbruch, Heidelberg, Friesenbergweg 1a), der vorerst abwartet, was Sie ihm schreiben. Nun wird er Frl. Dr. Drescher den jüngsten, im Felde stehenden Schülerkreis überlassen, der doch für Ihr Vorhaben nicht in Frage kommt. Mir sind noch einige Adressen eingefallen, zu denen ich Ihnen – vertraulich – einiges dazu schreibe. ...

Einige Schüler, die bei meinem Mann im Hauptfach promovierten:

Dr. Heinsius, Pfarrer, der erste Schüler, der, so meine ich, über Konversionen arbeitete, jetzt in Freiburg/Br. lebt, . . .

Im Nebenfach geprüft, aber doch als Schüler wichtig, Prof. Hugo Friedrich, Freiburg/Br., Burgunderstr. 30, Ordinarius für Romanistik, schickt meinem Manne seine Bücher und besuchte ihn im vorigen Jahre . . .

Dr. Walter Bulst . . . ist Bibliothekar, meinem Manne sehr zugetan, . . . kommt fast alljährlich . . .

Dr. Johannes Pfeiffer, Lippoldsberg/Weser, schrieb über Heidegger und Jaspers, seither Herausgeber schöner Anthologien, die er meinem Manne schickt, der ihm bald schreiben wird. . . .

Ich glaube, der Briefwechsel mit Radbruch wird glatt sein und erfreulich.

Dank für alles Bemühen!
Und viele Grüße an Sie beide

Ihre G.J.

36 15./19.8.42

Lieber, verehrter Herr Professor!

Vielen Dank für Ihren Brief, auf den ich so schnell antworte, weil ich demnächst durch vielerlei dienstliche Reisen keine Zeit dazu haben würde; und alles, was Sie schreiben, geht mich so stark an, daß ich zugleich wünsche, meine Antwort könnte in Ihren Überlegungen über den „philosophischen Glauben" willkommen sein. Auf jeden Fall bitte ich herzlich darum, mir doch, was Sie jetzt dazu aufschreiben, zum Mitdurchdenken zu schicken, auch wenn Sie es wegen der befürchteten „Sinnwidrigkeit" nicht zu Ende führen.

Zunächst stimme ich Ihnen zu, daß das Geschäft der „Entmythologisierung" zu keinem befriedigenden Schluß zu bringen ist. Es war aber dankenswert, daß Bultmann die Frage überhaupt noch einmal so radikal aufgeworfen hat, wenn wir auch in vielem zu widersprechen haben. Ich habe hier eine große Aussprache zum Ganzen in der Berlin-Brandenburger Sektion der Gesellschaft für ev. Theologie geleitet, die sehr fruchtbar gewesen ist.

Wichtiger ist mir, was Sie unter 2) schreiben. Ich suchte die Stellen im Bultmann-Aufsatz noch einmal nach. Ich glaube, gut zu verstehen, was Sie an derlei „Aggressivitäten" stört. Andererseits möchte ich behaupten, daß sie in anderes Licht gerückt werden, wenn hier nicht einem Angriff des Theologen Bultmann gegen einen Nichttheologen Ausdruck zu geben versucht sein soll, sondern dem Ärgernis der christlichen Botschaft gegenüber aller „natürlichen" Erkenntnis, d.h. also auch gegen Bultmann selbst, gegen jeden von uns so oder so, die wir in allem Bemühen um die Erkenntnis Gottes nicht ohne die Vernunft auskommen. Es geht mir in diesem Streit sehr merkwürdig: je mehr ich mit Theologen zu tun habe, und vor allem mit solchen, die trotz aller eigenen Gegenmeinung in eine orthodoxe Verkrampfung zu geraten drohen, stehe ich auf Seiten der Philosophie und ihres Rechtes; der Philosophie gegenüber aber muß ich für das Recht der Theologie eintreten, die nicht ,,innerhalb der Grenzen der Philosophie" nur Anerkennung finden darf. Sie dient, wenn auch mit Mitteln der Philosophie, der aller Philosophie enthobenen Offenbarung in Christus. Hier vermuten Sie nun eine Teufelei, insbesondere, was den Ausschließlichkeitsanspruch angeht.

Wiederum bin ich hier in der merkwürdigen Lage, daß ich Ihnen sowohl zustimmen wie widersprechen muß. Wo es sich wirklich um eine Verwechslung von allgemeingültiger Wahrheit und existentieller Wahrheit handelt, um aufzuerlegen statt missionierend zu verkündigen, tritt der echte Glaube schon auf die verhängnisvolle Bahn der Verkehrung. Sie haben recht, auf die fatale Geschichte des Christentums zu verweisen. Theologisch gesprochen: Sünder gehen mit dem Glauben um. Innerhalb des christlichen Glaubens kann ich nur sagen: Diese *Wahrheit* der Erkenntnis Gottes in Christus, weil sie eben nur als Offenbarung genommen werden kann, gilt nur für den, der von ihr ergriffen worden ist, als überwindendes Ereignis, als Tat Gottes. So zentral sie alle andere Wahrheitsmöglichkeit überschattet, so wenig ist sie mit den Mitteln der Vernunft als eine allgemeingültige einsichtig zu machen. Der Ausschließlichkeitsanspruch geht allein den Glaubenden selber an, und insofern gilt er.

Es kommt aber noch eines hinzu. Der Glaubende erfährt, daß er nicht alleine diesen Glauben und diese Wahrheit hat, sondern daß es andere Menschen – und zwar von sehr unterschiedlichen geistigen Voraussetzungen – gibt, die denselben Glauben haben: die eigentliche Gemeinde. Über diese Gemeinsamkeit sind immer Irrtümer möglich, auch relative Verschiedenheiten in Auffassung und Erkenntnis; letztlich ist das Phänomen nur faßbar in der dogmatischen Erklärung des 3. Artikels von Heiligem Geist und Kirche. Gott gegenüber steht die Gemeinde in Anbetung und Lobpreis, daß er solches den Menschen, mithin grundsätzlich *allen* Menschen offenbart hat. Die Kehrseite haben wir in der Pflicht zur Mission, im Weitersagen (Praedicare=Vorsagen=Predigen) der Heilswahrheit. Solches geht aber nicht ohne die Demut, in der alle Überheblichkeit gebrochen ist, daß wir als besonders Erwählte einen qualitativen Vorzug innehätten vor irgendwelchem anderen, der noch vor den Toren der Offenbarung steht.

Solchem Glauben erschließt sich die *Einheit* der Schrift Alten und Neuen Testaments, sozusagen die zwingende ,,Logik" der im gesamten biblischen Wort verhüllten Offenbarung. Das Buch Jeremia steht darum weder höher noch niedriger in der Bewertung als eins der Evangelien. Die Propheten handeln von dem Christus Gottes ebenso wie Lukas oder Paulus. Indem ich mich frei mache von einer ,,religiösen" Bewertung Jesu, kann ich Ihre Bewertung in den Vergleichen von Homer und Vergil usw. verstehen und das NT sozusagen für magerer halten als das AT. Über dem allen leuchtet aber der Satz der johanneischen Verkündigung: Das Wort ward Fleisch: der Logos als die dem Menschen mit samt seiner Vernunft sich zuwendenden Art Gottes ist eingetreten in die Art des Menschen, theologisch: in die ,,Knechtsgestalt", so daß die geistige Bewertung des NT gegenüber dem AT oder anderen Urkunden offenbarungsmäßig keine Rolle spielt.

Philosophisch wird man sagen müssen, daß die crux im Gegensatz zur gloria ein unverlierbares „Bild" sei. Theologisch wird alle Bildlichkeit, Symbolik oder was sonst überhöht durch die eine Wirklichkeit des Kreuzes Christi. Der Lobpreis der Gewißheit am Schluß von Röm 8 sieht alles bildliche „Kreuz" der menschlichen Existenz im Schatten des Kreuzestodes Christi mit der Konsequenz, der in Gal 2,20 Ausdruck gegeben wird, nachdem im Verse vorher bereits ausgesprochen ist: Ich bin mit Christo gekreuzigt. Das „Ich lebe, doch nun nicht ich, sondern Christus lebt in mir" ist als Wirklichkeit in der evangelischen Offenbarung das, was Sie uns angesichts der Transzendenz als das existentielle Selbstsein bzw. -werden in der Kommunikation gelehrt haben. Ich brauche also nur am Rande zu bemerken, daß es sich hier nicht um Mystik handelt. Gott tritt mir so in Christus in der wiedergeschenkten Ebenbildlichkeit gegenüber, an der ich durch ihn teilhabe, obwohl ich zugleich in der „gefallenen" Daseinswirklichkeit lebe. Ich kann Ihnen gegenüber dies nur unmißverständlich sagen, wenn ich zugebe, mit Ihnen in der Darstellung von Philosophie und Religion am Schluß ihrer Frankfurter Vorlesungen übereinzustimmen.

Theologisch kann ich mir über die Offenbarung nur klar werden, indem ich philosophiere; aber ich darf nicht philosophieren, indem ich von Offenbarung absehe. Philosophiere ich, so durchbreche ich jeweils die Sicherungen der „Religion", die ihrerseits auch von der Offenbarung durchbrochen werden. Würde ich von der Offenbarung absehen, so verriete ich die Autorität, mit der Gott mich zwingend beschenkt, – mit anderen Worten: ich würde die Theologie aufgeben und „nur noch" – was kein Werturteil ist! – philosophieren. Von der Philosophie abseits der Offenbarung, mögen Sie den „Gedanken" der Gottessohnschaft des Menschensohnes als Gotteslästerung vermuten. In demselben Augenblick entziehen Sie aber der Theologie jede mögliche Gesprächspartnerschaft mit der Philosophie. Ihrer Voraussetzungen beraubt, würde sie von der Philosophie abhängig, wie sie es in den letzten Jahrhunderten mehr und mehr geworden ist; von der „Gleichberechtigung", die Sie selbst (Existenzphilosophie S. 81 unter b) betonen, kann dann keine Rede mehr sein.

Es ist an der Zeit, den „Streit der Fakultäten", dem Kant erstmals eine bleibend beachtliche Darstellung zugewendet hat, innerhalb der heutigen Krise der Geisteswissenschaften mit neuen Waffen auszufechten. Kants Forderung in der Frage der Philosophie als Magd, es dürfe ihr nur nicht der Mund zugebunden werden, würde ich in Abwandlung seines Bildes von Schleppe oder Fackel immer noch so bejahen, daß die Philosophie zum mindesten die Fackel zur Seite tragen soll. Aber es geht sicher um mehr: um die Notwendigkeit, daß Theologie und Philosophie, nachdem sie ein echtes Verhältnis zueinander wiedergefunden haben, ihren königlichen Dienst unter den Wissenschaften aller Disziplinen antreten bzw. verwirklichen können.

Dazu ist eine Voraussetzung, daß philosophierend respektiert wird, was in der Theologie des letzten Menschenalters geschehen ist, die Erneuerung der Dogmatik. Ohne diese Erneuerung müßte die Theologie an Altersschwäche zugrunde gehen. Eine undogmatische Theologie ist kein würdiger Partner für die Philosophie. Die so erneuerte Theologie hat nun erst wieder die Freiheit erlangt, in das nichttheologische Weltdasein offen und ungehemmt zurückzufinden. Sie muß die echte Begegnung mit der Philosophie geradezu wünschen!

Dies wollte ich in aller Knappheit als Dank für Ihren lieben Brief erwidern. Dabei erinnere ich mich an eine Andeutung in Ihrem vorletzten Brief, als Sie in Erwartung Ihres Besuches von Fräulein Dr. Richter schrieben. Es würde mich natürlich sehr freuen, wenn ich in diesem Zusammenhang mit ihr in Verbindung treten könnte, und bitte deshalb freundlichst um deren Anschrift.

Mein Aufsatz über „Goethes Märchen" war seit langem vorgesehen für die Deutsche Rundschau, die nun aber seit der Inhaftierung ihres Herausgebers, Dr. Pechel, nicht mehr erscheint.

Wir haben alle Kinder noch im Hause; der Älteste hat sein erstes medizinisches Semester hinter sich und erwartet die nochmalige Musterung. Inzwischen ist unser Sechzehnjähriger schon zur Musterung bestellt. Unser Saarbrücken hat schwere Fliegerschäden abbekommen; auch bei allen Verwandten ist mehr oder weniger passiert, aber noch erträglich und ohne persönliche Verletzungen.

Ihnen und Ihrer verehrten Frau sende ich – auch im Namen meiner Frau – die herzlichsten Grüße und Wünsche, vor allem für Ihre Arbeit und das Gelingen des Drucks Ihrer Psychopathologie.

Ihr getreuer

O. Hammelsbeck

37 am 26.8.42

Liebe, verehrte Frau Jaspers!

Unsere Abrede, Sie aus allen weiteren Vorbereitungen zu halten, muß ich einmal doch unterbrechen, um Sie in der Anfrage Curtius um Rat zu fragen; ich lege Ihnen seinen Brief bei und bitte um Ihre Rückäußerung. Sie können doch gut Ihren Mann fragen, ohne ihm unsere Pläne zu verraten . . .

Mein allgemeines Rundschreiben lege ich Ihnen zur Kenntnisnahme bei. Die Zusagen haben sich inzwischen schon vermehrt.

Prof. Radbruch äußerte zwar einige Bedenken wegen der Abschnitte 2 und 3, weil er fürchtete, einige könnten dadurch an der Zusage verhindert werden oder eine Einengung der Themenfreiheit erblicken. Alle bisherigen Erfahrungen haben mir dagegen meine Absicht bestätigt, weil ich in etwa doch wollte, daß die Zusagen in vollem Bewußtsein gegeben seien.

Persönlich denken meine Frau und ich sehr oft an Ihre Sorgen, zumal wir in nächster Nähe Ähnliches mitansehen. „Mitansehen" ist gewiß eine zweifelhafte Kategorie; aber Sie verstehen, was auch daran mithängen kann. Sie sagen sich das große Wort des Jeremia vor – „Vorsagen" ist recht verstanden die Übersetzung von Praedicare = Predigen –, und wenn Sie das Wort bei Gott hält, so hat sich ereignet, was den Menschen im Leid dieser Erde überhaupt ereignen kann. Ich lese Ihren Brief und lese die Philosophie, in der uns Ihr Mann so wesentlich gefördert hat. Und genau in der Mitte steht das Problem, um das wir zwischen Himmel und Erde ringen, in dessen Sinnerfüllung wir doch nur beschenkt werden können. Lesen Sie von dem Jeremia-Wort her den 44. Psalm im ganzen Gegenüber seiner verschiedenen Teile. Menschenhand hat in meiner Bibel „Klage" darüber geschrieben. Dennoch ist diese Klage zugleich ein Loblied und seiner Überschrift nach eine „Unterweisung". Sie gibt jedenfalls dem Ausdruck, wie wir von Gott in die Schule genommen und unterwiesen werden.

Wir grüßen Sie in herzlicher Verbundenheit!

Ihr O. Hammelsbeck

Einige Mitarbeiter sind von Prof. R. aufgefordert worden, ohne mein Zutun, darunter auch Prof. Brecht. Ob er zugesagt hat, weiß ich noch nicht.

38 [ohne Datum]

Vertraulich möchte ich Ihnen noch eine Weihnachtsfreude machen im Vorwissen des Gelingens unserer Geburtstagsgabe. Über 40 Beiträge sind angemeldet, laufen zum Teil schon ein. Der von E.R. Curtius ist etwas mager. Um so größere Freude habe ich an einem leichtgeschürzten, aber vorzüglichen Essay von Weizsäcker über „Antilogik".

Wird es Ihnen recht sein, wenn ich die Sammlung am 23.2. persönlich übergebe?

Mit Otto Mann bin ich in einen erfreulichen, Theologisches betreffenden Briefwechsel gekommen. Lic. Stählin, der auch mitarbeiten wollte, ist gefallen.

Herzlich Ihr

O.H.

39 Zehlendorf, 5.2.43

Verehrte Frau Jaspers!

Da ich nunmehr disponieren muß, darf ich nochmals anfragen, was Ihre Pläne für den 23. sind. Sie hatten die Freundlichkeit, mir ein Quartier in der Bergstraße anzubieten. Ich bin sonst ja immer in der Reichspost und würde, wenn Ihnen das lieber ist, auch da rechtzeitig vorbestellen.

Im übrigen wüßte ich aber auch gerne, wie Sie über den Tag selbst verfügen wollen. Soll ich zu einer bestimmten Stunde vor- oder nachmittags mit Prof. Radbruch zusammen die Gabe überreichen? Erwarten Sie dazu auch noch andere – etwa Benz, Hoffmann, Brecht, Regenbogen, Bischoff, die von den Heidelbergern beteiligt sind?

Da ich Heidelberger Freunden auch gerne ansagen möchte, wann ich sie sehen kann, wäre ich für eine baldige Antwort sehr dankbar. Ich muß am 24. in der Frühe wieder zurückfahren.

Mit guten Wünschen und Grüßen

Ihr O. Hammelsbeck

40 Heidelberg zum 23. Februar 1943

Verehrte, liebe Frau Jaspers!

Die Festgabe der dankbaren Freunde und Schüler an Ihren Mann soll nicht ohne Blumen sein, die ich I h n e n als Sprecher der 42 und sicher vieler anderer übermitteln darf, Ihnen als der treuen Lebensgefährtin und Gehilfin, die wir nicht weniger verehren.

Sie schauen heute dankbar zurück auf das gemeinsame Leben und Lieben; lassen Sie sich von uns Jüngeren Mut machen, auch voll Hoffnung vorwärts zu schauen.

Psalm 68: „Gelobet sei der Herr täglich. Gott legt uns eine Last auf, aber er hilft uns auch."

In herzlicher Mitfreude

Ihr getreuer O. Hammelsbeck

41 Heidelberg 25.2.1943

Lieber Herr Hammelsbeck!

Eben sind unsere Geschwister abgereist. Daß und wie ich gefeiert worden bin, war für mich überwältigend. Jetzt muß es in der Erinnerung verarbeitet werden. Als willkommene Aufgabe liegt vor mir die Lektüre der Briefe, von denen ich erst einen Teil sah, des Briefbandes der Schüler und Freunde, den Fräulein Dr. mir überreichte, des kostbaren Schatzes, der im Schrein verwahrt ist, – und willkommen ist mir die Aufgabe des Dankens, die mich nun für einige Zeit beschäftigen wird.

Als erstes habe ich den stärksten Antrieb, Ihnen zu danken, daher soll der erste Brief an Sie gehen, vorläufig, noch bevor ich Ihre Arbeit gelesen habe. Es ist ergreifend für mich, zu wissen, welche unerhörte Mühe Sie sich in Ihrer gütigen Neigung für meine Schriften und mich sich auferlegt haben. Welche Geduld, welche Unermüdlichkeit, welch Nachdenken ist erforderlich gewesen, um ein solches in der gegenwärtigen Zeit fast unmögliches Geschenk zustandezubringen! Ich lese mit immer neuem Staunen all die Namen, merke die Zugehörigkeit der Themen zum Kreise des mich Angehenden, meine nur wenig Zufälligkeit in ihnen zu erblicken, bin durch sie gespannt und voll Lust zum Lesen. Heute bin ich noch sehr müde. Der schwache Leib will sich erst erholen. Aber von außen und in der Erwartung freue ich mich – trotz einer noch anhaltenden leichten Lähmung der Seele durch die Eindrücke. So habe ich zunächst den Schrein nach allen Richtungen untersucht. Er steht auf meinem Schreibtisch, solange ich mit seinem Inhalt zu tun habe; später – nach Monaten – soll er im Nebenzimmer zu dauernder Freude stehen. Ich sehe nun erst seine Schönheit, suche die Architekturgedanken nachzudenken, die einfache, schlichte Form, den Reichtum der wohlgeordneten Maserungen, den übergreifenden Deckel, der von der Seite wie ein Dach anmutet. Ich streichle ihn und bewundere die Schreinerarbeit, das herrliche Material bis zu dem grünen Leder – und danke den mir unbekannten Menschen, die solche Arbeit für mich geleistet haben.

Aber das alles ist ja nur die äußere Erscheinung für die Tatsache, daß Sie mir – und allein durch Sie ist das möglich geworden – das Bewußtsein verschafft haben, noch in der Welt da zu sein. Ich spüre die Ermunterung, die davon für mich ausgeht; – ich hoffe, sie möge noch fruchtbar werden.

Heute nur diesen Dank. Später schreibe ich wieder. Ich danke auch Ihrer Frau, daß sie Ihre Arbeit für mich gefördert hat, – und für die Blumen, die mir nun in dem Blumenmeer, das uns umgibt, verschwunden sind.

Herzlichst

Ihr Karl Jaspers

42 am 28. Februar 1943

Lieber, verehrter Professor Jaspers!

Im Begriff, Ihnen zu schreiben, um meinerseits Ihnen und Ihrer Frau für den schönen Tag bei Ihnen zu danken, kommt Ihr lieber Brief. Es ist eine große Freude für mich, Ihre Bestätigung zu haben, daß unsere lange gehegten heimlichen Absichten so wohl gelungen sind. Person und Sache waren hier in eins zu sehen, und es kam für die Gemeinschaft am Geiste und im Philosophieren darauf an, aus gegebenem Anlaß zu demonstrieren, wobei es wirklich gleichgültig, wenn nicht sogar echter erschien, daß es „im Winkel" geschehen mußte. Ich nehme darum als Ihren Dank gerne an, wenn Sie versichern, „das Bewußtsein, noch in der Welt da zu sein", geschenkt bekommen zu haben und „die Ermunterung zu spüren, die davon ausgeht". Dies hat sich nicht nur für Sie, sondern für uns alle ergeben, wenn ich mich persönlich dafür zum Sprecher machen darf. So wie die echte Kirche im Verborgenen da ist, quer hindurch durch die vorhandene „offizielle" Kirche und abseits von ihr, so auch die Universitas.

Jenes Bewußtsein und jene Ermunterung haben wir in gleicher Weise nötig. Wo die Institutionen wegfallen, die Gewähr für Tradition und Kontinuität boten, bedarf es der unmittelbaren Anstrengung dazu. So ist dieselbe Dankbarkeit für das Gelingen auf meiner Seite.

Die Tage in Heidelberg sind deshalb für mich ein Geschenk besonderer Art gewesen. Die vertraute Landschaft mit ihrem Zauber unter der vom Mai geborgten Sonne ward zur Folie für das im Entbehren und Hoffen so doch nicht erwartete Geschenk einer „Kommunikation" im Geiste. Schon die Besuche am Montag bei Alfred Weber und bei Marianne Weber und bei dem mir persönlich noch nicht bekannten Radbruch bestärkten die Vorfreude, und für den Dienstag danke ich Ihnen beiden ganz besonders und daß Sie mich den Ihnen gehörigen Tag so reichlich bei sich geduldet haben. Unser Gespräch am Spätnachmittag endlich rundete für mich den Gesamteindruck auf beste Weise ab, weil Übereinstimmung in so wichtigen Gedankengängen unsere Bereitschaft und Verantwortung nur stärken kann.

Ein nicht unbeachtliches Symbol war auch das Schaufenster von Herrn Faust. Alles in allem war es „Heidelberg", das sich ein Fest seines besten Wesens gegeben hat, ohne dazu eines künstlichen Apparates zu bedürfen.

Ihre Frage, ob ich Ihr neues Manuskript bei weiterem Fortschreiben mitlesen wolle, möchte ich nochmals in dankbarer Erwartung bejahen. Vielleicht fahre ich Mitte April nach Saarbrücken und darf dann wohl vorher anfragen, ob ich im Vorbeikommen Ihnen willkommen sein werde.

Mit herzlichen Grüßen und Wünschen für Sie beide
bleibe ich Ihr O. Hammelsbeck

43 — im Mai 1943

Lieber Professor Jaspers!

Hier zu Ihrem „Protreptikos" einige angeregte Gedanken zum Anregen. Ich kann so, wie es um meine Zeit und Arbeit bestellt ist, nicht mehr tun, als Ihre Ausführungen gemäß den wenigen Notizen, die ich mir gemacht habe, mehrmals zu lesen und aus dem Stegreif darüber zu meditieren. Mein Denkvermögen ist anscheinend mehr passiver Art, was nicht unwichtig ist, vorauszuschicken. Von daher mag auch der Eindruck der „Weichheit" berechtigt sein, von dem Sie neulich hinsichtlich meiner Ihnen gewidmeten Arbeit sprachen. Und damit mag das andere zusammenhängen, was Sie mit „gerecht" bezeichneten. So stehe ich auch dem Protreptikos in der Haltung gegenüber, *hören* zu wollen, zu vernehmen, was gelten muß und was mir gilt! Ich will auch hören, was mich und meine Voraussetzungen in Frage stellen könnte, und auch erkennen, was meine eigentlichen Voraussetzungen sind, sofern sie sich nicht in Frage stellen lassen, weil sie mich noch stärker prägen. Der christliche Glaube, zu dem ich mich bekenne, ist erst recht nur im passiven Denken zu verstehen. Indem ich mich, Ihren Gedankengängen folgend, in meinem Glauben prüfe, antworte ich Ihnen als Glaubender.

Allgemein möchte ich voranstellen, was ich Ihnen in Heidelberg schon sagte, daß mir Ihre Grundsätze als ein „protestantisches" Philosophieren erscheinen. Protestantismus ist in diesem Sinne eine Säkularisationserscheinung als Derivat der evangelisch-reformatorischen Substanz. Sie bejahen in Ihrem Philosophieren bewußt und unbewußt diese Substanz als einen geschichtlichen Grund, und er wirkt, wie mir scheint, stärker als andere Wurzeln unserer Geschichtlichkeit, weshalb ich „protestantisch" sage. Wenn ich vergleiche mit den beiden Denkern, denen Sie in Ihrem Philosophieren so viel Raum geben, so ist bei Kierkegaard dieser Protestantismus noch substantieller, bei Nietzsche weniger substantiell als bei Ihnen, aber beide gehören dazu.

Aller Protestantismus ist der christlichen Substanz gegenüber subtraktiv, bei Nietzsche bis in die Minusrechnung unter Null hinein. Es geschieht eine Filtrierung durch die aufklärungsbedingte Vernunft bis zu dem paradoxen Phaenomen, daß dieser Verweltlichungsprozeß als Entweltlichung erscheint. Hinter dem Schleier der Maya findet die enthüllende Philosophie eine wesenlose Gottheit wie den gedanklich notwendigen Gegenpol in der Transzendenz, gegenüber der sich der philosophierende Mensch als Selbst gewinnt, gerade weil er die totale Abhängigkeit von Gott erkennt. „Frei weiß der Mensch, daß er gar nicht durch sich selber auf sich steht, sondern daß gerade in der entschiedensten Freiheit sein Selbstsein durch Gott ist. Die Freiheit in der Welt ist die radikale Abhängigkeit von Gott." Diese Sätze sind echt protestantisch, sie gelten auch für mich, ich bejahe sie. An diesem Ja mögen Sie ersehen, daß ich den Protestantismus nicht verneine und die Säkularisierung nicht unbedingt ablehne. Aber mein Ja ist insofern gewiß ein anderes Ja als das Ihre, weil ich diese subtraktiven Sätze als Teil der Summe bejahe, von der sie „abgezogen" sind. Dieser „Teil" lautet in der Summa als christlicher Glaubenssatz gemäß Joh. 8, 32+36: „So euch der Sohn frei macht, seid ihr recht frei." Philosophierend gilt diese Aussage als „Symbol, Bedeutung, Sprache, Chiffre". Das ist „auch" richtig; im christlichen Glauben ist es, alles Endliche durchbrechend, mehr. Von mir aus muß ich sagen, was Sie vielleicht nicht gelten lassen werden, ich bejahe solches Philosophieren wie das Ihre im Gegensatz zu Heideggers, weil ich von der reformatorischen Substanz her die Möglichkeit dieser Aussagen erkenne, aber deshalb entscheidend größeres Gewicht auf die Substanz selbst lege, die eine rechte Kirche auftragsgemäß hütet.

In dieser Denkbewegung stimme ich auch überein mit dem, was Sie über wahre und falsche Aufklärung ausführen. Ich füge aber als Ereignis meiner Glaubenserfahrung hinzu, daß die echte christliche Substanz davon nicht bedroht wird, sondern nur ihre Mißverständnisse, Verkehrungen, Überlagerungen, die in der

Kirche und außerhalb der Kirche geschehen. Ich kämpfe in der Kirche mit der Aufklärung gegen sie.

Philosophierend kann ich auch mitgehen in dem, was Sie über die „Unumgänglichkeit des Glaubens" schreiben. Zu äußern habe ich mich erst zu den 5 Glaubensgehalten.

Sie bringen den ersten Glaubensgehalt auf die Formel „Gott ist". Als elementare Grundkategorie im Denken gilt sie auch für den Christen. Altes und Neues Testament ruhen auf dem Grund einer solchen Aussagemöglichkeit.
5. Mose 10,17:

„Der Herr, euer Gott, ist ein Gott aller Götter und Herr über alle Herren, ein großer Gott, mächtig und schrecklich, der keine Person achtet und kein Geschenk annimmt." – Und Hebr. 11,6:
„Wer zu Gott kommen will, der muß glauben, daß er sei und denen, die ihn suchen, ein Vergelter sein werde."

Dialektisch gesehen, ist die reformatorische „Rechtfertigung allein aus Glauben" nicht denkbar ohne diesen einen Pol der überweltlichen Heiligkeit Gottes. Recht verstanden, kann entsprechend gesagt werden: Gott ist größer als Christus. Die Bruchstelle, an der Ihr philosophischer Gedankengang im christlichen Glauben abgefangen wird, ist da, wo Sie wie in Auslegung des Hebr.zitats von dem „abgründigen Vertrauen" sprechen, das Gott über die Vorstellungen von Richten und Vergeben hinaus bewirke. Ich will versuchen, von dieser Bruchstelle aus wie in einer natürlichen Theologie weiterzudenken. Weil „Gott ist", schließen wir von seinem Sein der Vollkommenheit her auf das Wesen des Wahren, Guten und Schönen und scheiden damit auch für unser Leben das Wahre von Lüge und Irrtum, das Gute vom Bösen, das Schöne vom Häßlichen. Biblisch: Die Gebote des Dekalogs sind allen Menschen, auch den Heiden, ins Herz geschrieben; die iustitia civilis ist eine naturrechtliche Forderung. Nehme ich wirklich ernst, daß „Gott ist", so muß ich sein Richtertum folgern (im Geheimnis der Doppelbedeutung des deutschen Wortes: richten = gerade machen, recht machen und urteilender Richter sein bis hin zum reformatorischen recht-fertigen).

Weiter komme ich mit meiner natürlichen Theologie nicht. Von der Philosophie aus ist darum Ihr Satz sicher richtig: Daß Gott „vergibt", kann mein Bewußtsein nicht beherrschen. Das Gnadenereignis der Vergebung ist nur durch Offenbarung möglich, d.h. durch Einrede des verborgenen Gottes in die natürliche Welt. Innerhalb des philosophisch faßbaren Umkreises von Dasein und Existenz sind Sünde und Schuld nicht tilgbar. Der Gott jenes „Gottes ist" will Gott sein für uns Menschen und geht als der Christus in unsere menschliche "Bilder"welt ein: Das Wort ward Fleisch. „Unangemessen wie alle Bilder" gilt es nur für den leer bleibenden Gedanken über Christus hinaus und insofern auch nicht anfechtbar.

Ich gebe zu, daß vom Menschen aus nicht mehr gedacht werden kann, als was Sie zum Ausdruck bringen. Was darüber hinaus geht, erscheint vielmehr als „erdacht". Der christliche Glaube, insofern er echt ist als angenommenes Geschenk und nicht als religiöse Willensäußerung des Menschen, kann nur behaupten, ohne mit rationalen Mitteln zu beweisen, daß die Bilder und Worte und Mythen oder die Chiffren, Symbole, Bedeutungen getragen werden von der offenbarten Kraft Gottes als dem Ereignis, für das die dogmatischen Loci des prophetischen, priesterlichen und königlichen Amtes in Christus nur gedankliche Ausdrucksweisen sind.

Röm. 10,17: „Der Glaube kommt aus der Predigt, die Predigt aber aus dem Wort des Christus". Was Luther mit Predigt übersetzt, heißt eigentlich: aus dem „Gehörten". Das Wort Gottes in Christus muß gehört werden, der Glaube ist ein passives Geschehen; das Hören ist ein Vernehmen – nicht fern von der Art, wie Sie auch das Wort Vernunft von der Actio des Verstandes abgrenzen. Es ist ein Vernehmen im Stillegewordensein vor dem „Gott ist", um uns gefallen zu lassen, wie er sich uns offenbaren will. Die christliche Kunst sucht in ihrer Darstellung dem gerecht zu werden, etwa in den leicht blöd erscheinenden Plastiken etwa von Riemenschneider und sonstigen Werken der mittelalterlichen Kunst, wo die Propheten und Apostel als die Hörenden, Horchenden dargestellt werden.

Die philosophierende Denkhaltung bleibt demgegenüber immer irgendwie aktiv, auch wenn die „Denk"akte" im Gottesbegriff auf ein Minimum reduziert erscheinen. Sie halten sozusagen an der logischen oder psychologischen Voraussetzung fest, daß auch in der christlichen Frömmigkeit die Aussagen über Gott, die Vorstellungen in Bildern und Gleichnissen welthafter Art „gedacht" sein müssen, vom Menschen aus aktiv ergriffen sein müssen. Ja, diese Aktivität erscheint gegenüber der Subtraktion, die Sie vollziehen, sogar stärker und umfangreicher und darum verwirrender. In dieser Problemlage steckt etwas Wesentliches für die Unterscheidung von Philosophie und Theologie, dem ich aber zunächst nur auf die Spur gekommen bin. Die Reduktion oder Subtraktion, die Sie vornehmen, behält das Wesen der philosophierenden Aktivität. Sie endet in dem „Gott ist" bei einem abgewandelten Deismus, der ein anderer Deismus ist als der der Aufklärung. Die biblische Offenbarung dagegen wird auch aufgefangen von der menschlichen Denkaktivität, von den Möglichkeiten, die der denkende Mensch aus dem welthaft Verfügbaren entnimmt. Das Primäre ist aber die Passivität, in die Gott als der Offenbarende hineinhandelt im Ereignis des Glaubens. Das Sekundäre ist die Aktion der Glaubenden, in einer an die Offenbarung gebundenen Sprache sich des Glaubensereignisses zu vergewissern.

Die philosophische Ablehnung des „Mittlertums" ist konsequent, aber für den Christusgläubigen irrelevant. Sobald ich Jesus „nur" als Lehrer sehe, haben Sie recht. In der Trinität ist das menschlich beurteilbare Mittlertum aufgehoben. Ich kann Ihren Satz bejahen: „In jeweiliger Geschichtlichkeit findet die unmittelbare, keines Mittlers bedürfende, unabhängige Beziehung des Einzelnen zu Gott statt." Fast könnte man sagen, hier werde das Mittlertum in das Problem der Geschichtlichkeit hineingeschoben. Auch für Ihre persönliche Gottesbeziehung hat ein Mittlertum sozusagen in der Geschichtlichkeit stattgefunden. Es kommt nur darauf an, daß trotzdem die Ursprünglichkeit der Gottesbeziehung gewiß wird. Dem stimme ich ganz zu. Christus „der" Weg ist im Glauben nicht der Weg eines Fremden, dem ich folge, indem ich dabei meiner ursprünglichen

Gottesbeziehung verlustig gehe; ich erfahre sie vielmehr gerade so. Die Selbstaufgabe in der Nachfolge ist die existentielle Selbstfindung kat'exochen. Im Glauben ist die Anstößigkeit des Mittlertums aufgehoben.

Ähnlich verhält es sich in der Frage des „Unbedingten". Alles Gemachte und Gewollte ist unecht, und was Sie von den „Verkehrungen" sagen, betrifft ja zutiefst die geschichtsphilosophische Frage der demagogischen Ausbeutung geschichtlich wurzelkräftiger Volkstugenden. Biblisch finden wir immer die Koordination von Imperativ zu Indikativ in der Lockung zum evangelischen Gehorsam. Alle Forderungen sind aufgebaut auf den Gaben. 1. Kor. 13, das Preislied der Liebe Christi, endigt (1. Kor. 14,1) mit dem Imperativ: „Fleißiget euch der Liebe!" Die christlichen „Tugenden" sind zu verwirklichen nie aus sittlicher Kraftanstrengung von außen her, sondern nur aufgrund der Gnadengaben, die im Glauben empfangen sind. Wo diese Voraussetzung nicht zutrifft, entstehen überall die Verklemmungen, Verfälschungen, Intoleranzen, von denen die Kirchengeschichte voll ist, z.B. auch in den Fehlern und Fehlschlägen des Pietismus. „Dann wird, was nur als geschenkt wahrhaftig ist, als gewollt unwahrhaftig."

Ähnliches gilt von den philosophisch bedenklichen „Fixierungen" (Abschnitt 4). Mir ist dabei der Sinn des Satzes von der „unwiederholbaren Geschichtlichkeit" so noch nicht ganz klar. Die Offenbarung in Christus ist geschichtlich insofern nicht wiederholbar, als sie an die historischen Ereignisse um die Zeitenwende gebunden bleibt. Als Offenbarung des ewigen Wortes bleibt sie ein eschatologisches Faktum als geschichtliches-übergeschichtliches Ereignen im Glauben, wo immer Kirche ist. Was dabei den einzelnen in den verschiedenen Zeiten lebenden Menschen angeht, so begibt sich, daß er gewissermaßen anhand des Jahwe-Bundes und der prophetischen Verkündigung und der Apostellehre die „Möglichkeit" erhält, existentiell ein Glaubender zu werden. Nicht ein „objektives Heilsgeschehen für alle" wie analog einem technischen Verfahren kann behauptet werden, sondern nur das Angebot der Barmherzigkeit Gottes in der Gestalt des geschichtlichen Heilsweges, auf daß er als persönlicher ergriffen werde.

Ich will hier aus zeitlichen Gründen erst einmal abbrechen und aufschieben, auf weiteres noch einzugehen, vor allem zur Frage von „Eigenmächtigkeit und Gehorsam", sowie die „Inkonsequenzen" in meiner Arbeit. Ich hoffe, noch dazu zu kommen. Ostersonntag bekam ich meine militärische Einberufung mit vier Tagen Frist in den Fliegerhorst Greifswald. Ein verständiger Kommandeur des Bez. Kdo's ermöglichte am letzten Tage noch eine Rückstellung, zunächst bis Ende Mai. Inzwischen ist ein Uk-Antrag eingereicht worden, den dieser Kommandeur befürworten will. Die Entscheidung liegt an höherer Stelle. Jedenfalls muß ich mich bereit halten, demnächst Soldat zu werden. Reinhart kommt am Montag nach Polen in den Arbeitsdienst. Sein Abgangszeugnis erhält den Reifevermerk. Es ist sehr schade, daß er jetzt fort muß, nachdem er im letzten Vierteljahr zu wesentlichen geistigen Interessen erwacht ist. Sein letzter Klassenaufsatz über ein Nietzschewort war wirklich gut. Wolfram ist noch auf der Krim. Im Übrigen habe ich nichts Wichtiges zu melden!

Herzliche Grüße an Sie beide Ihr Oskar Hammelsbeck

44 Menz über Gransee (Mark), am 26.9.43

Liebe, verehrte Jaspers!

Genau ein Monat ist Ihr Brief alt, lieber Herr Professor, und ich komme erst heute dazu, Ihnen zu danken und zu antworten. Sie fragten nach unserem Ergehen nach den großen Angriffen auf Berlin. Es geht uns immer noch gut; unsere Wohnung ist noch heil. Aber wir haben die Stadt verlassen. Es fügte sich alles wie von selbst. Durch die Ungewißheit, wann unser Wolfram nach überstandener Diphterie mit nachfolgender Herzmuskelentzündung von der Krim zurück auf Urlaub zu erwarten sei, schoben wir immer die Ferienpläne heraus, bis wir der Einladung sehr lieber Pfarrersleute Ende Juli auf 14 Tage nach hier folgten, nahe der Mecklenburgischen Grenze, einem Dörfchen an Wald und See, Fontanegegend, der Stechlin ist nicht weit.

Nun sind wir einfach hier geblieben, haben drei Zimmer im wohnlichen Pfarrhaus und dahin allerhand Hausrat und Bettzeug geschleppt, damit wir den Haushalt führen können. Ich habe in den nächsten Monaten viel zu reisen, sodaß ich froh bin, die Meinen in einiger Sicherheit zu wissen. So oft ich in Berlin bin, bringe ich noch ein paar Sachen mit, auch die wichtigsten Bücher.

Wolfram erschien Ende August und hatte bis gestern seinen Urlaub. Nun ist er beim Ersatztruppenteil in Spandau, vielleicht wird er von da zur Sanitäterausbildung nach Guben versetzt. Er ist bis Ende November gvH geschrieben. Reinhart kam eine Woche nach ihm, aus dem Krankenhaus und RAD entlassen, zu uns und ist noch hier. . . . Sein allgemeiner Zustand ist zufriedenstellend. Er hat kein Fieber und fühlt sich ganz wohl, wenn auch viel Ruhebedürfnis. Waldtraut bekommt hier Unterricht in Englisch und Französisch durch eine vielgereiste pensionierte Studienrätin, sicher besser als in der Schule; Reinhart gibt ihr Mathematik und ich Deutsch und Geschichte usw. Gudrun geht in die Dorfschule.

Im Zuge der zahlreichen Einziehungen bekam ich auch vor 14 Tagen meine Einberufung zu den Landesschützen. Wider Erwarten ist es doch gelungen, mich noch einmal bis Ende des Jahres uk=stellen zu lassen. Die vergangenen Wochen brachten dadurch und durch die Schlepperei viel Unruhe; es ist ein kleines Zigeunerlager um uns her; überall steht das bucklicht Männlein, lacht und niest, wenn nichts zu finden ist und die Unordnung der Hausfrau auf die Seele fällt . . .

Ihre Kritik . . . war mir sehr willkommen. Der Mangel an „konzentrierter Schärfe" ist mir selbst aufgefallen. Doch bin ich teils meiner Art nach, teils aus Instinkt für diese Aufgabe bei der breiteren, unbestimmteren Anlage geblieben, weil mir schien, daß mehr nur eine Atmosphäre überhaupt zu schaffen sei. Prof. Radbruch hatte ganz andere Bedenken, nämlich ob die heutige Jugend noch fähig sei, solches zu verstehen. Nach meinen Erfahrungen mit den Primanern in der ev. Jugendarbeit bin ich nicht so pessimistisch, wenn auch über die Mängel durchaus im Klaren. Auch im Klaren, daß ich in vielem überfordere, sehe aber keine andere Möglichkeit, auf das höhere Niveau zu ziehen. In der Fortsetzung hoffe ich in Einzelnem praeziser zu werden. Ich werde dankbar sein, wenn Sie es weiter zur Kenntnis nehmen. Wie weit ist Ihr Manuskript, und darf ich es erwarten? Vielleicht begleite ich Reinhart nach St. B. und mache dann Station in Heidelberg.

Herzliche Grüße

Ihr O. Hammelsbeck

45

Menz über Gransee
z.Zt. Stuttgarter Hauptbahnhof, 18.2.44

Lieber, verehrter Herr Professor!

Auf der Reise nach Berlin habe ich etwas Aufenthalt, um schon meine herzlichen Grüße und Wünsche zum Geburtstag zu senden. Sonst komme ich nicht mehr rechtzeitig dazu. Sehr lebendig stehen mir noch die Tage des Vorjahres in der Erinnerung. Seitdem sind wir in der Weltgeschichte um mehr als ein Jahr vorwärtsgekommen. In der Lebensgeschichte des einzelnen scheint es sehr viel weniger. Aber wir müssen Geduld haben und ein getrostes und fröhliches Herz behalten, wie ich es heute bei M. Claudius las: „Lebt wohl und wißt, daß alles Quark ist – außer einem fröhlichen Herzen, das seiner bei aller Gelegenheit mächtig ist."

Ich hoffte, auf der Rückreise über Heidelberg kommen zu können, und hatte mir schon für Montag ein Zimmer bestellt. Aber nun muß ich doch gleich nach Berlin zurück. Hoffentlich finde ich morgen unsere Wohnung noch heil. Vor 14 Tagen habe ich einige Möbel und Bücher herausgeholt.

Wolfram schrieb zuletzt am 25.1. von einem Hauptverbandsplatz bei Schitomir. Reinhart soll am 1. April von St. Blasien zurückkommen. Es geht ihm ganz gut. Das Infiltrat im linken oberen Lungenlappen ist groß wie ein Zweimarkstück. Der Professor ist zufrieden. Nun soll er studieren; er hat sich zunächst für eine Alternative entschieden: Kunstgeschichte – Architektur.

Ich hatte vor 3 Wochen wieder eine Einberufung und dann wieder eine Zurückstellung bis Ende März. In Menz geht es bei aller Beschränkung recht gut. Über meine dortige Weiterarbeit gibt Ihnen das Beiliegende einen Bericht. Darf ich bitten, ihn – wenn erwünscht – über Radbruchs oder Marianne Weber zurückzusenden?!

Würden Sie für das kunstgeschichtliche Studium jemanden besonders empfehlen auf einer Universität oder Technischen Hochschule?

Herzliche Grüße und alles Gute
für sie Beide

Ihr O. Hammelsbeck

46 den 27.5.1944

Lieber Herr Hammelsbeck,

heute morgen am Frühstückstisch bekamen wir mit großer Freude Ihre guten Nachrichten. Da ist nun zu Pfingsten Ihre kleine, engste Familie zu Waldtrauds Konfirmation beisammen! Alles Gute für Ihre Tochter zu diesem Tage! Und die beiden Söhne sind für eine Weile im Lande und Ihre Sorgen können etwas ausruhen. –

Wird Ihre Familie mit ins Lippische übersiedeln? Hoffentlich. Die Adresse kann ich nicht genau lesen: Falkenhagen über Rissenau?!

Uns geht es soweit gut. Mein Mann hat gerade wieder einen Karbunkel mit Fieber und Schmerzen hinter sich. Jetzt ist er wieder bei der Arbeit (der philosophischen Logik); die andere Schrift hat eine Ruhepause, ist noch nicht fertig, wohl große Teile davon. Ich bin oft kaputt; aber im ganzen geht es auch mir gut.

Nochmals mit allen guten Wünschen für Ihre Familie grüßt Sie beide herzlich

Ihre

Gertrud Jaspers

Lieber Herr Hammelsbeck!

Ich bin froh über die guten Nachrichten. Herzlichen Dank! Das beiliegende IX. Kapitel ist aus dem Buch, von dem Sie das I. Kapitel gelesen haben. Fertig ist es noch nicht. Aber es liegt geschrieben in allen X Kapiteln vor. Es muß noch mal durchgearbeitet werden. Im Augenblick habe ich dazu keine Neigung. Bitte, wollen Sie mir das Exemplar gelegentlich zurückschicken. Ihre Meinung würde mich natürlich lebhaft interessieren, zumal für die letzte Durcharbeitung.

Noch habe ich Ihnen für Ihren lieben Geburtstagsbrief nicht gedankt, – und Ihr Lob der Art (eine schöne Phänomenologie dieser Erfahrung, die Sie so zeitgemäß gemacht haben). Ich lege das Manuskript wieder bei..

Auch dafür herzlichen Dank!

Ihr Karl Jaspers

47 Falkenhagen 26.9.44

Liebe, verehrte Jaspers!

Es wird Zeit, mich mal wieder nach Ihnen zu erkundigen und Ihnen auch einiges über uns mitzuteilen. Inzwischen ist meine Familie schon über zwei Monate hier bei mir, und wir fühlen uns sehr wohl. Wir haben in dem schönen alten Pfarrhause außer der Studierstube drei Schlafzimmer und eine modern eingerichtete Küche. So hat es meine Frau hier auch wesentlich besser als in Menz. An Möbeln haben wir allerdings nichts eigenes hier. Es ist so friedlich und still in unserer Einsamkeit, daß der Krieg nur durch die Last des Leides täglich nahe bleibt, das die Gemeinde heimsucht. Am Sonntag hatte ich im Gottesdienst eine Gedächtnisfeier für 4 Gefallene, am nächsten für 3. Und so viele Vermißte und solche, die seit vielen Wochen nicht mehr geschrieben haben!

Reinhart ist auch bei uns, soll sich noch weiter schonen. Studieren kann er nun ja seit den neuesten Beschränkungen noch nicht. Er muß es hier, so gut es geht, in den Büchern tun. Wolfram hat sein 2. Semester ohne wesentlichen Bombenschaden hinter sich bringen können, das Vorphysikum mit 1 bestanden, ist Feldwebel geworden und seit Ferienbeginn als Krankenpfleger in einem Zehlendorfer Lazarett. Nun hört auch sein Weiterstudieren auf; er kommt in einen neuen San.-Lehrgang, danach vielleicht auf kurzen Urlaub zu uns, und dann an die Front zurück. Er rechnet nicht vor Mitte November.

Aus einer Festschrift zum 60. Geburtstag von Prof. Schniewind, Neutestamentler in Halle, schicke ich Ihnen den Beitrag von Prof. Iwand, früher Riga und Königsberg, jetzt Pfarrer in Dortmund. Ich glaube, daß er einiges enthält, das Sie innerhalb Ihrer Gedankengänge interessieren wird.

Wir denken oft an Sie und die Heidelberger Freunde. Wie geht es Radbruchs und Marianne Weber? Haben Sie etwas von Dr. Mann gehört; er hatte mir noch einmal schreiben wollen.

Herzliche Grüße, auch von meiner Frau

Ihr O. Hammelsbeck

48 Heidelberg, 11. August 45

Lieber Hammelsbeck!

Dank für Ihre Nachricht. Wolfram ist eine Sorge. Alles andere klingt so ermutigend. Vor allem: Sie sind wie wir unter den Lebenden und noch Tätigen!

Von den Gefahren der letzten Monate vor Eintreffen der Befreier mag ich gar nicht erzählen (meine Frau war drei Mal versteckt). Es ist wie ein Wunder, daß wir leben, und ein zweites Wunder, daß Heidelberg unversehrt ist (außer den gesprengten Brücken). Wir leben mit den gleichen Sorgen wie alle, Ernährung und das andere. Aber es geht uns noch gut, auch Radbruchs, Alfred Weber und Marianne Weber. Alle aktiv. Marianne sichtlich erfrischt und verjüngt.

Am 15. August eröffnet die medizinische Fakultät Kurse. Im Winter werden die Theologen lesen, ich werde zugezogen für Philosophie: werde aber als Anhang der Theologen ins Lehren treten. Die philosophische Fakultät und das übrige ruht noch.

Wir haben viel beraten, geistig manches vorbereitet, einen Verfassungsentwurf z.B. Ich habe eine neue „Idee der Universität" geschrieben.

Ihre Nachrichten über die Radikalität kirchlicher Forderungen sind schlimm. Wieder „totalitär!" Simultanschule ist das einzig mögliche! Unsereins muß bedingungslos dafür eintreten. Der Religionsunterricht kann kirchlich geleitet werden, auch täglich eine Religionsstunde bewilligt werden, aber darüber hinaus ist alles von Übel. Intoleranz und jener Teufel der Ausschließlichkeit. Aber die Welt geht ihren großen Gang. Jene Probleme sind doch nur Stürme im Wasserglas. Die „Atombombe" – welche Perspektiven! Ich lese gern Jeremias – unter Abzug der vermöge der alttestamentlichen Forschung erkennbaren späteren Zusätze –: reine Luft und Größe der Gottesanschauung! Wir müssen nun leben vor der Möglichkeit, daß der Erdball eines Tages in den Kosmos zerstäubt wird. Die Atombombe ist der Anfang. Wenn wir doch die rechten Maßstäbe in den Alltag wirken ließen.

Herzliche Grüße von meiner Frau und

Ihrem Karl Jaspers

Zu sehr durch den Alltag in Anspruch genommen, komme leider nicht zum Schreiben! Alle guten Wünsche für den noch fehlenden Sohn!

Herzliche Grüße Ihrer Frau und Ihnen

von Ihrer Gertrud Jaspers

49 Heidelberg, den 1.1.1946

Lieber Herr Hammelsbeck,

es sieht so aus, als wären wir treulos, obwohl man längst schreiben kann – kein Gruß ging an Sie uns so treu verbundenen Menschen ab. Deshalb lege ich den vom August noch bei. –

Die herzlichsten Wünsche für Ihre Familie und für Sie und Ihre so wichtige Arbeit von uns zu Ihnen für dies eben begonnene Jahr! Möge Ihr ältester Sohn leben und gesund wiederkehren! Welch Bangen überall! Ganz anders bei mir. Über 30 meiner Verwandten vom eigenen Vaterland umgebracht! Was für Zweifelsfragen schließt dieser Satz in sich?! Ich habe mich noch nach unserer so glücklichen Befreiung mit dieser Frage zermürbt. Jetzt habe ich mich von ihr abgewandt und lebe in Deutschland, das solche Menschen wie Sie trägt und auch verfolgte. Eine Rehabilitierung wird nie erfolgen, zuviel Sorgen und Schrecknisse haben die deutschen Menschen, und da fehlt die Herzensphantasie, sich auszumalen, was es heißt, vaterlandslos zu sein. Mein Mann sagte diese 12 Jahre, wenn ich verzagte und versagte: Denke, ich bin Deutschland. Und so will ich denken und daneben die wahrhaft religiösen und die wahrhaft aufrechten Menschen stellen, die das andere Deutschland repräsentieren. –

Im letzten Winter war ich dreimal versteckt, von Berlin gewarnt, aber akut war es für mich alte Frau erst zuletzt, und da gewannen die Amerikaner das Rennen. Es war wie ein Wunder. Und meine 6 Brüder leben. Mein Bruder Ernst, den mein Mann in der Vorrede zur Philosophie erwähnt, war mit den Seinen (4 Personen) in Holland drei Jahre versteckt bei ihnen vorher unbekannten Menschen !!! –

Bei uns setzte ein unvorstellbarer Betrieb ein, dem wir kaum gewachsen waren, den ganzen Tag kamen Besucher aus den anderen östlichen Teilen Deutschlands, die ausgebombt und ihre Stellung verloren oder aufgegeben hatten. Deshalb kam nie ein Brief zu Ihnen. Jetzt hat mein Mann, der Senator, natürlich nicht Rektor ist, seine Vorlesungen erst zweistündig bei den Theologen gehalten. Ich glaube, Sie lasen damals die jetzt neu bearbeitete Grundlage dieser Einführung. In der nächsten Woche wird auch die philosophische Fakultät und alle anderen eröffnet. Mein Mann setzte die Einführungsvorlesung fort und liest einstündig: Die geistige Situation in Deutschland. Er ist geistig so aufgelebt, wie ich es nie für möglich gehalten hätte. Ich kann erst jetzt ganz ermessen, was er als geistiges Wesen in der Einsamkeit gelitten hat, und wie wahr es ist, daß Kommunikation zur Belebung der Ideen gehört. – Durch gute Menschen haben wir es essensmäßig ordentlich. Durch eigenes Mißtrauen des bösen Regimes haben wir für diesen Winter noch Heizung all die Jahre gespart.

Nochmals herzlichen Dank auch für den letzten Weihnachtsbrief. Schön, Sie in Ihrer selbstgewählten Arbeit zu wissen.

Mit herzlichen Grüßen für Ihre Frau
und für Sie, in der Hoffnung eines Wiedersehens
im neuen Jahre, mit dankbarem Gedenken

Ihre Gertrud Jaspers

Wenn Sie Nachricht über das Schicksal von Wolfram bekommen, möchten wir es wissen!

50 28.1.46

Meine lieben, verehrten Jaspersfreunde!

Welch eine andere Luft, in der wir uns wieder schreiben können, und welch froher Morgenwind – trotz allem – weht auch aus Ihren beiden lieben Briefen und dem mitgesandten 1. Heft der „Wandlung“. Ich bin für alles sehr dankbar und freue mich wie ein Kind.

Vor allem anderen: wie sehr freuen wir uns mit, daß die sechs umsorgten Brüder leben und bewahrt wurden. Wie oft haben wir gerade des Bruders Ernst nach unserem kurzen persönlichen Kennenlernen in Berlin gedacht! Aber dann bin ich auch besonders erfreut und dankbar für das Geleitwort und die Rede zur Universität in der „Wandlung“, dazu der Aufsatz von Alfred Weber, zu dem ich ihm auch gleich schreiben will. Es ist die Freude, daß wir so sehr das Gleiche denken und erfahren, so verschieden unsere einzelne Arbeit sein und bleiben mag. Ich hoffe, Sie spüren das auch aus meinem Vortrag auf der Detmolder Kulturpolitischen Tagung, den ich beilege, wobei ich herzlich bitte, ihn den Weg über Alfred Weber, dann Marianne Weber zu Radbruch gehen zu lassen.

Die Tagung ist eine ganz große Sache geworden und eine ganz große Hoffnung übrig geblieben. Ich lege die Teilnehmerliste auch bei. Die höchsten Staatsbeamten kamen und blieben und bewiesen in der Aussprache die verlangende Not und Verheißung. Es wird sich nun bald entscheiden müssen, ob der Rat der EKD die Folgerung zieht, eine „Evangelische Akademie“ als ständige Einrichtung aufzubauen. Die in Detmold gewesenen Theologen werden mich dazu als Leiter vorschlagen, zumal nun jetzt schon Anfragen kommen, Ähnliches auf anderen Gebieten zu ermöglichen. Die Göttinger (der Rektor war ja mit in Detmold) möchten gerne eine lose Verbindung mit der Universität ermöglichen, indem ich einen Lehrauftrag bekommen soll. Der Regierungspräsident in Saarbrücken hat mir die Leitung der dort zu errichtenden Päd. Hochschule angeboten und zugleich eine Professur an der dort geplanten Universität in Aussicht gestellt. Aber davon halte ich nicht viel und meine, es könnte jetzt nicht die Zeit von Universitätsneugründungen sein, wo wir die Tradition bei wenigen alten retten müssen.

So bin ich an sich immer nur in der unentschiedenen Position, auch zwischen den alten Angeboten noch. Aber der Gedanke der Akademie, mit der auch innerkirchlich Schulungskurse zu verbinden wären, würde mir wohl am ehesten liegen. Wir müßten ein geeignetes Heim in der Nähe einer Universität finden.

Das Kampffeld der Akademie wird zunächst „Idealismus“ heißen, der sich bei allen Wohlmeinenden verhängnisvoll breit macht, und es ist wiederum das Wohltuende für mich, daß ich seine Gefahren in der „Wandlung“ viel stärker gebannt sehe als in den beiden hier erscheinenden Zeitschriften „Die Sammlung“ und „Die Schule“, letztere herausgegeben von Grimme, in beiden Nohl stark führend.

Augenblicklich leite ich einen dreiwöchigen Lehrgang in Bad Meinberg für kirchliche Lehrer. Wenn Grimme mich im Auto mitnehmen kann, werde ich auch über das Wochenende bei dem Treffen der Kultusminister der Amerikanischen und Britischen Zone in Hohenwerda zugegen sein, wohin ich in Detmold eingeladen wurde. Da soll auch Heuss hinkommen.

Reinhart hat sich nun zum Studium entschlossen: Altphilologie und Theologie. Er wird wohl nach Göttingen gehen. Heidelberg liegt leider noch zu weit ab für die heutigen Verhältnisse. Am wichtigsten wird sein, ihn pflegerisch einigermaßen betreut unterzubringen. Er ist gesund, muß aber doch sehr geregelt leben, um einen Rückfall zu vermeiden.

Wenn es möglich ist, so bitte ich darum, mich für den regelmäßigen Bezug der „Wandlung" vormerken zu lassen. Vielleicht darf ich auch einmal einen Beitrag zur Verfügung stellen.

Für heute verbleibe ich mit sehr herzlichen Grüßen und Wünschen

Ihr Oskar Hammelsbeck

51 Heidelberg, 24.3.46

Lieber Herr Hammelsbeck!

Mit großer Freude sehe ich das Wachsen Ihrer Wirksamkeit.

Ihre Notiz in der „Sammlung" fand meine Zustimmung. Die Forderung der Abendmahlsgemeinschaft von Religionslehrern entsetzte mich. Darin meine ich doch noch einen Rest von „Machtwillen" der Kirche zu sehen. Und ich war betroffen, weil ich danach keinen Religionsunterricht geben könnte, zu dem ich mich doch qualifiziert fühle. Aber wie viel anderes wäre zu besprechen! Wie gerne kennte ich Ihre Absichten. Die christliche Partei in der Politik scheint mir ein politisches *und* religiöses Unheil.

Heute danke ich für Ihren Brief vom 13.3. über die Pädagogische Akademie in Elberfeld. Dr. Mann wird selber an Sie schreiben. Er käme nur für deutsche Literatur und Germanistik in Frage.

Für Philosophie würde ich Ihnen raten, zu prüfen, ob Dr. Kress nicht für Sie geeignet ist. Ich kenne ihn und seine Frau lange – seit mehr als zwei Jahrzehnten. Es sind ungewöhnlich anständige, redliche, tapfere Menschen. Sie haben beträchtliche Lehrerfahrung mit Kindern und Abituriumvorbereitung. Didaktisch ist er gewiß begabt. Philosophisch begreift er tiefe Dinge.

Eine ausgezeichnete Arbeit war in der Sammlung zu meinem 60. Geburtstag. Frau Kress ist eine geborene Daab. Ihr Vater, protestantischer Pfarrer, ist früher publizistisch hervorgetreten, vor kurzem gestorben. Ob er katholischer oder protestantischer Konfession ist, weiß ich nicht bestimmt. Unter dem Nachwuchs an Philosophen haben wir kaum Leute von Belang. Wer da ist, wird in Kürze einen Ruf haben, da so viele Lehrstühle frei sind. Dr. Kress würde m.E. gerne Unterricht mit Liebe und Gründlichkeit und Ernst leisten. Sie müßten ihn mal sprechen und sich dadurch Anschauung verschaffen. Ich empfehle ihn warm.

(Dr. Kress, 16 Bebra, Eisenacher Straße 45, politisch völlig unbelastet und verfolgt, Doktorpromotion mit einer Arbeit über Kant).

Wegen der anderen Fächer will ich mich umhören. Im Falle mir ein Name vorkommt, der geeignet scheint, schreibe ich Ihnen.

Mit herzlichen Grüßen

Ihr Karl Jaspers

Herr und Frau Dr. Kress sind Kinder protest. Pfarrer!
Heute nur herzliche Grüße

Ihrer Gertrud Jaspers

52 — 18. April 46

Lieber, verehrter Professor Jaspers!

Meiner allgemeinen Mitteilung an Sie beide über die nunmehr gefallene Entscheidung über meine berufliche Zukunft möchte ich herzlichen Dank für Ihren Brief vom 24. März anfügen. Ich habe sogleich an Kress geschrieben, aber noch keine Antwort erhalten. Inzwischen kam ein sehr lieber Brief von Dr. Mann, dem ich an den Bodensee Näheres geschrieben habe. Ich würde ihn auch gerne für Deutsch an der Akademie haben.

Nun noch einiges zu Ihrer Bemerkung über die Forderung der Abendmahlsgemeinschaft, was den Lehrer in der Evangelischen Unterweisung betrifft. Sie vermuten an dieser Stelle doch eine starke Machtäußerung der Kirche. Ich bin dieser Meinung nicht, zumal diese Forderung in meiner Ausdrucksweise so aussieht, daß wir sie „erstreben" müssen. Dazu kann gewiß niemand gezwungen werden, und wer die „Forderung" nicht einsieht, weiß noch nichts von der Realität der Gemeinschaft mit Christus und in seiner Gemeinde. Die Abendmahlsgemeinschaft ist Ausdruck der geschenkten Gemeinschaft, und darum können wir von der Sache her gar nicht anders als zu wünschen, daß der, der mit dem Wort der Offenbarung umgeht, auch dazu gehören möge. Die Forderung ist also ein Maßstab und kein Zwang. Aus der Eucharistie kommt die Freude des Christendaseins, sich „allewege" freuen zu dürfen. Der Lobpreis so manchen in seinem Menschsein zutiefst geschändeten und gemarterten Christen, wie er uns im Osten bezeugt wird, ist ein herrlicher Beweis für die selbstverständliche Forderung.

Dagegen bin ich ganz Ihrer Meinung, was die christlichen Parteien betrifft. Allerdings kann ich, ohne selbst mich mit ihnen näher abzugeben, ihre relative Berechtigung nicht ableugnen, solange die anderen Parteien nicht die echten christlichen Belange in ihre Politik aufnehmen, wie das etwa in der englischen Arbeiterpartei gewährleistet ist. Ich bemühe mich zur Zeit durch den von mir geleiteten Arbeitskreis Ev. Akademie, zu der mich der Rat der EKD in Fortsetzung der Detmolder Anfänge beauftragt hat, mit den Parteivorständen ins Gespräch zu kommen, um hier die notwendige Kritik gegen die Kirche und von der Kirche lebendig zu machen.

Mit britischen Feldpredigern hatten wir über dieses Thema eine schöne Aussprache. Sie hatten meinen im Oktober gehaltenen und danach ins Englische übersetzten Vortrag über Politik durchgearbeitet, und einer hielt dazu ein Korreferat. Wir kamen zu einer vollen Übereinstimmung.

Für heute bin ich mit herzlichen Grüßen an Sie beide

Ihr getreuer Oskar Hammelsbeck

53 Wuppertal-Wichlinghausen
Königsberger Str. 64
31.1.47

Liebe, verehrte Freunde!

Ihrer beiden Briefe haben uns wohlgetan; wir danken Ihnen für die guten Worte von Herzen.

Besonders dankbar bin ich für die inzwischen auch angelangten Schriften. Ich war schon leise traurig über den Eindruck, daß die beiderseits in so starkem Maße wieder aufgenommene öffentliche Tätigkeit zu beeinträchtigen schien, was wir in den Jahren der Verfemung an innerer Verbundenheit und Gesinnungsgemeinschaft gewonnen hatten. Wie an einen Traum denke ich an die Zeit vor drei Jahren zurück, als wir die Festgabe zum 60. Geburtstag rüsteten. Wieviel Zeit und Muße war dazu da! Wie gut und bedeutsam aber auch für heute, daß sie möglich war! Ich las dieser Tage, als sie mir beim Einräumen in der neuen Wohnung vor die Augen kam, noch einmal in der Zueignung, was ich damals verhalten durchsichtig nur so formulieren konnte, von „unserer gemeinsamen Verantwortung für das Leben des Geistes in unserer und der kommenden Generation, auch dessen bewußt, was wir dem Geist und der Wahrheit gegen Ungeist und Lüge schuldig sind," – und von „Ihrem Lebenswerk als Ausdruck des jetzt Möglichen in der sammelnden Bereitschaft für das Kommende."

Nun ist die Zeit einer neuen aktiven Bewährung angebrochen, unendlich viel schwerer und verantwortungsschwerer, als wir vorher einsehen konnten. Wie wir sie meistern, steht außerhalb jeder Überlegung nach rationalen Methoden. Ich sehe mich täglich neu einfach in der pädagogischen und seelsorgerlichen Situation gefordert. Als ich Ihre Ansprache „Vom lebendigen Geist" las, wurde ich lebhaft durch Ihr Zitat an die Volksbildnertagung 1929 erinnert. Dieselbe Stelle ist mir seither ständig deutlich geblieben. Sie befruchtete damals in mir den Keim zu einem Ethos, einmal der jüngeren Generation ein Lehrer nach jenen Maßstäben werden zu können. Nun finde ich mich mit allen unerhörten Anforderungen in die verwirklichte Situation geworfen und darf mich täglich nur kurz bei der Besinnung aufhalten, in welcher Zulänglichkeit oder Unzulänglichkeit ich ihr gerecht werden kann. In der nihilistischen Situation von heute geht es einfach darum, den 300 mir täglich anvertrauten Studierenden nicht nur durch die Lehre, sondern durch das persönliche Sein die existentielle Möglichkeit einer erfüllbaren und erfüllten Lebensform zu bieten. Bescheidenheit wird darin ganz und gar unzeitgemäß; Demut ist die allein echte Entsprechung. Ich war sehr dankbar, in Hannah Arendts Kafka-Aufsatz in der „Wandlung" den gleichen Austausch des Wortpaars verwendet zu finden.

Gestern sagte mir unser stellv. Studentenführer in einem vertraulichen Gespräch: „Wir Jungen sind nach anderthalb Jahren enttäuscht von den Nichtnationalsozialisten; viele von uns hassen sie. In Ihnen begegnet uns zum erstenmal ein konsequenter Gegner des Nationalsozialismus, der durch alles, was und wie er ist, uns eine ganz andere Welt eröffnet." In dem gleichen Atemzug, mit dem ich jubele über eine solche Aussage, stöhne ich auf unter der Last solcher Verantwortung. Es ist unser Verhängnis und unsere Verheißung geworden, daß alle Wertbezüge viel mehr als früher an das Personhafte gebunden sind. Dennoch darf es nicht vordringlich, nicht betont, nicht eitel sein, sondern muß hinter den Sachanliegen zurücktreten.

Auf einer anderen Ebene gilt das gleiche in der politischen Begegnung. Am 25. und 26. Februar werden wir – wie voriges Jahr mit den Kulturpolitikern – nun mit dem Parteivorstand der SPD in Detmold tagen und die Frage Politik und Kirche erörtern.

In der Anlage übersende ich Ihnen den Entwurf für eine Öffentlichkeitsarbeit der Päd. Akademie, in dem Sie auch Ihren Namen finden. Ich wage einmal die Bitte an Sie um diesen Dienst und füge hinzu, daß wir Sie gerne mit Ihrer Frau als Gast haben möchten. Einen möglichen Termin im Mai, möglichst mittwochs, stelle ich Ihnen anheim.

Bitte antworten Sie mir baldigst darauf, hoffentlich mit einer Zusage – Thema ganz in Ihrem Belieben. Darf ich schon heute meine guten Wünsche für den baldigen Geburtstag aussprechen und von mir und meiner Frau herzlich grüßen

Ihr Oskar Hammelsbeck

54 am 16. Februar 1947

Lieber, verehrter Professor Jaspers!

Ihr Geburtstag naht wieder, fünf Jahre später als wir in noch unentschiedener Zeit feierten und aus unserer Gewißheit vorwegnahmen, was nach 1945 für Ihre Wirksamkeit nachzuholen war. Nun ist dieser Fortgang durch den Ruf nach Basel gekrönt. Ob Sie ihn nun annehmen oder schon angenommen haben oder nicht, ich möchte darin eine neue Vorwegnahme sehen für die notwendige kommende Veränderung in den politischen Verhältnissen überhaupt. Denn jede Beschränkung in den nationalstaatlichen Maßen ist sinnlos geworden; wenn überhaupt, so muß sich vom Miteinander im Geistigen zwischen den Völkern das Schwergewicht gegenüber Anarchie und Nihilismus vollziehen. Auch in der ökumenischen Christenheit wird diese Entwicklung für uns alle immer bemerkbarer. So scheinen wir zu einer Art Wettlauf anzutreten mit den Mächten und Kräften, die auf die Selbstvernichtung lossteuern.

Meine Wünsche gelten Ihrer weiteren Wirksamkeit, ob in Heidelberg oder in Basel. Wenn es Basel sein soll, so wäre vielleicht aus einer dialektischen Spannung zu Karl Barth Besonderes zu erwarten. Ich habe oft gedacht, wie Ihre Frau zu dem angebotenen Wechsel stehe. Die von den Deutschen geschlagenen Wunden werden hier wohl nie mehr ganz verheilen und die Schweiz als das Heilsamere erscheinen!? Aber auch dort ist der Antisemitismus am Brodeln. Ich erlebte es in den Augusttagen, als ich dort war und auf der Konferenz des Christlichen

Friedensdienstes, die ich einen Tag besuchte, da manches Material in einem Vortrag des Pfarrers Vogt ausgebreitet wurde. Der Bruderrat der Bek. Kirche hat kürzlich ein entschiedenes Wort zur Judenfrage beschließen müssen.

Meine Arbeit hat bisher einen fast ungehinderten Fortgang genommen. Erst in der letzten Zeit melden sich bedrohliche Anzeichen in den parlamentarischen Ausschüssen. Das Direktorat raubt mir jede Muße zu systematischer wissenschaftlicher Arbeit, obwohl ich immer wieder Ansätze zu machen versuche. Die unmittelbare Wirksamkeit von Mensch zu Mensch nimmt den meisten Raum ein. Aus Vorlesung und Seminar wächst viel an beratenden und auch seelsorgerlichen Gesprächen in alle Nöte der Jugend hinein, allen voran die Ehekrisis. Daneben beansprucht die kirchliche Arbeit viel Zeit und Kraft. In den Aussprachen mit den politischen Parteien sind wir in schwierigen Verhandlungen mit der CDU, über die ich Ihnen einen gerade erschienenen Kommentar beilege.

Unser Reinhart ist im 4. Göttinger Semester; er spezialisiert sich vielleicht auf Kirchengeschichte. Ich würde gerne sehen, wenn er zu denen gehören könnte, die im Wintersemester in Basel studieren. Frau und Töchtern geht es einigermaßen gut.

Ist die Logik noch nicht erschienen? Sie vergessen doch bitte nicht zu veranlassen, daß ich ein Exemplar bekomme, wie Sie mir im letzten Brief zusagten?! Ich gebe hiermit auch die Bitte von Prof. de Quervain in Bern weiter, eins zu bekommen, wenn Sie die Güte hätten, den Verlag dazu zu veranlassen. Er braucht es dringend für seine systematischen Arbeiten.

Von Ihrem letzten Brief steht noch die Bemerkung auf, die sich gegen meine Forderung wenden möchte, daß die Lehrer der Evangelischen Unterweisung sich zum Abendmahl halten. Es darf und kann sich nicht um eine Forderung handeln, sondern nur um die Erwartung, daß es jedem, der mit Gottes Wort umgeht, wie es der Lehrer tut, aufgehen möchte, daß das von innen her dazu gehört, sich zum Abendmahl zu halten. Hier ist Evangelium und nicht Gesetz.

Ich schließe mit nochmaligen guten Wünschen und herzlichen Grüßen an Sie beide. Wie gerne würde ich Sie einmal wieder sehen und sprechen können!

Ihr

Oskar Hammelsbeck

55 Heidelberg, 3.6.1947

Lieber Herr Hammelsbeck!

Schönen Dank für Ihren Brief vom 30.5. Ja, wir hätten manches zu besprechen, viel, das uns verbindet, ein Weniges (oder ist es viel?) das uns außerordentlich trennt, wenn ich daran denke, daß auch Sie für den Religionsunterricht in den Schulen Lehrer fordern, die am Abendmahlsakrament teilnehmen. So bin ich also ungeeignet, Religionsunterricht zu erteilen, und ich lebe doch in der wunderlichen Einbildung, ich könnte in der biblischen Religion Kinder vortrefflich unterrichten. Das ist eine persönliche und insofern harmlose Form für den Ausdruck einer grundsätzlichen und folgereichen Auffassung.

Ich freue mich, von Ihnen zu hören, daß Sie mit Ihrer Einleitung in die Philosophie zu Gang kommen. Das freie Philosophieren ist gefährlich, man kommt so leicht ins Schwätzen. Ich weiß es. Daher sind die Texte der großen Philosophen unerläßlich als Grundlage, als Maßstab und als Gegenstand der Ehrfurcht.

Die „Psychopathologie" ist leider schon vergriffen. Ich schicke Ihnen ein Exemplar von denen, die ich noch aufgehoben habe.

Könnten Sie doch mit der Verkündigung als wirklich freiem Angebot auf jeden Anspruch an Macht (wie sie jene Abendmahlsforderung bedeutet) verzichten! Wenn nicht, dann werden Sie immer mehr „seufzen über den Gang in der großen Kirche." Wir müssen mit allem Ernst machen, das einzige, was uns bleibt. Zum Ernst machen gehört allerdings, den Weg zu finden oder zu behalten, der mit den anderen Menschen verbindet. Wo man in die Isolierung geht, steckt irgendwo auch eine Unwahrheit.

Ich bin unmäßig tätig. Die moderne Welt macht ein Puppenspiel und verführt die Menschen, in diesem Spiel sich verzehren zu lassen. So gehe ich jetzt im Juli zu Gastvorlesungen nach Basel. Noch einmal mit Freuden, aber ich bin entschlossen, zur Meditation und Lehrtätigkeit im engeren Kreise zurückzukehren.

Der erste Band meiner Logik soll im Sommer erscheinen. Selbstverständlich will ich Ihnen ein Exemplar schicken. Sollte ich es wieder versäumen, bin ich Ihnen für Erinnerung dankbar.

Mit herzlichen Grüßen
Ihr

Karl Jaspers

56 26.3.1949

Liebe und verehrte Freunde!

Endlich nach Semesterschluß komme ich dazu, Geburtstagswünsche und vor allem meinen Dank nachzuholen, den ich Ihnen noch immer für das dicke Buch schuldig bin. Als es kam, überwog mein Bedauern, daß die täglichen und übermäßigen Anforderungen nicht erlauben würden, es mir vorzunehmen. Nun aber hat es doch eine Geschichte mit mir angefangen, wenigstens angefangen, die jenes Bedauern hinter sich läßt. Es ist zwar ganz ausgeschlossen, daß ich zum systematischen Durcharbeiten käme; ich kann es aber doch gut brauchen, wenn auch vielleicht mißbrauchen, vom Begriffsverzeichnis am Schluß her je nach Stichwort, das aus der allgemeinen Arbeit springt, mir Rat zu holen und dann bei einigen Seiten Denken und Nachdenken zu bleiben.

In der Akademiearbeit nimmt ein neues Wagnis viel Kraft in Anspruch. Wir haben eine kleine Gruppe Studenten in langsamer Arbeit dafür willig gemacht, die sozialpädagogische und volkspolitische Aufgabe in Angriff zu nehmen, wie sie mir seit langem notwendig erscheint. Die Verwirklichung tritt nun in ihr erstes Stadium. Ich komme gerade von Verhandlungen mit Bergwerksdirektoren am Niederrhein, in deren Gebiet um neue Schachtanlagen die Ansiedlung von Bergarbeitern mit ihren Familien geplant wird. Eigenheime sollen errichtet werden durch Kreditgewährung und Selbsthilfe. Wir erbitten dabei etwas Land und Baustoffhilfe, um gleichermaßen inmitten der Siedlung ein Studentenheim zu bauen, von dem aus wir den Siedlern helfen werden bei ihrem Bauen und in diesem gemeinsamen Leben ein schlichtes geordnetes geistiges Dasein aufzubauen versuchen wollen.

Seit Monaten bereite ich das Erscheinen meiner Zeitschrift „Der evangelische Erzieher" vor. Im April kommt die erste Nummer. Der Zeitpunkt ist denkbar ungeschickt; fast keine neue Zeitschrift kann sich halten. Ich sehe auch noch nicht, ob wir durchkommen werden. Die Schulfrage ist durch die Bonner Verhandlungen sehr in den Vordergrund gerückt. Kirchlich muß ich großer Reaktion und Restauration wehren, politisch den anderen falschen Gewalten, die im Gegenschlag doch nur der Staatsomnipotenz und dem totalitären Gefälle Raum schaffen.

Das Goethejahr schwemmt viel Halbbildung und Unzeitgemäßes an. Haben Sie Flitners schönes Buch über Goethes Alterswerk zu sehen bekommen? Blättner-Kiel bereitet eine Festgabe zu F's 60. Geburtstag im August vor.

Unsere Waldtraut hat soeben ihr Abitur gemacht, und Reinhart hat ein Stipendium erhalten, zwei Semester von Herbst an in Basel zu studieren. So wird er Sie auch sehen dürfen. Er arbeitet zur Zeit bei Iwand in Göttingen über den jungen Hegel, eine theologische Fragestellung zur Geschichtsphilosophie.

Haben Sie sich inzwischen in Basel gut eingelebt? Waren Ihre Geschwister aus Holland bei Ihnen? Ich war im Februar 10 Tage in Holland und bedauerte, nicht die Anschrift Ihres Bruders Ernst zu haben.

Herzliche Grüße und Wünsche
Ihr

O. Hammelsbeck

57

am 19.9.49

Liebe, verehrte Frau Jaspers!

Ich möchte anfragen, ob Sie Anfang Oktober in Basel sind und Lust haben, den Besuch unserer Tochter Waldtraut auf ihrer Durchreise nach Genf zu empfangen. Sie will am 4. hier abreisen, ist also mittwochs sehr früh in Basel und könnte, wenn es Ihnen dann schon paßt, Sie nach 8 Uhr aufsuchen, um dann bald nach Genf weiterzureisen. Jedenfalls wird sie sich nicht lange aufhalten dürfen.

Waldtraut hat Ostern ihr Abitur gemacht. Sie ist seit vier Jahren entschlossen, Diakonisse zu werden. Wir haben ihr damals gesagt, sie solle erst einmal die Schule fertig machen, und jetzt, sie solle sich noch ein Jahr im Ausland umsehen und Sprachen vervollständigen. Bleibt es ihr Wille, wie es den Anschein hat, so kann sie dann im nächsten Herbst in die Krankenpflegeausbildung gehen. Also jetzt wird sie für ein halbes Jahr nach Genf gehen, als Haustochter von Frl. Picot, der Schwester des früheren Schweizer Parlamentsvorsitzenden, dann nach England. Frl. Picot wird jemanden beauftragen, sie in Basel in Empfang zu nehmen und sie zum Zug nach Genf zu geleiten. Aber sie kann ja gut mit einem nächsten oder übernächsten Zug fahren. Ist Ihnen also die Zeit nicht allzu ungeschickt und sind Sie bereit, so lassen Sie es uns bald wissen.

Unser Reinhart folgt 14 Tage später. Er hat ein Jahresstipendium für das Weiterstudium in Basel (7. und 8. Semester Theologie). Leider hat er keinen Platz mehr im Alumneum bekommen, wenigstens für das WS nicht. Er wird erst in Basel erfahren, ob er sonstwo untergebracht wird oder privat wohnen soll. Er bekommt Wohn- und Verpflegungsgeld und 50 sfrs Taschengeld monatlich.

Wir hatten vor 4 Tagen die Freude, endlich – nach 6 Jahren – unsere Möbel aus Berlin zu bekommen, allerdings für das ungeheuerliche Transportgeld von DM 1.900,–, die ich mir leihen mußte. So bin ich nun auch im Besitz meiner Bücher, lang entbehrt. Ferien haben wir infolgedessen keine machen können; die Ausstattung unserer zwei Ausreisenden kostet auch viel. Aber ich habe wenigstens endlich mein Buchmanuskript zur Erziehungslehre (Evangelische Lehre von der Erziehung) abschließen und an den Verleger senden können. Die Überlastung in der Semesterzeit läßt mich sonst zu nichts kommen; und ich muß es auch jetzt mit einigem schlechten Gewissen abschließen.

Wie ist es Ihnen weiter ergangen? Haben Sie sich in Basel gut eingelebt? Gerne hätte ich Sie wieder besucht; aber aus meiner diesjährigen Vortragsreise in die Schweiz ist nichts geworden. Ich hätte mich gerne mit Ihrem Mann über die neue Wendung bei Heidegger unterhalten. Das Goethejahr hat ihm den Streit durch Curtius gebracht; er hat mich einigermaßen amüsiert. Auch ich mußte ran mit Goethe und werde am Samstag über „Goethe gestern und heute“ einen Vortrag halten. Von den größeren Veröffentlichungen hat mir Flitners Buch über „Goethe im Spätwerk“ am meisten gegeben.

Ich grüße Sie beide sehr herzlich mit allen guten Wünschen

Ihr

O. Hammelsbeck

58 Basel (22.9.1949)

Lieber Herr Hammelsbeck,

da ich in diesen Tagen überbeschäftigt bin, darf ich im Telegrammstil antworten:
1. Daß ich mich sehr freue, Ihre Waldtraut am 5. morgens bei uns zu sehen, wir frühstücken immer um die Zeit. Frl. Picot ist gewiß die Schwester des Staatsrats Picot, bei dem wir gerade zum Tee waren: eine entzückende Familie, altes demokratisches Herkommen.
2. Daß Reinhart hier studieren will, wird uns neu verbinden.
Mein Mann (und ich als Tipperin) machen die Radiovorträge gerade fertig, die am 26. Sept. 19.20 Uhr (Schweizer Zeit) vorangekündigt werden, sie laufen dann vom 3. Okt. an jedem Montag von 19 Uhr bis 19.25.

In den „Recontres Internationales" waren die Vorträge von Karl Barth und dem Dominikaner Pater Pierre Maydieu, beide am gleichen Abend, sehr eindrucksvoll. Mein Mann hatte den abschließenden Vortrag, der im nächsten Heft der Wandlung erscheint. Das Buch vom „Ursprung und Ziel der Geschichte" kommt zu Ihnen bald vom Piper-Verlag.

Ich bin innerlich sehr, sehr betroffen, vom Schicksal meiner holl. Geschwister, die Sie kennen. Innerhalb drei Tagen starb der 33-jährige Sohn (einziges Kind) an einer seltenen Krankheit, hinterläßt Frau mit 2 Töchtern, alles mittellos. Er bekam gerade die ersten Aufträge als Architekt.

Ihre Sie beide grüßende

Gertrud Jaspers

59 13. Februar 1950

Lieber Herr Professor Jaspers!

Darf ich Ihnen heute einen jungen Menschen empfehlen, dessen wissenschaftliche und menschliche Förderung mir besonders am Herzen liegt. Es handelt sich um einen Junglehrer, Herrn Johannes Schulz, der von mir 1946 in die Akademie aufgenommen worden ist, obwohl er kein Reifezeugnis hatte. Die damals von ihm eingereichte Arbeit versprach das Beste, und ich kann nach 3 1/2 Jahren sagen, daß er allen Erwartungen entsprochen hat. Er ist auch nach dem Studium in meinem Junglehrerseminar geblieben, in dem wir erziehungswissenschaftliche Probleme durcharbeiten. Seine Examensarbeit hat er 1948 über Friedrich Wilhelm Foerster gemacht.

Es ist nun gelungen, ihm ein Stipendium für einen dreimonatigen Studienaufenthalt zu erwirken. Er hat selbst in dem dafür eingereichten Lebenslauf die Bitte ausgesprochen, in Basel studieren zu können. Dieser Wunsch kommt von daher, daß er sich nach und nach die meisten Ihrer Bücher bei mir entliehen und sich sehr stark mit Ihrem Philosophieren befaßt hat. Keineswegs so, daß er einfach alles schluckt, sondern mit überwiegender Zustimmung eine wohlüberlegte Kritik verbindet. Andererseits interessiert ihn stark die Barthsche Theologie. Falls Sie für seine Unterbringung in Basel irgend etwas raten können, so wäre ich Ihnen sehr dankbar. 450 Franken im Monat scheinen mir ein gutes Geld zu sein. Aber er überlegt dabei sehr stark, ob er es möglich machen könnte, damit auch ein zweites Semester noch zu finanzieren. Er würde dann während der Sommerferien als Landarbeiter zu arbeiten suchen. Ich lege Ihnen die Abschriften zweier Briefe zu dieser Angelegenheit bei.

Unsere Waldtraut wird Ende März aus Genf zurückkehren und hat vor, vielleicht einen Tag in Basel zu verbringen, um dann über Saarbrücken mit einem Besuch bei ihrer Großmutter nach hier zurückzukehren. Wie steht es mit Reinhart? Arbeitet er in Ihrem Seminar mit und haben Sie einen Eindruck von dieser Mitarbeit?

Mit diesem etwas vorzeitigen Geburtstagsbrief möchte ich alle guten Wünsche für Ihrer beider Leben im neuen Lebensjahr aussprechen.

Mit herzlichen Grüßen an Sie beide, auch von meiner Frau,

bin ich

Ihr Oskar Hammelsbeck

3 Anlagen

60 Basel, den 16.2.1950

Lieber Herr Hammelsbeck,

leider kann mein Mann, – hier fremd – als Deutscher an niemand herantreten, um für Ihren Schützling etwas zu tun. Das müßten schon Baseler arrangieren, die wir aber nicht kennen. Wenn erst Herr Schulz hier sein wird, mag sich manches für ihn günstiger gestalten, wie wir es an anderen Deutschen auch wahrnehmen. –

Mein Mann hat einfach keine Zeit und Kraft, Ihnen selbst zu antworten. Bitte verstehen Sie es, wie schon so oft. Mit Ihrem Jungen verabredete ich gerade den Tag, bevor Ihr Brief ankam, daß er uns in der Fastnachtswoche (hier am 27./28.) anläute, damit er uns endlich besucht. Er sieht zufrieden aus. Im Seminar meines Mannes trat er nicht hervor, so daß Karl kein Urteil Ihnen sagen kann.

Wenn Waldtraut auf der Durchreise bei mir bleiben will, so freue ich mich. Es sind Ferien und voraussichtlich kein Besuch oben, wie sonst zu meiner Freude oft. Meist Emigranten – Freunde oder meine Verwandten. Jetzt war es Hannah Arendt, Schülerin Karls aus besten Heidelberger Zeiten, die sich bereits einen Namen in Amerika gemacht hat. Eine bedeutende Frau. Ihre 6 schönen Aufsätze erschienen bei Lambert Schneider in Heidelberg. Mein Mann findet die Ausführungen über Existenzphilosophie darin das Beste, was über dieses Thema geschrieben wurde. Karl hebt Ihre Einlagen gut auf, falls sich doch je eine Möglichkeit für Ihren anscheinend so vortrefflichen Schützling zeigen sollte.

Mit herzlichen Grüßen für Ihre Frau und für Sie

von uns beiden und Dank für die Geburtstagswünsche

Ihre Gertrud Jaspers

61 Basel, den 22.3.1950

Lieber Herr Hammelsbeck,

eine mir bekannte Dame, fromm katholisch, Hörerin meines Mannes, Witwe mit einem Sohne, junger, fertiger Mediziner, der alle 14 Tage die Mutter besucht, bot mir an, Ihren Schützling aufzunehmen: Freie Wohnung und Frühstück. Ich war ganz gerührt und schickte erst dann Ihre Empfehlungen, und da sie das Haus verkaufen will, fragte ich nochmals, ob ihr schneller Entschluß sie nicht reue. Sie telefonierte mir eben, daß sie dabei bleibe. Es ist eine sehr nette Dame, sie bewohnt eine herrlich gelegene Villa in Arlesheim.

Reinhart, dem ich es gestern vortrug, war sehr erfreut. Man nimmt ein Monatsabonnement, es liegt 20 Minuten im Vorort. Viele Villenbesitzer wohnen dort, es ist noch nicht eingemeindet, aber nahe genug für Ihren Schützling. Ich hoffe, er wird sich bewähren. Jude, Katholik, Protestant wirken zusammen, doch nett? Ihr Junge strahlt braun gebrannt vom Skilaufen in der Höhe mit schöner Sonne. Es tat mir leid, zu hören, daß Waldtraut bei Detmold verharrt. Es scheint mir ein Entschluß, der zu früh gefaßt wird. Können Sie nicht auf England bestehen, schon weil die Sprache so wichtig ist? Ich will den einen Tag mein Bestes versuchen . . .

Ihre Sie beide grüßende

Gertrud Jaspers

62 Basel, den 1. Dez. 1950
Austrasse 126

Lieber Herr Hammelsbeck,

Ihr neues, gewichtiges Werk kam vor einigen Tagen an. Haben Sie herzlichen Dank. Ich schreibe Ihnen heute nur zur Bestätigung des Eingangs, da ich zur Lektüre in diesen Monaten noch nicht komme.

Mit guten Wünschen und herzlichen Grüßen

Ihr Karl Jaspers

63

Von Freunden und Bekannten, von Hörern aus allen Zeiten meiner Lehrtätigkeit, von Behörden und Institutionen habe ich zu meinem siebzigsten Geburtstag sehr viel Wohlwollen erfahren. Briefe, Telegramme, Blumen und Gaben empfing ich in so großer Zahl, daß ich nun in großer Dankbarkeit ratlos bin: Jedem möchte ich ausdrücklich und herzlich schreiben; dies auszuführen aber ist physisch nicht möglich. Darum bitte ich Sie, Ihre Güte noch einmal mir zu gewähren und meinen Dank in dieser Form zu gestatten. Ich habe jedes mir zugegangene Zeichen der Wertschätzung und der Neigung vergegenwärtigt und in besinnlicher Stille mit dankbarer Neigung innerlich erwidert.

Karl Jaspers.

Basel, Feburar 1953.

[Mit dem handschriftlichen Zusatz von
Gertrud Jaspers:]

Vorläufiger Dank! Eingedenk 1943

64

am 2.4.53

Lieber, verehrter Professor Jaspers!

Zum Osterfest sende ich Ihnen beiden herzliche Grüße und den Wunsch, daß es Ihnen gut gehen möge nach diesen sicher doppelt gefüllten Semesterferien. So vieles und verschiedenes hat Ihnen der Geburtstag gebracht, daß Sie sicher noch gar nicht ganz durchgedrungen sind. Ich war verwundert darüber, daß mein Beitrag mehrfach in großen und kleinen Auszügen in der Tages- und Zeitschriftenpresse erschienen ist; ganz wird ihn im Juliheft die „Evangelische Theologie" noch bringen. Aus der Schweiz wurde mir die Basler Nationalzeitung geschickt mit den Aufsätzen und Besprechungen zum 23. Februar. Darüber bin ich erschrocken. Ich las erst Herrn Buris Festaufsatz und konnte mir eigentlich nicht denken, daß Ihnen eine solche Apotheose willkommen gewesen ist. Dann aber hat mich die billige Bemerkung in der Buchbesprechung über meinen Beitrag recht traurig gestimmt. Ist das wirklich der Buri, von dem Sie mir bei meinem letzten Besuch so viel Anerkennenswertes sagten? Ich bitte, mich recht zu verstehen: gegen gute Kritik wehre ich mich nicht. Aber Ihre Bemerkung, „mit Glaubenskämpfern sei nicht zu reden", schulmeisterlich abtuend auf mich anzuwenden, ist nicht nur lieblos; sie fällt vielmehr, so will mir scheinen, in einer merkwürdigen Inkonsequenz auf ihn selbst zurück. Er kann vielleicht wie manche, die in einem unzeitgemäßen Liberalismus stecken geblieben sind, nicht ertragen, daß es eine andere Liberalität gibt. In ihr fühle ich mich Ihnen verwandter als diesem Theologen Buri. Nur deshalb möchte ich Ihnen das aus dem Schmerz, den ich dabei empfunden habe, sagen, weil es mir leid tut, daß Ihnen der Zugang zu einer weniger leicht geschürzten theologisch-weltlichen Verantwortung als die des Herrn Buri verdeckt werden könnte. Herr Buri hat anscheinend noch nicht bemerkt, daß für uns, die sich theologisch manches Vergangene haben abringen müssen, alle alten, so töricht gewordenen Kennzeichnungen wie orthodox, pietistisch oder liberal längst hinfällig geworden sind. Ich wollte Ihnen das als Nachlese noch gerne gesagt haben, um zu hoffen, daß ich von Ihnen in meinem Ihnen zugute geschriebenen Beitrag nicht so fehlverstanden werden möchte wie nach Buris allzuschnellem Rezept. Das war kein guter Dienst für eine gebesserte Beziehung zwischen Philosophie und Theologie! Ich wünschte, Sie würden bessere Partner finden, als es nach diesem Buri und ich sein können!

Herzlich

Ihr Oskar Hammelsbeck

65 Basel, den 8. April 1953

Lieber Herr Hammelsbeck!

Mein Dank hat lange auf sich warten lassen. Bitte entschuldigen Sie mich. In der Fülle der Ansprüche und Aufgaben des Tages konnte ich nur Schritt für Schritt die schönen Geschenke mir aneignen, die mir zu meinem Geburtstag zuteil wurden. So habe ich Ihren Aufsatz erst jetzt gelesen. Ich freue mich, diesen Aufsatz in der mir gewidmeten Festschrift zu haben. Nun ich antworte und danke, liegt Ihr Brief vor. Sie schreiben Ihr Befremden über Buri. Seien Sie ihm drob bitte nicht böse. Zumal in der Kürze ist es doch Theologen- und Philosophenart, den Eindruck einer Sache drastisch wiederzugeben. Die Leichtfertigkeit des Kommunikationsabbruches ist fast bewußtlos. Grade lese ich bei Bultmann seine Ablehnung einer Antwort an einen offenbar schwarzen Orthodoxen (Stauffer): „Ich denke mit ihm schiedlich-friedlich auseinanderzukommen, wenn wir uns nur gegenseitig ein Eingeständnis machen: ich, daß ich von der Realtheologie nichts verstehe; er, daß er von Entmythologisierung nichts versteht." Niemand kann allen antworten, sogar nur wenigen, das ist Folge der Begrenzung der physischen Kräfte. Aber die ausdrückliche Erledigung als inkommunikabel ist schrecklich. So verhandelt man zwischen Großmächten, denen andere Waffen als geistige im Hintergrund stehen, wie ja auch unbewußt aus der Natur der Sache bei den Theologen. Ich nehme Buris Wendung nicht in Schutz, aber lege sie zu vielen anderen, mit der Furcht, mir könnte so etwas auch einmal passiert sein.

Nun aber, was soll ich Ihnen schreiben! Es ist gar nicht einfach. Orthodox und liberal sind für mich keineswegs „hinfällige" Kategorien. Ich glaube mit ihnen einen bestimmten und wesentlichen Sinn zu verbinden. „Unzeitgemäß", das schreckt mich nicht, ich bin zu lange gewohnt, als Aufklärer erledigt zu werden, und sehe das fast als Ehre an. Wenn Sie „Lessings Kurzschluß hinsichtlich der verschiedenen Religionen" behaupten (Sie schreiben das einfach über Lessing wie Buri über Hammelsbeck), so ist das, was in Ihrem Urteil über die historische Einsicht Lessings richtig sein mag, durch den Ausdruck „Kurzschluß" bei Lessing ungemäß getroffen.

Ihr Aufsatz zeigt mir Ihren mir nun durch Jahrzehnte wohltuenden freundlichen Willen, ich lese ihn darum dankbar wegen der Grundgesinnung und denke an den Tag vor zehn Jahren. Der Inhalt aber vermag mich leider nicht zu erleuchten. Die Offenbarung bekommt bei Ihnen einen einzigen Ort, unterschieden von allem Christentum, den Dogmen, Gedanken, Bildern. Und die Offenbarung ist dann doch einzig und allein da im Text griechischer Sprache und für Sie als Protestanten in zwei Sakramenten, also in Menschenwerk für den, der nicht die spezifische Offenbarung glaubt, aber Gottes Werk ist wie alles in der Welt, das Sprache gewinnt für unsere Seele. Von Soden braucht einmal bei historischer Analyse der Herkunft des Abendmahls die schöne Formel: Jesus habe doch nicht sich selbst zum Sakrament gemacht. Das Sprechen über die Offenbarung vermag mich bisher nicht zu erleuchten, weil die Objektivierung, Vergegenständlichung bei Ihnen wie bei andern ohne Durchleuchtung der darin stattfindenden Methode vor sich geht. Darum folgt von meiner Seite Zustimmung und unmittelbar darauf ebenso radikale Ablehnung. Ich werde nie die Offenbarung dem bestreiten, der sie glaubt, zumal weil mir bewußt ist, daß ich sie in dem Sinn, wie der Glaubende sie meint, nach seiner eigenen Aussage nicht verstehen kann. Denn jener Gott hat mir die sogenannte Gnade dieses Glaubens nicht gegeben. Aber dieses Geltenlassen eines ganz anderen findet seine Grenzen an konkreten Behauptungen und Handlungen. Diese sind aufhellender als die Reden über die Dinge, über das Verhältnis von Theologie und Philosophie (diese beiden könnten ja auch eines und dasselbe sein, wie es schon war und es auf andere Weise wieder werden kann), über die Übergriffe beider. Daseinsmacht ist die Theologie durch die Kirche, daher rührt vielleicht eine Sprechweise, als ob Großmächte miteinander umgehen. Philosophie dagegen ist auf keine Weise Daseinsmacht, sondern in der Tat und für ihr Bewußtsein völlig ohnmächtig.

Nun liegen von Ihrer Seite zwei Sätze vor, die ich Ihnen mündlich wiederholt genannt habe, auf die ich meinerseits zu Ihnen etwas gesagt habe und worauf Sie mir auch in diesem Aufsatz keine Antwort geben.

Erstens jener Satz, den ich, ohne Ihren Namen zu nennen, zitiert habe: „Die Entscheidungsfrage: Christus allein oder Nihilismus, ist keine kirchliche Anmaßung." Dieser Satz entspricht der Gesinnung nach dem Satz Bultmanns, der Gottesgedanke ohne Christus sei ein philosophischer Wahn. Wie ist die Konsequenz? Was mich angeht, so war mir der Christusgedanke in früheren Jahrzehnten Gegenstand der Empörung, dann Sache eines maximalen Verstehenwollens im Versuch einer philosophischen Aneignung, heute ist er mir gleichgültig geworden. Also bin ich dem Nihilismus verfallen? Darauf haben Sie mir, obgleich ich fragte, keine Antwort gegeben.

Das andere, worauf die Antwort fehlt, ist Ihre vor Jahren erhobene Forderung, in der Schule sollte Religionsunterricht nur von solchen Lehrern erteilt werden, die am Abendmahl teilnehmen. Als ich das las, fühlte ich mich – es war in Heidelberg – dem Konkreten gegenüber, was nun in Deutschland geschehen sollte, wieder persönlich betroffen. Wie manchmal hatte ich, wenn ich einen Pfarrer hörte, den Impuls, ich möchte selber von den biblischen Inhalten reden, als ob ich ganz von fern, ganz leise wie von einem Pneuma berührt wäre ohne Offenbarung, darum wesentlicher reden sollte. Die Bibel gehört ja unsereins nicht weniger als den Theologen. Die Okkupation durch die Kirchen – wie viel verschiedenen und unter sich gelegentlich auf Tod und Leben differierenden! – ist Raub an uns (um Ihr Wort umzudrehen). Also: ich dürfte keinen Religionsunterricht geben! Sie haben mir nicht geantwortet, ob Sie diese Konsequenz für richtig halten.

Hier, wo es sich nicht um wissenschaftliche Erkenntnis handelt, ist die Entscheidung nie im allgemeinen, sondern konkret und zugleich personell. Das Allgemeine in allgemeiner Form kann man in diesen Sphären endlos weiter bereden, wie Jahrtausende es getan haben. Das Konkrete entscheidet.

Konkret ist etwa weiter: Ich erlaube mir, von Jesus zu reden, tat es wieder im vorigen Semester, kümmere mich nicht um die historische Zersetzung seitens Bultmanns und anderer, die ich jedoch sehr lehrreich finde, erblicke eine Wirklichkeit durch die Synoptiker hindurch und zeige sie, – und verwerfe das, was etwa Bultmann gerade hoch schätzt, das Johannesevangelium und Paulus, als etwas ganz anderes, in seiner Art Bedeutendes, historisch außerordentlich Wirksames, im Glaubensgehalt heute, wie mir scheint, für unsereins Unerträgliches. Das ist gegenüber der Wirklichkeit Jesu etwas Sekundäres, in dem er verkannt wurde. Darf ich so reden, aus einem Blick für Wirklichkeit, aus einer Ergriffenheit von ihr, nicht entscheidend durch wissenschaftliche Begründung, sondern im Anspruch an den sehenden Menschen, dem ich wage Jesus zu zeigen? Sie zitieren Paulus: „Gebt acht, daß euch keiner durch Philosophie verführe, durch leeren Trug!" Welche Barbarei und Inhumanität in diesem Satz des Paulus! Er hat nichts gespürt von der Herrlichkeit des Philosophierens, das längst da war, als es noch kein Christentum gab, und das sein wird, wenn es keines mehr gibt, sondern wenn, wie ich hoffe, die biblische Religion neue, wahrhaft kommunikative, glaubwürdige und wirksame Gestalten gefunden hat, die niemand von uns hervorbringt, während es eine Aufgabe sein könnte, so zu denken und zu leben, daß sie möglich bleiben, jeder auf seine Weise, uns gegenseitig befragend und antwortend.

Bin ich nun in Ihrem Sinn Räuber und Nihilist? Ihr Aufsatz hilft mir nicht, Ihre Antwort auf diese Frage zu erfahren.

Mit wiederholtem Dank und guten Wünschen für Sie
in alter Freundschaft Ihr

Karl Jaspers

66 Wuppertal am 26.4.53

Lieber, verehrter Professor Jaspers!

Heute habe ich zwischen einer Freizeit mit unserem 3. Semester und dem morgigen allgemeinen Semesterbeginn eine kurze Muße, auf Ihren Brief zu antworten. Ich habe ihn zwischendurch immer für Augenblicke überdacht und nach dem rechten Verständnis gesucht. Daß es sehr schmerzlich für mich war, mindert nicht meinen Dank. Schmerzlich ist mein Versagen, Ihnen deutlich zu machen, was als der eigentliche fruchtbare Moment zwischen Theologie und Philosophie beiderseits einsichtig werden könnte, und zwar eben nicht auf der niederen Plattform einer aufklärerischen Nachgiebigkeit, die sich von der guten und echten Aufklärung durch eine Minderung theologischer Verantwortung unterscheidet.

Das erste, was ich zu klären suchen muß, sind Ihre beiden hartnäckigen Rückfragen über zwei Ihnen unerträglich gebliebene Sätze, die – wie ich nun erkennen muß – seit Jahren zwischen uns stehen geblieben sind. Ich bin darin fahrlässig gewesen und habe nicht ernst genug genommen, was sie bei Ihnen an Bedenken erregt haben. Für mich schienen sie lange erledigt, weil sie gar kein „dogmatisches" Gewicht beanspruchen sollten, weil ich sogar vergeblich danach gesucht habe, wo sie etwa gedruckt sein sollten. Den einen, nämlich den zweiten zur Abendmahlsfrage, habe ich heute nun doch gefunden, falls es einer der Hinweise ist, die ich zum Religionsunterricht in der Schrift von 1946 „Kirche, Schule, Lehrerschaft" gegeben habe.

Es heißt dort auf Seite 10/11: „Wir müssen anstreben, daß alle, die Amt und Auftrag im Evangelium haben, zur Abendmahlsgemeinde gehören!" Karl Jaspers gehört nicht zur Abendmahlsgemeinde und begehrt weder Amt noch Auftrag, wie ich 1946 meinte, in Folgerung des verheerenden Mißbrauchs, wie wir ihn vor allem in den nat.-soz. Schulen erlebt hatten, für die Schulordnung empfehlen zu sollen. Damit ist dem in keiner Weise gewehrt, daß auch jeder verantwortungsbewußte Interpret außerhalb der Gemeinde mit dem Inhalt der Bibel umgehen kann. Ich muß aber über den Zweck einer solchen Ordnungshilfe hinaus, die niemand vergewaltigt, die innere Notwendigkeit dessen verteidigen, was mit der Abendmahlsgemeinde gemeint ist. Gegen den von Ihnen zitierten Satz des von mir sehr geschätzten von Soden habe ich nichts einzuwenden. Wohl aber stehe ich gegen jede abergläubische, magische oder mirakulöse Deutung der Sakramente, wenn ich überhaupt diesen belasteten Terminus aufnehmen soll.

Ich möchte Ihnen gerne erklären, was ich über das Abendmahl denke. Das ist sehr schwer, solange ich nicht weiß, aus welchen tieferen Gründen Sie es ablehnen. Ich wage doch nicht anzunehmen, daß Sie es aus den konventionell-aufklärerischen Meinungen tun, die für mich mehr als 15 Jahre nach der Konfirmation maßgebend gewesen sind, weil kein Anlaß war, sich eine andere oder bessere zu bilden. Jedenfalls bin ich sehr konventionell zur ersten Abendmahlsfeier gegangen, die 1913 zur Konfirmation gehörte, und dann über ein halbes Menschenalter nicht mehr. Ja, ich könnte ähnlich wie Sie sagen, der „Christusgedanke" sei mir jahrzehntelang „Gegenstand der Empörung“ gewesen, mindestens jedoch gleichgültig oder mindergültig gegenüber anderem. Das Philosophieren war mir – vor allem durch Sie – vertrauter als die Theologie. Ich habe nie ein theologisches Kolleg gehört und mich überhaupt nicht um Theologie gekümmert, ehe ich konkret erfuhr, was Gemeinde Christi ist und mich dem nicht mehr entziehen konnte, daß Christus, Gemeinde und Abendmahl zusammengehören. Indem ich hören lernte auf das „Wort Gottes“, mußte ich dem Philosophieren das theologische Denken zugesellen. Theologie ist legitim immer ein Nachvollzug in Folge des Ereignisses, das Gemeinde heißt. Wo diese Gemeindegebundenheit nicht da ist, wird die Theologie ein Raub der Philosophie.

Wenn Sie mich am Schluß Ihres Briefes fragen, ob Sie nun in meinem Sinne Räuber und Nihilist seien, kann ich darauf nur antworten – und zwar ohne Verlegenheit und falsche Rücksicht –, daß diese Frage an meinem „Sinn“, sofern dahinter der Sinn der neutestamentlichen und theologischen Aussage gemeint ist, als nicht betreffend vorbeigeht. Die Frage, ob im Sinne des Pauluswortes „geraubt“ wird, ist eine theologische und an die theologische Verantwortung gerichtete Frage und Warnung. Sie ist an Bultmann und Buri und – bescheiden hinzugefügt – an mich zu stellen, bzw. an jeden, der für das Evangelium Verantwortung hat. Ich kann eher Bultmann und Buri und Hammelsbeck für einen Räuber halten als Jaspers, wenn der Philosoph legitim beim Philosophieren bleibt. Ich will mit Jaspers philosophieren, wie ich es dankbar bei allem Abstand von ihm gelernt habe; ich spüre sogar die säkulare Verwandtschaft in der Art, wie Jaspers philosophiert, mit der evangelischen Theologie; aber ich würde sowohl die Theologie wie diese Philosophie mißachten, wenn ich mich an der Vermischung mitschuldig machte.

In dem Philosophieren, zu dem Sie mich angeleitet haben, kann und will ich nirgends mehr dogmatistisch verfahren. Ich brauche es auch theologisch nicht. Deshalb habe ich neulich geschrieben, die alten Kennzeichnungen wie orthodox, pietistisch oder liberal seien für mich hinfällig geworden. Für Sie dagegen keineswegs, wie Sie schreiben. Für mich heißt, was ich gemeint habe: Auf mich würde keine der drei Kategorien passen; ich würde falsch verstanden sein, wenn man mich für orthodox oder pietistisch oder liberal hielte. Der Zirkel stimmt nicht: Wer nicht liberal ist, sei orthodox oder pietistisch; wer nicht orthodox ist, sei pietistisch oder liberal, und der Nichtpietist liberal oder orthodox.

Theologisch jedoch kommt man aus dem dogmatistischen Zirkel, nicht dogmatistisch zu sein, nur heraus, wenn wir – nicht dogmatistisch – anerkennen, was Dogma ist. Dogmatik wird im Philosophieren zur Unphilosophie. Dagegen in der Theologie hat sie ihren lebendigen Ort, ohne daß die undogmatistische Offenheit des Philosophierens verstellt zu werden braucht. Ohne Dogmatik als Kompaß und Impuls würde die Kirche und ihre Theologie ungeschichtlich und unwirklich.

Mein Ihnen so verdächtiger Satz vom Zusammenhang von Gemeinde, Abendmahl und Lehrauftrag hat gewiß etwas mit dieser dogmatischen Ortung, aber nichts mit Dogmatismus zu tun. Er ist an der geschichtlichen und der übersäkularen Verantwortung gleicherweise ausgerichtet. Vielleicht flößt Ihnen Ihre Antipathie gegenüber dem Johannes-Evangelium ein kannibalisch-doketisches Mißverständnis in bezug auf das Abendmahl ein. Was das Abendmahl für die Gemeinde ist, hebt bei den Jüngern zu Emmaus an, die nicht zu den Zwölfen gehört haben, mit denen das Mahl vor Gethsemane gehalten worden ist. Sie sind die ersten in der Abendmahlsgemeinde in dem für sie bleibenden eschatologischen Zeugnis der Gegenwart Christi bis heute. Die Bezeugung des Wortes als die des lebendigen Gottes ist durch das eschatologische Ereignis des Abendmahls signiert. Die Gemeinde und die Lehrer der Gemeinde gehören zu diesem Geheimnis. Ich mußte dem aus der theologischen Verantwortung für die Gemeinde Ausdruck geben. Dadurch wird nicht in Anspruch genommen, irgendwem außerhalb der Gemeindeverantwortung etwas aufzuerlegen, dem er nicht zustimmen kann, und niemand wird verachtet.

Der eigentlich neuralgische Punkt, an dem unsere Verstehensmöglichkeiten sich scheiden, ist wohl die Frage des entscheidenden Schwergewichts, was im Auslegungsverfahren dem Säkularen und dem Übersäkularen zukommt. Ich mache mir den philosophischen und – wie mir scheint – philosophisch berechtigten Einwand zu eigen, die „Offenbarung“ könne und dürfe nicht von uns an die literarischen Dokumente gebunden werden, die den biblischen Kanon bilden. Wissenschaftliche Kritik bedingt und verändert die Methode der Auslegung, ohne allein maßgeblich werden zu dürfen. Mit der Auslegung wird jeweils die Brükke zu dieser Zeit und dieser Gemeinde betreten. Das Vertrauen zu dem, was in der frommen Sprache der heilige Geist genannt wird, durch die sich, was offenbart ist, unabhängig von der jeweilig erkannten Methode vergegenwärtigt, ist das erste und das letzte für den Lehrer und den Prediger in der Gemeinde.

Ich suche hinter der Konzilianz, mit der Sie freundlicherweise die radikale Kritik oder Ablehnung dämpfen, den eigentlichen Ansatz. Glauben Sie mir bitte, daß ich der philosophischen Redlichkeit und damit meinem eigenen Willen, daran teilzunehmen, nicht das Recht bestreite, so zu argumentieren, wie Sie es getan haben: „Und die Offenbarung ist dann doch einzig und allein da im Text griechischer Sprache . . ., also in Menschenwerk für den, der nicht die spezifische Offenbarung glaubt, aber Gottes Werk ist wie alles in der Welt, das Sprache gewinnt für unsere Seele.“ Es müßte wahrscheinlich rücksichtsloser dargetan werden, was hier gemeint ist, damit es mich in der Ihnen nicht verstehbaren Weise wirklich treffen könnte!

So aber trifft sie mich nicht, und damit meine ich, trifft sie nicht den Grund der evangelischen Theologie. Das Menschenwerk im sprachlichen Festhalten und Überliefern wird von mir sowenig bestritten wie von den Reformatoren. Ich kann es mir nur nicht leisten, das Johannes-Evangelium und die Paulusbriefe oder diese und jene prophetischen oder Geschichtsbücher des Alten Testaments außerhalb der alle verbindenden Offenbarungs-„Logik“ zu stellen, indem ich ein philosophisches Kriterium für maßgeblich halte, was ein für allemal wichtig oder weniger wichtig sei. In Natur und Kultur – beides philosophisch erhellende Begriffe und hilfreiche Arbeitshypothesen für mein Verstehen der geschichtlichen

Welt – offenbart sich mir nichts über Gott den Offenbarer, es sei denn gerade noch übergangsweise, daß er uns als der Schöpfer alles anheimstellt, was wir im Leben und Vergehen des Geistes, der Seele und des Leibes als Menschenwerk ermöglichen können.

Wenn ich von daher auf den anderen Satz kommen darf, der Sie wegen seiner scheinbaren Intoleranz und in der Folgerung als ein Vorwurf, als ob Sie dann zu den Nihilisten zu rechnen seien, verstimmt hat, so muß ich ihn mir wie einen fremden zu eigen machen. Denn ich weiß nicht, wann und wo ich ihn gesagt habe. Aber er eignet sich dazu, fast mit der jesuitischen Methode verteidigt zu werden: „Die Entscheidungsfrage: Christus allein oder Nihilismus, ist keine kirchliche Anmaßung." Sehen Sie doch eine unberechtigte Anmaßung darin? Verbietet es sich, daß die Kirche diese Frage stellt? Darum geht es doch in diesem Satz nur, daß eine Frage aufgeworfen wird, „appellierend", wie das der Philosoph auch tut und tun will. Es wird ihm nicht bestritten. Würde die Kirche nicht das, was sie ihrem Auftrag und Wesen nach ist, verleugnen, wenn sie den vom Nihilismus bedrohten Zeitgenossen diese Entscheidungsfrage vorenthält? Die *Frage* zu stellen, kann doch nicht anmaßend sein! Müßten wir es nicht als ein Zeichen der zum Nihilismus tendierenden Begriffsverwirrung ansehen, wenn als anmaßend gälte, als Kirche sola fide und sola gratia den solus Christus zu predigen? Nur da ist Kirche, wo geglaubt und bezeugt wird, daß „in ihm wohnt die ganze Fülle der Gottheit leibhaftig", daß alle Dinge „von ihm, durch ihn und zu ihm" geschaffen sind.

Ich muß und will mich von Ihnen und überhaupt immer neu fragen lassen, ob wir die Kirche nicht wie eine „Großmacht" verstehen. Sie ist es nicht, sie darf es nicht sein; ich sage oft, daß sie eine „Bruchbude" sei, obwohl ich hinzusetze, wie sehr ich sie habe lieben lernen dürfen. Statt Macht würde sie, würden wir aber doch wohl unseren „Dienst" versäumen, wenn wir nicht – allerdings ohne allen Drang, etwas auferlegen zu wollen, das Evangelium im Angebot der Predigt und der Liebe vor jedermann verkündigten.

Ihnen und Ihrer verehrten Frau herzlich dankbar verbunden

grüßt Sie

Ihr Oskar Hammelsbeck

67 New York, 11.10.55

Liebe, verehrte Jaspers!

Seit 7 Wochen bin ich als Gast der amerikanischen Regierung auf einer Studienreise von Ost nach West durch die USA. Jeder Tag bringt Neues und Lehrreiches – pädagogischer, politischer, landschaftlicher Art. Nach einem herrlichen Flug von San Franzisko nach hier, um einen Seitensprung in den Grand Canyon zu machen, geht es morgen zurück nach Washington. Dann noch bis 20. Columbia-Universität New York.

Ich grüße Sie in alter Verehrung und Verbundenheit als

Ihr O. Hammelsbeck

68 Wuppertal-Barmen, am 22. Febr. 1956
Ottostraße 23

Lieber, verehrter Professor Jaspers!

Morgen ist Ihr Geburtstag, und mein Brief dazu kommt zu spät, weil ich in den letzten Tagen durch zuviel Arbeit am Semesterschluß und durch Prüfungen nicht zum Schreiben kam. Er soll Ihnen aber doch noch herzliche Wünsche und Ihnen beiden herzliche Grüße bringen. Für die Zusendung des Schellingbuches danke ich sehr. Ich habe es bisher nur überflogen, werde mich aber in den Ferien mehr damit befassen, zumal ich im April beim 1. Theol. Examen in Düsseldorf Philosophie zu prüfen habe. Ich werde auch im Sommersemester an der Päd. Akademie einen der wahlfreien Arbeitskreise mit einem philosophischen Text übernehmen, die wir anstelle einer Vorlesung zur Einleitung eingerichtet haben. Ich freue mich darauf. Es geschieht nicht ganz ohne den Blick auf das, was an der Kölner Universität den Doktoranden geboten wird, die von der Akademie kommen. Sie lernen dort sicher viel und auch Gutes; aber sie werden allzusehr in die Heideggersche Denkmanier und -terminologie gewöhnt, so daß es schwer fällt, ihre Arbeiten zu lesen. Es sind gute Leute darunter; aber wir haben lange Zeit damit zu tun, sie wieder "schul"fähig zu machen. Zur Zeit ist auch Johannes Schulz in den Seminaren bei Volkmann-Schluck und Ballauff. Er erzählt mir davon. Es wird Sie interessieren, daß er inzwischen die Begabtensonderprüfung gemacht hat und somit immatrikuliert studieren kann, während er mir als Assistent zur Seite steht. Hermann Horn, der Ihnen seine Jaspers-Dissertation bei Weniger geschickt hat, steckt wieder ganz und mit neuer Freude in einer Landschule und will vorläufig nichts anderes.

Meine Akademie bekommt nun einen Neubau nach einem großzügigen Entwurf auf sehr schönem Gelände mit allem Zubehör (7 Millionen). Auch damit habe ich viel zu tun. Sie wird in unmittelbarer Nachbarschaft zur Kirchlichen Hochschule liegen, an der ich nebenamtlich mitarbeite.

Im vorigen Jahre war ich 9 Wochen, von August bis Oktober, in Amerika. Ich habe viel gesehen und erlebt, vor allem in Schulen und Hochschulen, war in Washington, Harvard-Boston, Chicago, Kansas, Denver, Salt Lake City, San Franzisko, im Grand Canyon und zum Schluß 10 Tage in New York. 135 Seiten Reisetagebuch werden nach und nach in einer Zeitschrift gedruckt und dann als Sonderdruck erscheinen, den ich Ihnen schicken werde.

In der Familie geht es gut. Reinhart hatte nach dem 2. Examen ein Jahr Urlaub, um seine theologische Dissertation zu erarbeiten. Mit der Materialsammlung ist er einigermaßen fertig geworden. Nun muß er sehen, sie neben seinem

Pfarramt in Godesberg zu Ende zu bringen. Waldtraut ist auf der Diakonissenleiter einiges höher gestiegen und nach wie vor gerne in ihrem vielseitigen Dienst. Gudrun macht in der nächsten Woche ihr Abitur. Sie will trotz allen Abratens durch die Berufsberatung – die wegen Überfüllung warnt – Medizin studieren mit dem Ziel, Kinderärztin zu werden. Ich möchte es ihr nicht ausreden, zumal sie sehr entschlossen dazu ist. Aber wir wissen noch nicht, wo sie anfangen und unterkommen kann. In Basel zu beginnen, hat wohl keinen Sinn.

Wir haben eine sehr schöne und für meine Frau viel angenehmere Wohnung als bisher und fühlen uns wohl darin. Sie läßt ebenfalls grüßen. Wir hoffen, daß es Ihnen beiden gut geht. Gerne würde ich einmal wieder mich mit Ihnen beiden aussprechen dürfen. Ich bin an langsamen Vorarbeiten an einem Buch, das den Titel haben soll: Der Aufenthalt. Es ist das Schlüsselwort für allerlei – wie mir scheint – aufschlußreiche Gedanken zum erzieherischen Tun und zur Bildung. Dabei gibt es für mich auch allerlei „Aufenthalt" bei Ihnen in den Büchern, die mir immer neu lieb werden.

Mit herzlichen Grüßen

Ihr Oskar Hammelsbeck

69 Wuppertal-Barmen, 14.5.1957

Lieber, verehrter Herr Professor Jaspers!

In der Hoffnung, daß es Ihnen und Ihrer verehrten Frau gut geht, grüße ich Sie beide herzlich. Ich bitte Sie, mir in meinem Vorhaben zu helfen, über das Sie der beiliegende Prospekt im einzelnen orientiert. Wir haben nach wie vor einen großen Kampf zu bestehen, der Volksschule und damit der Lehrerbildung in Deutschland die Aufmerksamkeit und das Gewicht zuzubilligen, die ihnen gebühren. In gewissen äußerlichen Fakten sind wir vorwärts gekommen. Wir beraten auch zur Zeit die Vorarbeiten für den Erlaß einer endgültigen Hochschulsatzung, wobei mir die Lektüre Ihrer Arbeit über die Universität wieder sehr viel gegeben hat. Gerne würde ich mich mit Ihnen über diese Dinge mündlich aussprechen. Falls Sie im September in Basel sein sollten, wäre ich froh, wenn ich Sie wieder einmal besuchen dürfte. Wir wollen vom 1. September an in einem Ferienhaus unserer Berner Bekannten, das oberhalb von Sigriswill über dem Thuner See liegt, vier Wochen Ferien verbringen, sind also Anfang oder Ende September auf der Fahrt durch Basel. Ich wage es kaum zu hoffen oder Sie zu bitten, bei dem Festakt Ende Februar im Neubau der Akademie in seiner schönen Aula voraussichtlich im Beisein des Bundespräsidenten den Festvortrag zu halten. Immerhin möchte ich nicht versäumen, Ihnen das anzutragen, zumal es Sie vielleicht reizen könnte, aus Ihrer Philosophie das auf Bildung und Erziehung Weisende zu präzisieren. Da es durchgehende F.D.-Züge bis Wuppertal gibt, ist vielleicht mein Wunsch, Sie und Ihre Frau einmal bei uns zu haben, doch nicht ganz abwegig.

Zunächst aber geht es mir darum, mir Ihre Zusage zu erbitten, unter den Grußworten der Festschrift auch ein Wort von Ihnen zu haben. Dafür kann der Raum bis zu 1700 Buchstaben ausgenutzt werden; es kann aber ganz nach Ihrem Belieben sich auch auf wenige Sätze oder einen kleineren Text beschränken. Gerne würden wir dazu, wie wir das auch von allen anderen erbitten, Ihr Bildfoto und Ihre Unterschrift mit dazugeben.

Mit herzlichen Grüßen an Sie beide

Ihr Hammelsbeck

70 Basel, den 17. Mai 1957

Lieber Herr Hammelsbeck!

Haben Sie schönen Dank für Ihren Brief und Ihre freundliche Aufforderung. Meine Frau und ich werden uns freuen, wenn wir im September Sie in Basel sprechen können. Da unser Ferienaufenthalt noch nicht feststeht, wäre Ihre Rückreise vielleicht der bessere Termin. Ich erwarte rechtzeitig Ihre endgültige Nachricht.

Ihre Aufforderung zu einer Begrüßung anläßlich der Einweihung Ihres Neubaus würde ich Ihretwegen gern erfüllen, doch bin ich verlegen, weil ich eine viel zu geringe Vorstellung von Ihrer Pädagogischen Akademie und dem Schulwesen in Deutschland überhaupt habe. Wenn ich die Feder ansetze, habe ich ein Gefühl, als ob ich ins Leere sprechen wollte, denn wenn ich zu Ihnen persönlich rede, so wäre das ungeeignet als öffentliche Begrüßung. Ich darf mich wohl auch nicht als „führenden Pädagogen" fühlen. Die Gesellschaft, in die Sie mich bringen (ich meine die Namen der Aufgeforderten), ist mir zum Teil nicht ganz geheuer. Ich bitte Sie darum mir zu erlauben, daß ich auf eine Äußerung verzichte. Die Tatsache, daß Sie mich aufgefordert haben, war mir eine Freude, denn ich werde in Deutschland sonst bei akademischen und behördlichen Angelegenheiten ignoriert.

Mit guten Wünschen für Sie und besten Grüßen

Ihr Karl Jaspers

71 am 23. Mai 1957

Lieber, verehrter Professor Jaspers!

Wenn ich nicht so schnell auf Ihren Brief hin mit meiner Bitte an Sie resignieren kann, sondern sie wiederhole, so hat das seinen Grund darin, daß ich mich herausgefordert fühle, sie ausführlicher und – wie ich hoffe – überzeugender darzustellen. Ich verstehe, daß Sie nicht schreiben können und dürfen, wenn Sie dabei „ins Leere" zielen müßten. Wird es dabei bleiben, wenn ich Ihnen das Folgende dagegensetze?

Bald werde ich auch schon 60 Jahre alt, also wie Sie in der Zeit, da wir uns anschickten, Ihnen jene damals nicht zu veröffentlichende Ehrengabe zu bereiten. Ich will sagen, daß ich in einem Alter bin, in dem einem mehr und mehr bewußt wird, wie sehr man in seiner Art, sich im geistigen Leben und Schaffen verantworten zu müssen, gehalten, um nicht zu sagen: geprägt, ist von der nachwirkenden Art derer, die uns zu Lehrern wurden. Wenn ich das so an Sie schreibe, so gelingt das nur über eine eindeutige Paradoxie. Denn Ihr Lehrersein für uns ist nach Ihrem eigenen Willen dadurch bestimmt, daß zu lernen sei ohne "Schule", ohne Halt an einem Lehrer zu philosophieren. Darin glaube ich, mit allen Folgerungen und mit dem eigenen Risiko zu dieser Freiheit, Ihr „Schüler" geworden zu sein, – so sehr, daß ich es, angesichts der gleichen Verlegenheit, Studenten und ehemalige Studenten um mich zu sehen, nicht anders halten kann. Das ist gewissermaßen ein Stück legitimer Tradition aus der Atmosphäre meiner Heidelberger Studienzeit in der Begegnung und gebliebenen Verbundenheit mit Ihnen, mit Carl Neumann, mit Alfred Weber, mit Marianne Weber, mit Radbruch u.a.

Meine weitere „philosophische" Erfahrung ist die gewesen, daß ich in meinem späten Hinfinden in die christliche Gemeinde und den sie tragenden biblisch gegründeten Glauben für diese Freiheit nicht, wie ich vor 1934 gemeint hatte, das sacrificium intellectus, sondern eine noch viel größere Freiheit zu erwarten hatte. Das aber bindet mich, bei aller Treue zu den Gründen, seit 1945 mehr und mehr der Restauration der Kirchentümer zu widerstehen, also dem konfessionalistischen Luthertum und anderen ähnlichen Erscheinungen.

Nun aber geht es auch darum, seit ich mit immer mehr Verantwortung in der Lehrerbildung stehe, den eigentlich pädagogischen Wirkraum zu gestalten. Dabei treffe ich auf „Schulen" und ihre prägnante Wirksamkeit. Unverkennbar z.B. die von Dilthey ausgehende „Nohl"-Schule oder die von Spranger, Litt und diesem ganzen Umkreis. Sie haben – um es mit dem dafür gebräuchlichen Ausdruck zu sagen – viele Positionen besetzt, denen gegenüber ich ein Außenseiter bleibe. Der einzige, mit dem ich mich geistig wirklich verbinden kann, ist Flitner. Diese Schule – Flitner ausgenommen – bleibt trotz aller Lockerung dem Idealismus verhaftet. Daneben gibt es eine mindestens ebenso prägnante Schule, vor allem auf den Lehrstühlen für Pädagogik im norddeutschen Raum; das ist die des früheren Göttingers Leonhard Nelson mit ihrem ausgeprägten überkantischen Rigorismus. Drittens aber begegne ich in der jüngeren Pädagogengeneration einem

Heideggerischen Manierismus. Ich kann nicht leugnen, bei Heidegger selbst auf manches zu stoßen, das mich für die geistige Verarbeitung in der Pädagogik angeht; aber was bei seinen Schülern oder Schülerschülern geschieht, wird untauglich und leer und damit gefährlich. Erlauben Sie mir, diese Andeutungen in der dadurch gebotenen Übertreibung und Schroffheit zu wagen! Sie mögen durch sie nur empfinden, wie einsam der Schüler (!) von Jaspers dazwischensteht, gewiß als einer, auf den man hört, den man unter die Last führender Vertrauensämter ruft, der auch nicht müde wird, in der durch den notorischen Ungeist bedrohten jungen Lehrergeneration den Raum für einen auch dem Leben des Geistes verantworteten Dienst zu gewinnen.

Dafür erbat ich Ihre Hilfe, – also nicht für eine billige Betriebsamkeit, für die eine solche Festschrift leicht anfällig wäre. Es geht vielmehr um die geistige Konstituierung der akademischen Lehrerbildung, um ihre Entfaltung zu einer wirklichen Hochschule. Ich habe bisher den mehrfachen Möglichkeiten widerstanden, mich auf ein Universitätsordinariat berufen zu lassen. Ich bin nicht überzeugt genug, ob diese Aufgabe wirklich die meine wäre. Ich ersehne sie manchmal, weil ich hoffen könnte, auf einer solchen Professur – also ohne die ständige Last der Rektoratsgeschäfte und des Kampfes um die Lehrerbildung – frei zu werden für wirkliche wissenschaftliche Arbeit. Denn im jetzigen Zustand muß ich notgedrungen – und nicht als Entschuldigung gemeint – darin unzulänglich bleiben. Ich weiß auch, daß man uns später die Generation der ungelösten Lehrerbildung nennen werden muß. Andere resignieren und entweichen in andere Ämter oder zur Universität. Meine Konzeption für das noch unentschiedene Verhältnis zwischen Pädagogischer Hochschule und Universität habe ich in dem Aufsatz „Pädagogik als Theorie des pädagogischen Berufs" in dem Sammelband „Überlieferung und Neubeginn" ausgesprochen, den Ihnen der Verlag wohl hat zugehen lassen. Den Bestrebungen, die Lehrerbildung in die Universität einzugliedern, habe ich ebenso widersprochen wie dem falschen Ehrgeiz, der Päd. Hochschule das Promotionsrecht zuzubilligen. Die Promotionen im Fach Pädagogik sollten bestenfalls so vor sich gehen, daß die Ordinarien für Pädagogik an den Hochschulen als Korreferenten mitwirken.

Aber nun zu Ihnen und meiner Bitte.

Ich bin zwar davon überzeugt, daß Jaspers etwas zu Erziehung und Bildung zu sagen hat. Aber wenn er das jetzt nicht will oder kann, so wäre mir für den Zweck und Sinn unserer Veröffentlichung ebenso willkommen, ein Wort zum Problem „Hochschule" zu vernehmen, möge es so kritisch ausfallen, wie es heute ausfallen muß. Es geht ja nicht um Apotheosen, sondern um die gewagte Wegweisung in der gegenwärtigen Situation.

Sie sind mit keinem Wort eingegangen auf meinen zaghaften Vorschlag, Sie und Ihre uns ebenso immer herzlich willkommene Frau im nächsten Februar nach Wuppertal zu bitten. Die zur Eröffnung geplante Universitätswoche gäbe Ihnen und uns Gelegenheit, vor einem Forum, das über die Hochschule und ihre Studentenschaft weit hinausgeht, zu irgend einem von Ihnen zu wählenden Problem als Eröffnungsvortrag oder auch darüber hinaus in einer kurzen Reihe zu sprechen. Wir würden Ihnen und Ihrer Frau dafür alle Voraussetzungen an Bequemlichkeit und Ruhe schaffen, die Sie wünschen. Ihre Schlußbemerkung, wie wenig man in Deutschland Ihr Philosophieren beachte, ermutigt mich, Ihnen das noch einmal anzubieten. Es ist auch genau in diesem Sinn gemeint, zusätzlich der Freude, die wir an der Erfüllung dieser Bitte haben würden.

Ich hoffe, Ihr Verstehen dafür zu gewinnen, auf welch einem anscheinend verlorenen Posten wir Hilfe brauchen: Hilfe dafür, die kommende Generation gegenüber den Torheiten und Dämonien, die sich auf ähnliche oder andere Weise unter Hitler erhoben haben, fest zu machen. Wie sehr kommt es dabei gerade auf die künftigen Volksschullehrer an!

In herzlicher Verbundenheit grüßt Sie beide

Ihr getreuer O. Hammelsbeck

72 Basel, den 31. Mai 1957

Lieber Herr Hammelsbeck!

Ihre erneute Bitte bewegt mich wegen unserer persönlichen Beziehung. Diese sollte zur Erfüllung Ihres Wunsches veranlassen. Ich kann, zögernd und widerstrebend, trotzdem nicht. Wenn Sie uns besuchen, können wir vielleicht eingehender darüber sprechen. Heute nur kurz und natürlich vertraulich:

Zunächst ein Mißverständnis: keineswegs habe ich Ihnen geschrieben, daß man in Deutschland meine Philosophie wenig beachtet. Im Gegenteil, ich weiß mich im Bunde mit einem verborgenen Deutschland, zu dem ich zu gehören glaube. Nicht nur zahlreiche Zuschriften aus allen Kreisen, auch von Arbeitern, nach Lektüre meiner Schriften zeigen es mir, sondern auch der große Absatz der meisten meiner Bücher. Nicht beachtet werde ich von Universitäten, Behörden, Kollegen, Fakultäten. Das ist offenbar in Ordnung, obgleich ich auch dieses anders wünschte. Ich bin wohl in der Welt dieser Leute sehr fremd. Zudem habe ich das grundsätzliche Mißtrauen gegen alle Staatsfunktionäre und Parteien in Deutschland mit Ausnahme der Persönlichkeit Adenauers. Zu ihm habe ich auch nur Vertrauen wegen seiner klaren und, wie ich überzeugt bin, im Sinne des europäischen und des Weltinteresses und des deutschen Interesses richtigen Außenpolitik. Der öffentlichen Opposition bin ich gleich fern wie den Regierenden. Leute wie Ollenhauer, Erler, Niemöller, Heinemann sind mir so unerträglich wie die Minister. Es ist richtig, daß, was ich zu sagen habe, dort nicht gehört wird.

Um so wesentlicher ist es mir, daß ich in Deutschland nirgends in für mich falsche Gesellschaft gerate. Neben Buber und Rosenstock aufzutreten, setzt meine Bestrebungen in ein falsches Licht.

Eine „Hilfe" kann ich Ihnen, wie mir scheint, durch eine kurze Erörterung gar nicht leisten. Es wäre doch nur dies, daß mein Name dabei ist. Und das eben will ich nicht, wenn Sie solchen Kreis gewählt haben. Daß Sie diesen wählen, halte in der Situation nicht für unrichtig. Es sind prominente und anerkannte Namen. Diese helfen dem Prestige Ihrer Schule in der gegenwärtigen deutschen Öffentlichkeit wirklich. Mein Name würde nicht helfen.

Zuerst und zuletzt aber entscheidet, daß ich in der Tat nicht weiß, was ich sagen sollte. Ich könnte natürlich irgend etwas über Universitäten schreiben, aber es wäre deplaziert und in der Kürze mir unerwünscht, da ich meine Universitätsidee neu schreiben will. Durch kleine, kurze Äußerungen kann eine Überzeugung nicht erreicht werden. Zu Machtsprüchen aber fühle ich mich nicht befugt. So bitte ich Sie, auf mich zu verzichten und für meinen Wunsch ein Verständnis zu haben.

Es ist nicht nötig zu sagen, daß ich Ihnen für die Arbeit an Ihrer Schule herzlich alles Gute wünsche. Ich widerstehe ihr auch nicht, obgleich ich vom Konkreten so wenig weiß. Was Sie über die Bedeutung der Volksschullehrerbildung und über die Bedeutung der Volksschule überhaupt sagen, hat meine volle Zustimmung.

Mit herzlichen Grüßen

Ihr Karl Jaspers

73

Wuppertal-Barmen, am 8. Aug. 1957
Ottostraße 23

Lieber, verehrter Herr Professor Jaspers!

Ihr Brief mit der nochmaligen Absage ist schon über zwei Monate hier, aber meine Arbeitsbeanspruchung sowohl für die Hochschule wie nun täglich mehr für die letzten Entscheidungen im Neubau hat mir keine Ruhe dazu gegönnt, Ihnen zu danken und zu antworten. Im Grunde sehne ich mich danach, was ich in der Verantwortung für schwierige und gefährliche Entwicklung in der Lehrerbildung nicht aufgeben darf, loszuwerden und mich in mehr Ruhe dem inneren Ertrag dieser Jahre und Erfahrungen zuzuwenden. Neben der unmittelbaren, aber immer durch die anderen Ansprüche bedrohten Arbeit mit den Studenten habe ich das Glück, daß mir ein Kreis der Ehemaligen, die jetzt meist schon Rektoren sind, treu geblieben ist, um mich in einem wachsamen und kritischen Verstehen bei den Vorerörterungen zu einem langsam erst reifenden Buch zu begleiten, das sich in philosophierender Klärung um die pädagogische Kategorie des „Aufenthalts" bemüht. Wir kommen alle 14 Tage zusammen. So ist es mir zu einem gesunden Zwang geworden, diesen Getreuen dazu jedesmal ein paar Seiten des weiter Bedachten zuzuschicken, über das wir uns dann austauschen. Zu den Besten dieses Kreises gehört auch Johannes Schulz, der vor Jahren zwei Semester in Basel in Ihrem weiteren Umkreis gewesen ist, jetzt mein Assistent. Dieser Kreis ist einigermaßen mit Jaspers vertraut, und aus ihm kam die Frage, ob Sie nicht zu bitten seien, wie ich es getan habe. So schmerzlich mir Ihre Gegenentscheidung ist, ich darf dennoch glauben, Sie darin zu verstehen, schmerzlich vor allem, weil die immer neue Nähe, die ich zu Ihrem Philosophieren spüre, es nicht vermocht hat, Ihnen den Sinn meiner Bitte wirklich nahezubringen. Aber ich sehe ein, was auch in den vorgebrachten Vorschlägen an Kontur vermissen ließ, um das zu ermöglichen. Nicht um noch einmal in Sie zu dringen – das liegt mir nun ganz ferne –, aber um zu bitten, den veränderten Status meiner Absichten mit jenem Buch zu verstehen, lege ich Ihnen eine Vervielfältigung bei, die – für sich genommen – nur aus meinen und anderer Bemühungen im Kollegium veranlaßt ist, aber Sie erkennen läßt, wie sehr ich von dem ersten, etwas betriebsamen Vorschlag zurückgetreten bin. Mein erstes Schreiben war zudem außer zu Ihnen noch zu keinem der Genannten verschickt worden. Also die Repräsentanz der vielen Namen ist verschwunden. Auch an Buber und Rosenstock bin ich nicht herangetreten. Wenn ich Sie Ende September in Basel besuchen darf, werde ich gewiß Ihre eigentlichen Gründe zum Widerstand gerade gegen diese beiden kennen lernen, die ich jetzt schon zum Teil auch verstehen und bejahen kann.

In der bedrängenden Frage des Politischen geht es mir ganz ähnlich wie Ihnen. Nur scheint es so zu sein, daß Sie wie von außen eine andere und mir viel ferner als Basel anmutende Sicht zu den Bedrängnissen haben, die unmittelbar vor unserer täglichen Verantwortung stehen. Ich muß es achten, daß Sie so viel von Adenauer halten; ich kann es nicht. Deswegen stehe ich nicht bei Ollenhauer oder den neuesten Entscheidungen Heinemanns. Ganz und gar nicht. Aber Sie müssen und werden es mir abnehmen, daß ich sowohl Heinemann wie Niemöller in Schutz nehme. Ich kenne sie ja von Mensch zu Mensch; gegen die Lauterkeit beider kann niemand etwas sagen. Die böse Torheit der Pressemeldungen werden Sie gewiß auch durchschauen. Niemöllers treffsicher unpassende Bemerkungen – so hat Schelsky kürzlich formuliert – dürfen in der trüben politischen Lage einfach nicht fehlen. Aber darüber werden und können wir getrost anderer Meinung sein. Nur irren Sie, wenn Sie glauben, daß bei diesen, was Sie zu sagen haben, nicht gehört wird. Dafür ist bei beiden die Offenheit und der Ernst viel zu groß, besonders bei Niemöller. Ich mußte das los werden, aus einer guten Treue zu jenen und zu Ihnen!

Ihr Buch über die großen Philosophen wird meine für das Wintersemester angekündigte zweistündige Einleitung in die Philosophie von neuem beleben. Aber den Kohlhammerband von Schilpp gedenke ich mit in die Ferien zu nehmen. Ich freue mich fast wie ein Gefangener auf die Freiheit dieses Schweizer Aufenthalts im September, dann auch wieder vereinigt mit meiner Frau, die mir seit Wochen fehlt, aber aus einem allerseits bejahten Anlaß. Am 18. Juni ist uns der erste Enkel geboren worden. Unserer Schwiegertochter ging es bis heute noch nicht richtig gut, verursacht durch einen starken Blutverlust. Deshalb ist meine Frau zur Pflege bei ihr und versorgt auch den Kleinen. Meine jüngste Tochter, Medizinstudentin nach dem 3. Semester, vertritt seit den Ferien die Hausfrau.

Gerne wüßte ich, wie es Ihrer Frau geht. Sie erwähnten sie im Briefe nicht.

Ich hoffe, auch sie in Basel zu sehen, wenn wir kurz Halt machen. Entschuldigen Sie bitte mein „ferienreifes" Getippe!

Ich grüße Sie beide

als Ihr getreuer O. Hammelsbeck

74 z.Zt. Schwanden ob Sigrisvil, am 25.9.57

Lieber, verehrter Professor Jaspers!

Am Vorabend unserer Heimreise aus unseren schönen Schweizer Ferien möchte ich Ihnen und Ihrer verehrten Frau noch einmal herzlich danken für die Stunden des Austauschs mit Ihnen beiden. Unser Gespräch hat mich ermutigt, Ihnen schnell und noch ungehobelt etwas zu schreiben, das Ihnen vielleicht doch eine kurze Antwort abringt mit der Zusage, beides in meiner „Festschrift" (Wuppertaler Buch für Schule und Lehrerbildung) zu veröffentlichen. Ich würde Ihnen dafür einige Wochen Zeit einräumen können, wenn Ihnen eine Äußerung jetzt in der drängenden Beschäftigung mit anderen Problemen quer käme. Vielleicht empfinden Sie das Brennende dieser Problematik für eine geistig gelenkte Entwicklung der Lehrerbildung gegen viele sture, kurzsichtige Vorschläge von Seiten, die Macht haben, aber auch Menschen bei sich, die ansprechbar sind. Das alles ist bei der Formulierung mitbedacht. Selbstverständlich nehme ich Ihnen nicht übel, wenn Sie auch hierzu absagen müßten. Dann würde ich mich auf Ihr eigenes Angebot zurückziehen, den Artikel über „Die Grenzen pädagogischen Planens" aufzunehmen. Die Disposition ist jetzt ungefähr so, daß Artikel des eigentlichen Hauptteils von grundsätzlicher Art nur einer von Flitner, dieser heutige Vorschlag und noch einer von mir nach der Art eines Studienführers unter dem Titel „Lehrer werden und Pädagogik studieren" sein würden. Jedenfalls würde ich Ihnen die genauere Disposition noch vorlegen, nachdem Sie schon zur Kenntnis genommen haben, daß der erste vage Vorschlag mit den vielen Namen zurückgezogen ist. Der zweite Hauptteil ist heimatkundlichen Darlegungen im Rahmen des Bergischen Landes und der Stadt Wuppertal und ihrer kulturellen, schulischen und wirtschaftlichen Bedeutung gewidmet, aber ganz in unserer Region.

Weil mich gleich nach der Rückkehr die Fülle der aufgelaufenen Arbeiten, der Neubau im Endstadium und manches andere empfängt, habe ich die Ruhe dieser letzten Tage gerne benutzt, um Ihnen noch zuzustellen, wozu ich in Wuppertal erst in einigen Wochen gekommen sein würde . . . Dieses Häuschen mit all seinem Komfort und doch ganz schlichten Einfügung in die Landschaft würde gewiß auch Ihnen, wenn Sie es einmal wünschten, zu einem erholsamen Aufenthalt werden können, ganz für sich, ohne andere Menschen mit einem großen Wohnraum und drei Räumen in gleicher Etage für Betten, zwei Zimmer im Untergeschoß auch zum Schlafen, geschützter Terrasse, überall mit Blick auf den See (400 m tiefer) und in die weiten Schneeberge. Ebene Spaziergänge zum Wald und in den Ort.

Herzliche Grüße an Sie beide, auch von meiner Frau, die bedauert hat, daß Sie zehn Minuten nach dem Anruf zu Stotzers hinkam.

Ihr O. Hammelsbeck

75 am 29. November 1957

Liebe, verehrte Frau Jaspers!

Seit einer Woche haben wir unser Wintersemester im Neubau begonnen, wo ich natürlich noch viele, viele Sonderarbeit habe. Ich lege ein Zeitungsbild bei, das Ihnen einigermaßen das Ausmaß der „kleinen Stadt" zeigen kann. Es sieht so vielleicht ein wenig nach Kaserne aus, ist es aber gar nicht, zumal inzwischen auch das Vorgelände in die Parklandschaft einbezogen ist. Der große Aulatrakt ist kaum zu sehen und nur durch das weiß schimmernde Dach hinter dem Vordertrakt angedeutet. Die Verzögerungen, die alle der Grippe zur Last gelegt werden, haben nun auch ergeben, daß die Aula nicht schon Anfang März, sondern erst im April fertig werden kann. Deshalb ist auch das geplante Buch (Wuppertaler Buch für Schule und Lehrerbildung) zur Neubaufeier erst zum Beginn des Sommersemesters fertigzustellen. So brauchte ich auch noch nicht anzufragen, ob Ihr Mann auf meinen noch am Ende unseres Urlaubs ihm gesandten Brief eingehen kann und will. Er würde nun Zeit bis Anfang oder Mitte Januar damit haben. Daß er mir eine große Freude machen würde, zu meinen Darlegungen über den „Sinn der Universitas in der Päd. Hochschule" ein Kleines beizusteuern, kann ich nur noch einmal versichern. Es wird Sie besonders interessieren, daß ich mir für das Buch durch die Gesellschaft für Christlich-Jüdische Zusammenarbeit Fotografien vom großen Friedhof in Belsen schicken lasse. Ich habe lange geschwankt, ob ich sie in das Buch mitaufnehmen soll; aber ich glaube, im rechten Ernst jede Sensation vermeiden zu können, um unserer wichtigeren Pflicht zu genügen, das junge Studentengeschlecht immer wieder an unsere Schuld und unsere Verantwortung zu erinnern. Ich bringe auch einige Gedichte von Else Lasker-Schüler, die in Elberfeld geboren und als jüdische Emigrantin in Jerusalem gestorben ist. Sie hat einzelnes sehr Schönes gedichtet. Aber ich wüßte auch gerne, ob Sie es bejahen können, daß ich die Erinnerung an Belsen nicht übergehen möchte.

Es ist spät in der Nacht, und Sie müssen die vielen Tippfehler meiner Ermüdung zugute halten!

Ich grüße Sie beide sehr herzlich und hoffe, daß Sie wohlauf sind.

Ihr getreuer O. Hammelsbeck

76 am 22. Dezember 1957

Liebe, verehrte Jaspers!

Für Ihren Brief, liebe Frau Jaspers, vielen Dank. Ich möchte Ihnen sehr wünschen, daß Sie Ihre gute Helferin inzwischen wieder bei sich haben und Sie beide gut versorgt sind. Selbstverständlich wartet Gudrun, bis Sie es möglich machen können, sie zu erwarten. Sie hat nun nach einem guten Gespräch mit Arnold Bergsträsser doch den Schritt des Fakultätswechsels getan. Ich glaube auch, daß es für ihre ganze Art richtiger ist, sich aus den Überbelastungen eines Studiums zu lösen, für das sie nicht alle Voraussetzungen mitbringt.

Unser Neubau ist noch immer die tägliche Freude. Unsere Studenten haben nun alle Gelegenheiten für wirkliches Studieren in den schönen, weitläufigen Räumen. Die Lesesäle sind zu allen Zeiten gut besetzt, um still zu arbeiten, wenn keine Vorlesungen und Übungen rufen; die Geselligkeit ist nun im besten Sinne möglich. Alle Gelegenheiten werden voll ergriffen. Am 10. Dezember hatte ich zum ersten „Abend des Rektors" eingeladen, 140 Personen; meine Mitarbeiter, alle guten Geister aus Verwaltung und Mensa und vom Büro des Staatshochbauamtes und die Kollegen der benachbarten Hochschulen. So bekommt alles langsam einen Stil gegenüber dem bisherigen 11jährigen Behelf. Deshalb hoffe ich auch, die geplante kleine Festschrift gut herauszubringen. Es wäre mir eine wirklich große Freude, wenn Sie noch Zeit und Willen fänden, mir den kleinen erbetenen Beitrag gemäß meinen Schweizer Brief zu senden. Es sind immer noch drei, vielleicht sogar 4 Wochen Zeit.

Was macht das "Atom"buch?

Herzliche Grüße und Wünsche, auch von meiner Frau und Gudrun,

Ihr O. Hammelsbeck

77 Basel, den 8. Januar 1958

Lieber Herr Hammelsbeck!

Lange hatte ich gedacht, ich würde Ihnen noch auf Ihren Brief einen kleinen Beitrag neu schreiben können. Es ist leider ganz unmöglich. So müssen Sie mit dem Abdruck meines kleinen Aufsatzes „über die Grenzen des pädagogischen Planens" zufrieden sein. Ich bin bis jetzt von dem Atombuch so in Anspruch genommen, daß ich alles absagen mußte, was sonst an mich herantrat. Das Buch ist mir ungemein wichtig. Ich weiß nicht, ob es schließlich ein Mißgriff ist, für mich selber jedenfalls nicht.

Wir hoffen, Ihre Gudrun in absehbarer Zeit zu sprechen. Ihr Studienwechsel ist, wie Sie uns schreiben, schon entschieden. Ich beklage ihn. Doch das ist ohne Ansehen der Person gedacht. Soziologie und Psychologie sind einfach kein reelles Studium, sondern zum nicht geringen Teile Erziehung zum Geschwätz. Bei

Ihrer Tochter wird es darauf ankommen, was sie später praktisch tut. Aber ich darf ihr vielleicht die Gefahren dieser Fächer, wenn sie bei uns ist, auseinandersetzen.

Herzliche Grüße und alle guten Wünsche für Sie und Ihre ganze Familie von meiner Frau und

Ihrem Karl Jaspers

78 Basel, 24. Februar 1958

Freunden und Bekannten, Behörden und Institutionen, Hörern und Lesern danke ich für die mir zu meinem 75. Geburtstag ausgesprochenen Glückwünsche für Briefe, Telegramme, Blumen und Geschenke. Die mir entgegengebrachte Gesinnung erfüllt mich mit dem schönen Bewußtsein, nicht fremd in dieser Welt und vielen Menschen willkommen zu sein. Dankbar für diese Wirklichkeit kehre ich ermutigt zu meiner Arbeit zurück. Jeden der freundlichen Zurufe habe ich mir besinnlich vergegenwärtigt, will keinen vergessen, wenn ich bitten muß, mir wegen des Ausbleibens einer persönlichen Antwort nicht gram zu sein.

Karl Jaspers

79 Basel, den 8. Mai 1958

Lieber Herr Hammelsbeck,

heute schreibe ich Ihnen aus zweierlei Gründen: erstens, weil wir uns entschlossen, es doch anders zu halten, als wie Sie und ich es besprochen und was auch meinem Manne damals so einleuchtete. Bei einem Ernstfall geben wir um meinetwillen der Sitte nach. Mündlich mehr einmal.

Und dann eine große Bitte. Könnten Sie es möglich machen, das eben erscheinende Buch „Kritik des Nihilismus" meines Bruders Ernst zu besprechen? Er selbst sagte, es wende sich eigentlich besonders an Theologen. Das Buch erscheint grade im Lehnen-Verlag, München und bei Franke, Bern. – Es umfaßt 472 Seiten, ist in sehr gut lesbarem Stil, in knappen Sätzen geschrieben. Ich glaube, kritisch zu sein, und liebe objektiv sowohl wie mit ganzer Seele dieses Buch, in dem mein Bruder, wie ich spüre, den Tod des einzigen Kindes „übernahm". Es ist ein Buch, wirklich auf der Grenze zwischen Religion und Philosophie geschrieben.

Da sein Name natürlich unbekannt ist, möchte ich nachhelfen. Falls es Ihnen möglich ist bei Ihrer Arbeitsbelastung meinem Wunsche zu willfahren, dann veranlasse ich, daß Ihnen ein Rezensionsexemplar zugeschickt wird.

In Verbundenheit grüßt Sie

Ihre Gertrud Jaspers

Gudrun erwarte ich also nach dem Semester.

80

Wuppertal-Barmen, Ottostraße 23
am 11. Mai 1958

Liebe, verehrte Frau Jaspers!

Damit Ihr Brief nicht länger liegen bleibt, will ich ihn heute am Sonntag schnell beantworten. Ich danke Ihnen sehr dafür. Selbstverständlich übernehme ich gerne eine Besprechung des Buches Ihres Bruders, Ihnen zuliebe, aber auch in dieser Verbundenheit aus Interesse an der Sache. Bitte veranlassen Sie die Zusendung. Inzwischen haben Sie wohl auch vom Verlag unsere Festschrift bekommen oder bekommen Sie in den nächsten Tagen. Wenn Sie den einen oder anderen Beitrag lesen, den ich darin geschrieben habe, so möchte ich herzlich wünschen, Sie fänden Verständnis für die Besonderheit, in der ich das Problem des Christlichen zum Ausdruck zu bringen versuche. Es geht dabei ja immer um die lebendige Ermöglichung des Ja und des Nein, das uns in der Gegenwart und mir besonders nach allem, was ich im Für und Wider zu erfahren bekommen habe, an Überlieferung und Wandlung aufgegeben ist.

Damit bin ich ja auch bei dem, worin Sie mich bei meinem Besuch im Herbst in Ihr Vertrauen gezogen haben. Sie schreiben nun, daß Sie beide sich inzwischen entschlossen haben, „bei einem Ernstfall der Sitte nachzugeben." Dieser Fall kann heute oder morgen passieren, und er kann noch lange Zeit auf sich warten lassen, wie es Alfred Webers Ableben in diesen Tagen erweist. Er kann mich eher treffen als einen von Ihnen. Aber daß er nun seit unserem Gespräch in einen Vertrauenskreis gehört, der mich Ihnen um ein wesentliches Stück mehr verbunden hält, hat mich oft an Sie denken lassen. Ich hatte mich Ihnen bereit erklärt, ganz nach dem Gebot der Stunde, wie es sich dann für Sie ergeben würde, auf Telegramm hin zu kommen und jenem „letzten Wunsche" zu entsprechen, wie es der ermordete Freund getan haben würde. Ich wiederhole Ihnen diese Bereitschaft auch jetzt unter den veränderten Voraussetzungen. Ich betone „Bereitschaft", weil ich weiterhin meine, daß es wiederum ganz allein Ihnen anheimgestellt bleiben muß, ob Sie davon Gebrauch machen werden wollen oder nicht. Ich wiederhole sie deshalb, weil ich infolge meiner Ordination in der Bekennenden Kirche 1944 die „Rechte des geistlichen Standes" innehabe, so daß ich gelegentlich auch heute noch predige, taufe oder traue, wenn es von mir gefordert wird, wie manchmal durch ehemalige Studenten, in der Familie oder sonst. Ich würde also auch die Ermächtigung haben, auf Ihren Wunsch hin, „der Sitte nach“ eine Trauerfeier zu vollziehen. Sie würden also die Gewähr haben, daß Ihren Vorstellungen in einem Ihnen annehmbaren Sinne entsprochen wird, falls Sie – ich betone es noch einmal – von meiner Bereitschaft Gebrauch machen wollten. Soviel für heute. Es kann sein, daß ich Ende Juni nach Genf reisen muß und Sie besuchen könnte. Wahrscheinlicher ist der September, da wir vorhaben, unsere Ferien wieder am Thuner See zu verbringen.

Herzliche Grüße

Ihr O. Hammelsbeck

81 Basel, den 17.5.1958

Lieber Herr Hammelsbeck,

herzlich danke ich Ihnen, daß Sie das Buch meines Bruders besprechen mögen. Meine Schwägerin, die die Korrespondenz mit dem Verlag führt, wird Ihnen ein Rezensionsexemplar schicken lassen. –

Bei uns ist ungeheurer Arbeitsbetrieb neben dem Semester, aber alles, was mit der Herausgabe des Atombombenbuchs zusammenhängt, wird voraussichtlich bis Pfingsten geschafft sein. Vom 23. an wird bei uns am laufenden Band Besuch sein bis zu unserer eigenen Ferienreise, von der wir um den 5. September zurück sein werden. Mir geht es auch schwankend, oft bin ich behindert.

Um nochmals auf den „Ernstfall“ einzugehen. Wir fügten uns der Sitte der Universität und Basels. I c h kann dann zu Hause bleiben und habe keinerlei Verantwortung. Daß wir beide keinen Pfarrer wollen – haben wir zwar aufgeschrieben, aber ob sich dann eine Institution danach richtet?? Da ich nicht dabei sein werde, ist auch das mir gleich. –

Da ich seit früher Jugend an „philosophiere“ und dies ja heißt: sterben lernen, so denke ich nicht an die Reihenfolge. Daß ich mich in der Jugend zu dem kranken Jüngling stellte – – dafür wurde ich durch das Schicksal reich belohnt. Nur weil ich das Offizielle meiden wollte, sprach ich ja mit Ihnen. Nun haben wir anders beschlossen.

Herzlich grüßend von meinem Manne und von mir

Ihre Gertrud Jaspers

82 Basel, den 8.7.1958

Lieber Herr Hammelsbeck,

nun war vorigen Sonntag Gudrun bei uns, es war sehr lieb und vertraut, sie sah uns mit Ihren Augen an und hat anscheinend Ihre Interessen ins Weibliche übersetzt. Das Zusammensein mit Veronika Hampe, eine Enkelin des Historikers, Tochter eines uns sehr befreundeten Architekten, nach den Nazis bei der Kirche angestellt, machte alles noch leichter. Und nun dankt Gudrun und teilt das neue Ereignis in Ihrer Familie mit. Wir gratulieren den Großeltern herzlich und ebenfalls Ihrem Sohne. Von der Schwiegertochter und ihrem Schicksal sprach uns Gudrun. Wie schön, daß sie in Ihr Haus kam. Deutsche Schicksale! Das Buch meines Bruders "soll" erschienen sein, ich habe es noch nicht.

Mit herzlichen Grüßen von uns zu Ihnen

Ihre Gertrud Jaspers

83 den 13.9.1958

Liebe Hammelsbecks,

so sind Sie alle vereint, aber ohne die Frau, die das Jüngste betreut. Ich wünsche Ihnen bessere Ferien, als wir sie dieses Jahr in Locarno hatten, wo mein Mann zweimal Fieberattacken hatte und ich irgendeine Vergiftung. Nun kamen die beiden Ende September in Frankfurt und am 1. Oktober in Wiesbaden fälligen Vorträge ins Hintertreffen, werden aber geschafft. Und hoffentlich kommen wir gesund zurück, denn dies köstliche Wetter wird ein Ende haben.

Dies nur ein Gruß aus der Nähe, der Sie instruieren soll, wie es bei uns zugeht, und daß wir Sie leider keineswegs zu einem Hereinschauen bei uns ermutigen können.

Gute Ferien für Sie alle!
Mit herzlichem Gruß Ihre

G. Jaspers

84 Wuppertal-Barmen, Ottostraße 23
am 21. November 1958

Lieber, verehrter Herr Jaspers!

Da ich nicht weiß, ob Sie die Frankfurter Zeitung zu sehen bekommen, schicke ich das Blatt, auf dem einiges zu Ihrer Frankfurter Rede von mir zu lesen ist. Ich lege aber auch mein Manuskript dazu, in dem ich alle Stellen angestrichen habe, die Herrn Korn nicht genehm waren. Er hat mir in einem sehr freundlichen Brief seine Zustimmung zum Ganzen ausgesprochen, aber gebeten, kürzen zu dürfen, da er sonst wegen einiger Stellen seine politischen Kollegen um ein Placet ersuchen müsse, das seine Bereitschaft, den Artikel zu bringen, sehr erschwere. Auch meine Gegenbitte, wenigstens zu belassen, was ich im Manuskript mit Nr. 1 gekennzeichnet habe, konnte er nicht annehmen! Es darf also auch im „neuen" Deutschland nicht angedeutet werden, daß die politische Überwachung manchmal Formen annimmt, die zu Bedenken und Warnung Anlaß geben. Die Streichung Nr. 2 habe ich durchgehen lassen. Nr. 3 war der Zeitung eine untragbare Kritik, nicht an Karl Jaspers, sondern am Bundeskanzler! Auch Nr. 4 erscheint nicht erlaubt. Ähnlich Nr. 5.

Ich erachte diesen Teil meiner Bemerkungen für nicht wichtig genug, um deshalb meine Zusage zurückzuziehen. Aber viel liegt mir daran, daß Sie vom Baseler Sehwinkel her nicht unbelastet von den Sorgen sehen, die uns im Blick auf die deutsche Politik und den Kanzler beschweren.

Wir sind in einem schwer tragbaren Dilemma. Jeder von uns nimmt teil an den Früchten des „Wirtschaftswunders"; ich habe ein gutes Gehalt und einen Neubau für unsere Arbeit, wie er nicht geeigneter und großartiger sein könnte. Aber wir werden doch auch mitschuldig daran, daß unser Volk über seinem Wohlstand vergißt, was von der unbewältigten Vergangenheit her zur moralischen Aufgabe hätte werden müssen. Die Deutschen in der Sowjetzone haben für uns sich abschinden müssen, um an Rußland die Reparationen als Buße für die verbrannte Erde seines Landes aufzubringen. Und warum mußten wir die Polen, die ich besonders liebe, durch unsere Taktlosigkeit dem Osten zutreiben?

Aber meine dringenderen Aufgaben nehmen mich immer mehr in Anspruch. Ich bin Vorsitzender des Päd. Hochschulsenats unseres Landes, in dem auch drei Ordinarien der Universitäten sitzen. Mein „Programm" dazu ist in einem Aufsatz der ZfPäd niedergelegt, den ich Ihnen zum Reinschauen beilege. Zu Ostern suche ich je einen geeigneten Mann (oder Frau) auf neue errichtete Professuren bei uns für „Allgemeine Pädagogik" und für „Psychologie" (Bes.gruppe H 3 – O. Prof.). Sollten Sie mich auf jemanden aufmerksam machen können, wäre ich sehr dankbar. Das Buch Ihres Schwagers ist angekommen.

Herzliche Grüße an Sie beide

Ihr O. Hammelsbeck

85 Basel, den 29. November 1958

Lieber Herr Hammelsbeck!

Ich danke Ihnen herzlich für Ihren Brief, Ihren Aufsatz und Ihr Programm. Ich gestehe, daß ich Sie nicht leicht verstehe. Es bedürfte einer ausführlichen mündlichen Darlegung. Jetzt kann ich nur etwas Zufälliges herausgreifen.

Wenn ich mich frage, was Sie wohl tun, damit nicht vergessen, vielmehr das Wesentliche im Guten und im Schlimmen erinnert werde, dann denke ich: Sie sorgen für die Lehre der deutschen Geschichte mit zuverlässiger Richtigkeit im Tatsächlichen und mit den einfachen, klaren, anschaulichen und eindringlichen Konstruktionen dessen, was geschehen ist. Die konkrete Aufgabe, das Lernen, Wissen und Können ist doch die Hauptsache für den Lehrer. Wenn ich so denke, bin ich aber erschrocken, wenn Sie etwa schreiben, der Osten habe „für uns" gelitten. Warum und woher „für uns", wo ist hier der Grund von Stellvertretung? Die Polen „durch unsere Taktlosigkeit dem Osten zugetrieben?"? Meinen Sie Hitler oder etwas nachher? Das letztere wäre so irreal wie der viele politische Unsinn, der aus Niemöllers und anderer Munde gekommen ist. Kann man denn nicht das Prinzip der totalen Herrschaft begreifen und es unterscheiden von der menschlichen Wirklichkeit der Russen (wie bei uns den N.-S.-Totalitarismus vom deutschen Volke in seiner Substanz, die allerdings von einer Minderheit getragen wird)? Polen selbst lebt doch unter dem Druck, sucht Auswege mit Gomulka, findet sie nicht, kann nicht anders. Niemals hätte die totale Herrschaft, die erst durch Hitler, dann durch Stalin so viele Polen ermordete, die Hand von Polen gelassen. Wird denn Ungarn vergessen? Unsere Ostdeutschen haben nicht annähernd so hartnäckig aus dem Ganzen des Volkes und todesmutig durch Wochen hindurch im Juni 1953 gekämpft wie die Ungarn 1956. Aber es war grundsätzlich dasselbe. Die totale Herrschaft ist unerbittlich brutal und weicht keinen Schritt zurück, wo sie einmal sitzt. Aber ich möchte nicht anfangen, jetzt mit Ihnen zu diskutieren. Es wäre nur möglich, wenn Sie zur Kenntnis genommen hätten, was ich in meinem "Atombuch" immer noch ganz unzureichend entwickelt habe.

Nun fragen Sie mich heute nach Kandidaten für Ihre neuen Lehrstühle, allgemeine Pädagogik und Psychologie. Wenn diese sein müssen – ich halte sie für einen Unfug – dann kann man doch vielleicht vernünftige Leute finden, die aus der Praxis, in der sie sich bewährt haben, theoretisch etwas Handfestes zu sagen vermögen und das Beste aus der Aufgabe machen. . . .

Leider kann ich Ihnen nicht mehr schreiben. Ich muß bei den beschränkten Kräften meine Arbeitsdisziplin bewahren. Aber bei allen Fragwürdigkeiten gehen meine Gedanken mit herzlichen Wünschen zu Ihnen. Meine Frau und ich denken in gleicher Gesinnung an Sie.

Immer Ihr

Karl Jaspers

86 Wuppertal-Barmen, am 6. Dezember 1958
Ottostraße 23

Lieber, verehrter Herr Jaspers!

Herzlichen Dank für Ihren Brief. Wenn ich so bald wiederschreibe, so nicht in der Erwartung, Ihnen von Ihrer hinsichtlich Gesundheit und Arbeitswillen zu bemessenden Zeit etwas Ungebührliches zu rauben. Es ist nicht nötig, daß Sie mir antworten, wenn Sie nur freundlich zur vertiefenderen Kenntnis nehmen wollen, was mich bedrängt, auch gerade im Lesen Ihres Briefes von neuem bedrängt. Sie haben recht, daß wir geruhsam und mündlich klären müßten, was wir jetzt aneinander nicht verstehen.

Sie verweisen darauf, daß wir besser diskutieren könnten, wenn ich die Gedankengänge Ihres Atombuches zur Kenntnis genommen hätte. Ich habe es und bin weiterhin dabei, und zwar in der Weise, daß ich unsere Studenten zu einer vierzehntäglichen philosophischen Arbeitsgemeinschaft eingeladen habe, es durchzuarbeiten. Ich hatte mit 20 Teilnehmern gerechnet und fand mit nicht nachlassendem Interesse 98 unserer blutjungen Damen und Herren vor, die vor einem oder vor zwei Jahren noch Oberprimaner waren. Das ist ein Viertel aller Kommilitonen: die gleiche Anzahl fast besucht den gleichzeitig angesetzten politischen Aussprachekreis zweier Kollegen! Weder unsere Studenten, noch unsere Bibliothek sind in der Lage, sich das Buch in so vielen Stücken anzuschaffen, daß jeder mitlesen und vorarbeiten könnte. Wir haben nur wenige Exemplare einstellen und ausleihen können, und etwa 8 oder 10 Studenten haben sich das Buch gekauft oder vorweg zu Weihnachten schenken lassen. Bei Referatwünschen wollten mehrere dasselbe, nämlich zu den Problemen „Opfer", das „Überpolitische", „Ghandi" oder gute Stücke aus dem 3. Teil.

Unsere studentische Jugend ist weithin durch ihre Stellungnahme gegen die atomare Bewaffnung der Bundeswehr in der Gefahr, sich „ideologisch" zu verlieren und dadurch die konkrete Verantwortung billig zu machen, so daß sie keine mehr ist. Ich erkenne für die politische Erziehung des künftigen Lehrerstandes eine Chance darin, daß der junge Student, der eine parteipolitische, meist jedoch eine nicht parteipolitische Entscheidung erwägt oder vollzieht, die Begründung ganz anderer Überzeugungen oder wie die Ihres Buches durchdenken und achten lernt. Ich zwinge mich selber an Ihrem Buch zur Klärung – in den Anstrengungen von Zurücknahme voreiliger Entscheidungen; sie müssen teurer erkauft sein.

Zur Verantwortung des Hochschullehrers gehört anscheinend ein unüberwindliches kritisches Unbehagen, das ohne Kurzschluß getragen und ertragen werden muß. Ich habe es auch gegenüber Ihrem Buch, obwohl ich es als eine der notwendigen Beunruhigungen bejahe. Ich habe manchmal den Eindruck – der aber noch kontrolliert werden muß –, daß wir bemüht bleiben müssen, in diesem Buche Jaspers besser zu verstehen als er sich selbst. Es wäre unsinnig, wenn gewisse Erstarrungen, die sich abzeichnen, im Mißverständnis der politisierenden Zeitgenossen, die den Jaspers seiner anderen Werke nicht kennen, mehr Schule machen und ihre Selbstrechtfertigung stärken würden als die unerläßliche Beigabe des dritten Teils. Ich frage mich, wie dieses notwendige Buch ausgefallen wäre, wenn Sie es in Heidelberg statt in Basel zu schreiben gehabt hätten. Wir stecken hier anders drin als Sie in 1km Entfernung von der Grenze und als Hannah Arendt in Kalifornien, obwohl es sich vielleicht nur um Nuancen handelt und wir gerade deshalb den Zuspruch aus der bleibenden solidarischen Verbundenheit so ein wenig von außen nötig haben!

Mir tut es deshalb auch immer in gewisser Weise verletzlich wehe, wenn ich Sie wie von außen her so absprechende, kalte Urteile über Niemöller fällen sehe, verletzlich, weil sie mir gar nicht zu Jaspers passen wollen. Weil Sie ihn nicht persönlich kennen, muß ich Ihnen gegenüber für ihn und seine Lauterkeit und Unbestechlichkeit einstehen. Davon abgesehen, das gehört zu den schwer erträglichen Erscheinungen unseres politischen Verfahrens in der „freien" Welt, daß er und andere von Adenauers Partei als Kommunisten diffamiert werden. Haben Sie Niemöllers Verhalten in der Nazizeit auch für „unsinnig" gehalten? Er ist sich, wenn man das einmal so ungeschützt abkürzend sagen darf, nur treu geblieben, d.h. treu der Exemplifizierung der Freiheit im reformatorischen Sinne gegen die Verfälschung des Christentums bzw. das Christentum als Verfallserscheinung überhaupt, von der die CDU nur eine Variante darstellt. Der Problemkreis des „Opfers" erweitert und vertieft sich für uns an der Frage, wie wir „Christen" des Westens die Freiheit – auch die Freiheit des Geistes – sowohl gegen die Unfreiheit im Westen wie der im Osten bezeugen. Wenn ich es einmal grob und unziemlich ausdrücken darf, um es sogleich zurückzunehmen: Die Gefahr ist, daß der versteckte Totalitarismus des Westens den Verfasser des Buches „Die Atombombe und die Zukunft des Menschen" als einen seiner Chefideologen mit dem Großen Bundesverdienstkreuz mit Schulterband und Stern auszeichnet. Nehmen Sie das bitte nur als einen übertriebenen Hinweis auf die immer schwerer erträglich werdende Situation, in der wir frei mit Jaspers philosophieren möchten!

Noch kurz zum zweiten Teil Ihres Briefes. Während ich die Prämissen Ihrer Verurteilung Niemöllers nicht teile, teile ich sie hinsichtlich des „Unfugs" der Lehrstühle Allgemeine Pädagogik und Psychologie, obwohl ich mich sozusagen mitverurteilt ansehen müßte. Ich habe 1946 in der Alternative „Lehrauftrag für Katechetik" und „Lehrauftrag für Pädagogik" nicht die Fachdisziplin, für die ich mich im Schrifttum bis zur damals eingeleiteten Berufung auf eine Professur an der Universität Göttingen ausgewiesen hatte, sondern die „Allgemeine Pädagogik" gewählt. Von den gleichen Prämissen aus habe ich damals wie nun nach 12jähriger Erfahrung einen isolierten Lehrauftrag „Allgemeine Pädagogik" für Unfug gehalten. Ich habe ihn mehr und mehr so darzustellen versucht, daß er nur in der Korrespondenz mit den Fachdisziplinen, dann aber statt des „Unfugs" mit „Fug und Recht" seinen Sinn hat. Dazu gehört auch, daß ich – wenn auch nur spärlich – ab und zu in der Volksschule unterrichte. So aber muß es diese Lehrstühle geben, und ich suche deshalb auch Kandidaten, die nicht ohne praktische Schulerfahrung sind, aber von daher die Theorie zu entfalten vermögen, die Theorie der gemeinsamen Verantwortung der erziehungswissenschaftlichen Disziplinen. . . . Wir haben nun auch hier schon einige Kandidaten in Sicht, ohne schon erkennen zu können, ob sie geeignet sind.

Ich bitte sehr, diesen meinen Brief in der unwandelbaren Gesinnung und Dankbarkeit geschrieben zu erkennen, die mich mit Ihnen und Ihrer Frau verbindet. Ich grüße Sie beide herzlich

als Ihr O. Hammelsbeck

87 Basel, den 14.12.1958

Lieber Herr Hammelsbeck!

Zu unserer Diskussion darf ich vielleicht nur noch Weniges sagen: Ich habe ein abfälliges Urteil „Unsinn" über den *Inhalt* mancher politischen Äußerungen Niemöllers getan. Mit keinem Wort habe ich die Lauterkeit und Unbestechlichkeit des Mannes in Frage gestellt. Darum sehe ich nicht, warum Ihnen das verletzlich wehe tut, weil es nicht zu mir passen soll. Es ist doch eine vertraulich abgekürzte Äußerung, wie man sich in einem Brief wohl gestattet. Niemals denke ich auch nur mit einer Nuance, Niemöller könnte Kommunist sein. So etwas zu behaupten, ist in der Tat empörend. Sollten Sie sich nicht Ihrerseits fragen, ob die Wendung von verstecktem Totalitarismus in der Bundesrepublik eine Diffamierung gleicher Art ist?

Was Sie von mir sagen und zugleich zurücknehmen – Aber Sie sagen es doch –, als dem Chefideologen der Adenauerregierung verwundert mich. Sie können mein Buch im Ganzen kaum gelesen haben. Natürlich ist der dritte Teil (die Hälfte des Buches), wie Sie schon bemerkten, die Hauptsache und von ihm das Vorhergehende zu durchleuchten. Gleich am Anfang fordere ich den Leser auf, nicht in Positionen, die ich diskutierend einnehme, sich verfangen zu lassen. Auf diese von mir versuchte Denkungsart im Ganzen kommt es an. Wer *Entscheidungen* zwischen theoretischen Alternativen aktuellen Charakters in meinem Buch sieht und will, der muß meines Erachtens seine und dann meine entfaltende und fortschreitende Denkungsart prüfen. Jede Entscheidung ist *praktisch.* Die politische Überlegung des selber nicht Handelnden ist so wenig eine Entscheidung wie eine öffentliche Erklärung.

Was Sie darüber schreiben, daß ich außerhalb der Bundesrepublik lebe und denke, und ebenso Hannah Arendt, halte ich für unsachlich und für mich nichtssagend, wenn nicht zugleich konkret und in der Sache die dadurch gegebene Beschränkung aufgezeigt werden kann.

Sie fragen mich nach Niemöllers Verhalten in der Nazizeit. Ich habe darüber kein Urteil. Als ich in jener Zeit davon erfuhr, war mir nicht wohl zumute. Ich könnte es Ihnen begründen, ohne selbst zu einem endgültigen Urteil zu kommen.

Sie sagen: „wir Christen". Bedenken Sie, daß ich nicht weniger in Anspruch nehme, Christ zu sein. Es scheint mir etwas innerhalb des Christentums zu Bekämpfendes in Sätzen zu liegen, die Sie einmal gedruckt haben: es gäbe nur Christus oder den Nihilismus. Ich habe damals von Ihnen auf mein Befremden auch mündlich keine Antwort erhalten. Ich bin Christ, ohne an die Menschwerdung Gottes zu glauben. Diese Möglichkeit bestreiten offizielle Vertreter der Kirche. Im Protestantismus aber liegt das Prinzip, daß jeder selbst entscheidet, ob er Christ sei oder nicht und in welchem Sinne. Eine Instanz, die darüber gegen mich entscheiden wollte – es gibt deren viele sich gegenseitig bekämpfende Instanzen – brauche ich nicht anzuerkennen. Wenn meine Gemeinde (für mich hier erfreulich „reformiert", nicht lutherisch) mich hinauswerfen würde, wäre ich traurig. Aber ich habe das nicht zu erwarten und bin befreundet mit Pfarrern. Aber im Falle der Exclusion wäre gar nichts entschieden. Die substantielle Geschichte der Christlichkeit liegt ohnehin überwiegend bei den Ketzern und geduldeten Ketzern. Wie sehr ich heute Hoffnungen auf die Kirchen setze, sagt mein Atombuch. Wie positiv das aufgenommen werden kann, zeigt mir eine Reihe von Aufsätzen von Pfarrern im „Baseler Kirchenboten".

Manchmal habe ich wohl den Impuls, aus der Christlichkeit einer dreitausendjährigen Überlieferung, der ich angehöre, gegen die Art von kirchlichem Protestantismus zu reagieren, den ich verleugne. Ich meine natürlich nicht die vielen Einzelnen, die ich bejahe in der Praxis und zum Teil liebe. Aber alle und auch Sie finden nicht die Sätze, die Sprechweisen und wirksamen Chiffren, die heute notwendig sind. Ich kann sie auch nicht finden. Zum bloßen Negieren hat man keine Lust, darum folge ich nicht meinem Impuls und schweige.

Mit herzlichen Grüßen und Wünschen für Sie und Ihren Familienkreis von mir und meiner Frau

Ihr Karl Jaspers

88 Barmen am 22. Dezember 1958

Lieber, verehrter Herr Jaspers!

Überrascht und erfreut und dankbar, daß Sie mir so bald schon geantwortet haben, bitte ich, meine nochmalige Äußerung als aufrichtigen Versuch anzusehen, mit Ihnen in einigen Beurteilungen überein zu kommen, die mich mehr bewegen als alles andere seit 1945. Zunächst danke ich Ihnen für die Richtigstellung meines falschen Eindrucks in bezug auf Niemöller und daß Sie es mit mir für empörend halten, ihn oder andere seiner Gesinnung als „Kommunisten" zu diffamieren. Eben das aber haben Adenauer und seine Gefolgsmannen zur Genüge, und zwar öffentlich, getan. Wenn Sie mich fragen, ob nicht der Vorwurf eines „versteckten Totalitarismus" auch diffamierend sei, so muß ich Ihnen sagen, daß ich mich bemühe, über die Gefahr, die mit diesem Wort gekennzeichnet ist, mit Ministern und hochgestellten anderen Staatspersonen zu sprechen. Ich bin nicht

Exponent noch Mitgänger einer politischen Partei. Gerade darum fühle ich mich verpflichtet als einer, der sich nach 1945 – und wie ich meine, im Sinne von Jaspers und anderen, die sich dem Totalitarismus des Naziregimes gegenüber schlecht und recht behauptet haben – dem Aufbau der öffentlichen Dienste zur Verfügung gestellt und die Verfassung bejaht hat, gegen neue, und bisher scheinbar noch erträgliche Gewissensknebelung anzugehen, nicht auf dem Markt und zum Fenster hinaus, sondern von Fall zu Fall, wenn ich mich für mir anvertraute Menschen wehren muß. Gerne würde ich Ihnen solche Fälle schildern und werde es tun, wenn ich Sie bei Gelegenheit wieder besuchen darf. Jetzt aber bitte ich, mir diese Behauptung und Klage als aufrichtige Beschwernis abzunehmen.

In diesem Sinne habe ich gemeint, Sie vermöchten von Basel aus diese Erfahrung nicht zu teilen, und hinzugefügt, daß gerade deswegen uns die philosophierende Beratung von einem solchen freien und zugleich kritischen Blickwinkel gut tut. Deshalb biete ich meinen Studenten Ihr Buch zum Durchdenken genau der Gesichtspunkte an, die Sie nochmals in Ihrem Brief angaben, und freue mich, daß der Eifer dieser ernsthaften Frager bereit ist, vom dritten Teil her denken zu lernen. Dennoch werden wir – weder ich noch Sie selbst – es [nicht] verhindern können, daß die CDU-Ideologen das Buch auf ihre Weise mißbrauchen. Ich bin aber auch der Meinung, daß wir uns niemals vor einem solchen Mißbrauch schützen und nicht deshalb verzichten können, das notwendig zu Sagende zu sagen. Ebenso muß ich mich gegen die andere Seite wehren, die kurzsichtig genug ist, Ihr Buch deshalb abzulehnen und mich deswegen zu attackieren, weil es nicht in ihre kurzsichtige Linie paßt.

Wichtiger aber ist es mir, mit Ihnen näher übereinzukommen, was den zweiten Teil Ihres Briefes betrifft. Was bedeutet es, daß Sie mich immer mißverstehen, wenn ich auf das Thema des „Christlichen" komme. Auch jetzt wieder. Sie haben mir vor 10 Jahren Ihr Buch vom „Philos. Glauben" mit einer besonders herzlichen Widmung dediziert. Es beginnt mit einem Zitat, das Sie einer meiner ersten kleinen Schriften nach 1945 entnommen haben, um in seiner Abwehr die Entwicklung Ihrer Gedankengänge anzuschließen. Ich bin Ihrer Frage nicht ausgewichen; ich habe mir nur leider nicht die Zeit nehmen können zu suchen, wo jener Satz von mir und in welchem Zusammenhange er steht. Ich habe aber versucht, in meinem Beitrag im „Offenen Horizont" das Gespräch aufzunehmen. Ich weiß nicht, ob Sie diese Darlegung in ihrem Bemühen verstanden haben, Ihnen und der Philosophie überhaupt gerecht zu werden.

In Ihrem Briefe nun gehen Sie an meine Briefstelle heran, wo ich „wir Christen" – also in Anführungszeichen – in bezug auf die Verteidigung der Freiheit im Westen und im Osten sage. Da Sie fortfahren: „Bedenken Sie, daß ich nicht weniger in Anspruch nehme, Christ zu sein", muß ich zu meinem Leidwesen vermuten, ganz und gar falsch verstanden zu sein. Ich meine, ich könnte nach allem, was ich überhaupt und auch in diesem Briefe sage, so nicht mißverstanden werden. Jener 1947 zitierte Satz scheint den Zugang zu verbauen. Ob es mir gelingt, ihn nunmehr von innen her zu öffnen? Daß „wir" „Christen" sind, nämlich Jaspers und unzählige verantwortungsbewußte Geister bis hin zu mir – ist zweifellos die abendländische Nötigung aus 2000 Jahren Geschichte, in der wir denken und leben. Das Ja zu dieser Nötigung finden wir im freien Zugang zu den Ursprüngen. Das Christentum ist im volkskirchlichen Stadium so weitläufig geworden, daß Jaspers rechtens zur reformierten Gemeinde in Basel gehören will wie Hammelsbeck in der reformierten Gemeinde Barmen-Gemarke. Daß ich zwar gelegentlich dort auf die Kanzel steige, um mich dem Dienst zu unterziehen, das Evangelium zu predigen, während Sie wahrscheinlich nur ebenso gelegentlich oder noch weniger unter der Kanzel in Basel sitzen, halte ich nicht einmal für sehr gewichtig oder differierend. In dieser Weitläufigkeit behält dennoch die Kirche eine positive Aufgabe, nicht weniger positiv als die wissenschaftliche und philosophische Klärung der Säkularisationen. Lesen Sie bitte unter diesem Gesichtspunkt das „Wort zur Schulfrage", das die EKD-Synode im April einstimmig beschlossen hat, an dessen Erarbeitung in den wesentlichen Sätzen ich führend beteiligt war. Es enthält scheinbar liberale, pietistische und orthodoxe Wendungen aus der legitimen geschichtlichen Nachwirkung der reformatorischen Kirche; aber ich meine, daß es sie alle durchbricht zu einem heilenden Verständnis des Notwendigen vom Ursprung her. Ich bin mir dabei genau dessen bewußt, was Sie am Schluß feststellen, daß wir nicht zu wirksamen Sprechweisen finden, die heute für morgen notwendig sind. Diese Einsicht wird hoffentlich weder bei Ihnen noch bei mir zu einer das Vorläufige unterlassenden Resignation. Ich kann die Lage des sog. Christentums und der sog. christlichen Religion nicht anders sehen, als daß beide geschichtlich „am Ende" sind. Ist es wahr, daß wir im Begriff sind, in die nachabendländische Geschichte einzutreten, in der andere Völker gewichtiger werden als die europäischen, so meine ich, müßten wir unterscheiden lernen zwischen dem abgesunkenen abendländischen oder christlichen Erbe und einem Vermächtnis, das in die neue werdende weltgeschichtliche Gestalt dienend einzubringen ist. Mir scheint, daß dem Prozeß einer echten Säkularisierung des Christlichen von der Gemeinde in die „Welt" ein ähnlicher der Verfälschung in Kirche und Religion nebenherläuft, der jeden Ausschließlichkeitsanspruch verwehrt. Der erstgenannte Prozeß macht es möglich und notwendig, daß ich „wir Christen" sage und dabei nicht nur Jaspers und mich und unzählige andere meine, daß ich ehrfürchtig offen bin für Nietzsche oder für Gottfried Benn, ohne im geringsten beanspruchen zu dürfen, mehr Christ zu sein als irgend ein anderer! Kein Christentum kann beanspruchen, Mitte zu sein; die Klage um den „Verlust der Mitte" ist für mich sinnlos. Nietzsche hat es besser gewußt: „Die Mitte ist überall; krumm ist der Pfad der Ewigkeit." Der zweite Prozeß ist paradoxerweise nur eine rückläufige Bewegung, in die wir zum Ursprung gezogen werden ohne unser Zutun. Hier ist Evangelium wie im Alten und Neuen Testament, jenseits von Theologie und Philosophie, aber Grund auch für beide. Jede Behauptung, Christ zu sein, zerschellt hier; darum gibt es wiederum keine hierarchische Abwertung von Christen oder Nichtchristen. In die Philosophie hinein rede ich hier nicht von „Offenbarung", weil jedes Reden dieser Art mißverstanden werden muß. Die Folgerungen hieraus eröffnen ein weites

Feld des Philosophierens. Wir müßten darüber sprechen können, um die rechte Verständigung und Abgrenzung zu finden.

Ich muß schließen, ohne viel Hoffnung, mich schon verständlich genug gemacht zu haben. Ich grüße Sie beide herzlich zum Fest und mit guten Wünschen für das neue Jahr.

Ihr

O. Hammelsbeck

Gudruns Verlobter ist Schlesienflüchtling. Sie haben sich vor 3 Jahren in England kennengelernt, als Gudrun noch Oberprimanerin war. Er hat ihr seitdem die Treue gehalten, noch ohne zu werben, bis er jetzt nach Abschluß der Hilfspredigerzeit eine eigene Pfarrstelle bekommen konnte.

89 Basel, den 9.III. 1959

Lieber, alter Freund,

so echt, so verständnisvoll war Ihr lieber Brief zu meinem Eintritt in das 9. Jahrzehnt. Der Tag war durch meines Bruders Ernst Frau zu einem überwältigenden Erlebnis geworden. Ein uns naher Vetter war dabei – jetzt lebt er fern in New York –, aber Karl war stimmlos und ist noch nicht erholt von einer fieberlosen Grippe. Unsere Zimmer unten waren in Frühlingsjubel getaucht, Karl hatte es so gewollt mit dieser Frau, die mir tief verbunden, trotz allen Leids mich feiern wollte. Wie gut taten mir alle Bejahungen!

Ihr bereitet nun Gudruns Ehe vor! Meine herzlichsten Wünsche begleiten Ihr Kind! Daß Sie Ernsts Buch bejahen, freut mich so sehr, es bejaht ja auch unser Tiefstes, das wir seit so langen Jahren miteinander fühlen.

Und innigen Dank für die herrlichen Nelken, die erst heute abend aus meinem Zimmer kommen. Mit allen guten Wünschen für Sie beide und für Gudrun

Ihre uralte Gertrud Jaspers

90 Medard am Glan, 7.8.59

Liebe und verehrte Freunde!

Bitte nehmen Sie die beiliegende „pädagogische Autobiographie“ freundlich auf. Sie ist nur für einige Freunde bestimmt, deren Verstehen mir gewiß ist. Sie zu schreiben, war auch eine Vorarbeit, um vieles zu erledigen, für den großen Rechenschaftsbericht, den ich im Herbst bei der Rektoratsübergabe zu geben habe, wenn ich nach 13 Jahren Leitung zurücktrete.

Meine Frau und ich machen Ferien bei den Enkeln, während die Eltern auf der eigenen Urlaubsreise sind. Danach wollen wir mit Waldtraut noch 14 Tage in die Vogesen.

Wir grüßen Sie beide in herzlicher Verbundenheit mit allen guten Wünschen

Ihr O. Hammelsbeck

91 Wuppertal-Barmen, Ottostraße 23
den 4. März 1962

Lieber, verehrter Professor Jaspers,
liebe, verehrte Frau Jaspers!

Morgen oder übermorgen schicke ich als Drucksache mein soeben aus dem Backofen gekommenes Büchlein über die „Volksschule in evangelischer Verantwortung". Gerne hätte ich es schon zu Ihren Geburtstagen präsentiert; aber Verlagsankündigungen brauchen immer Fristverlängerungen. So kommen auch meine guten Wünsche für Sie beide hintennach, immer gleich herzlich, immer in Mitsorge für Ihr Ergehen und in der Mitfreude, daß wir Sie noch haben, und – wie es der öffentliche Markt von Bucherscheinungen und Rundfunk dartut – wohl immer noch in „alter Frische". Mir geht es auch wieder einigermaßen, nachdem ich vor 2 Jahren durch das „Tor der alten Männer" hindurchmußte und auch mit dem Herzen nicht mehr ganz im Gleichgewicht bin. Das Rektorat habe ich nach über 13 Jahren niedergelegt und bin dadurch ein wenig freier für die unmittelbare Arbeit und Gemeinsamkeit mit den Studenten. In diesen Tagen sind gerade Prüfungen. Die Studenten können für die halbstündige Pädagogik-Prüfung ein Spezialgebiet vorschlagen; da finde ich jetzt häufiger Sokrates oder Augustin u.a. mit dem Literatur-Hinweis auf „Die großen Philosophen" angegeben.

In der Familie geht es gut. Neben den zwei Enkelsöhnen im Hause meines Sohnes ist soeben die zweite Enkeltochter im Hause unserer Jüngsten eingetroffen. Ich habe gestern in Gelsenkirchen Besuch gemacht, so auch bei meiner Frau, die dort verlängerte Wochenpflege tut. Die jungen Mütter brauchen neben den erleichternden techn. Haushaltsgeräten dankbar die Hilfe der Großmutter in den Zeiten der Schonung.

Nun nehmen Sie bitte mein Büchlein freundlich-kritisch auf. Ich kann nicht erwarten, daß Sie es „ganz" lesen; aber ich hoffe doch, daß Sie bei allen notwendigen Divergenzen die alte Jaspers-Patenschaft miterheben und das Bemühen, nicht in der theologischen Arroganz noch in einem fehlsamen Absolutheitsanspruch zu überfordern, sondern der „geistigen Situation der Zeit" nicht nur in Anpassung, sondern in der liebenden Bemühung um Wahrheit und Hilfe gerecht zu werden.

Alles Gute für die Semesterferien, mit herzlichen Grüßen, auch von meiner Frau

Ihr getreuer

O. Hammelsbeck

92 Basel, den 7. März 1962

Lieber Herr Hammelsbeck!

Herzlichen Dank für Ihre Glückwünsche zu unseren Geburtstagen und für die guten Nachrichten aus Ihrer Familie.

Für Ihr Buch, das gewiß bald eintreffen wird, danke ich Ihnen im voraus. Auf meine Reaktion können Sie nicht sofort rechnen. Ich bitte Sie um Geduld, denn ich bin eifrig bei meinem gegenwärtigen Buch: Philosophischer Glaube angesichts der Offenbarung. Das Manuskript muß im Sommer fertig werden, wenn es im Herbst noch erscheinen soll. Es ist zwar fraglich, ob ich es erreiche. Aber ich lasse alles, was nicht ganz dringend ist, jetzt beiseite. Es handelt sich um eine Arbeit, von der, leider ganz unfertig und literarisch schlecht, ein Anfang in der Festschrift für Heinrich Barth erschienen ist. Der Termin hat mich damals gedrängt. Immerhin wurde die mich in dieser Gestalt gar nicht befriedigende Sache Anlaß zu diesem Buche. Was ich übrigens damals ankündigte über Descartes – Lessing – Kierkegaard, wird nicht aufgenommen, sondern gelangt in den zweiten Band der „Großen Philosophen".

Die „alte Frische", von der Sie sprechen, ist vielleicht noch da. Aber der einzelne Tag gibt im Alter, neben manchen Unannehmlichkeiten, nicht mehr dieselbe Kraftmenge. Die Ermüdbarkeit wird größer. Umso schöner sind die frischen Stunden und schön auch die andern kontemplativen.

Herzlichen Gruß, auch von meiner Frau für Sie beide,

Ihr Karl Jaspers

93 Wuppertal-Barmen, Ottostr. 23
den 17. Februar 1963

Lieber, verehrter Professor Jaspers!

Wenn ich den Sonntag nicht hernehme, um Ihnen einen Gruß zum 80. Geburtstag zu schreiben, so wird nichts draus. Prüfungen von früh bis spät kennzeichnen die Tage des auslaufenden Semesters, Prüfungen, die ebenso durch ein hohes Niveau nach Geist und Seele und Ethos erfreuen als auch nur vordergründiges, und darum unzuverlässiges, sogar gefährliches Vegetieren enthüllen. Ich denke an Sie beide und Ihrer beider Geburtstag in diesem Monat, wenn ich heute schreibe, in Verehrung und Dankbarkeit und mit allen guten Wünschen, die sicher nicht ausbleibenden Beschwerden des Alters in der Dankbarkeit für das gemeinsame Alter zu tragen. Ich bin selber nun auch soweit, im nächsten Jahr die „Altersgrenze“ zu erreichen, und erkenne, daß diese Grenze wohltätig gesetzt ist, weil es in vielem körperlich auch nicht so will und geht, wie man zur Bewältigung des Lebens und seiner Aufgaben möchte. Von Ihnen erwarten wir noch viel Gutes und Helfendes. Die begonnenen großen Arbeiten lassen Fortsetzung erhoffen, und ich denke an den Ihnen vor 20 Jahren, als wir in Heidelberg unsere ungedruckten Gaben überreichten, erwählten Spruch aus Plutarch. Immer wird das noch Fehlende neue Last, immer spüren wir zwischen Gefühlen der Resignation und der Herausforderung, es könne auf das eine oder andere doch noch sehr oder etwas ankommen, es zu sagen und zu bieten.

In Ihr letztes Buch taste ich mich zwischen den vielen unmittelbaren Anforderungen mit viel Zustimmung, was das Philosophische, mit leiser Zurückhaltung, was die Grenzen zum Theologischen betrifft, hinein. Mit einem jungen Theologen unserer Hochschule zusammen habe ich in diesem Semester ein Seminar gehalten „Zeichen Jesu“. Wir haben Quellen vervielfältigt, begonnen mit Lessing, über Fichte und Feuerbach bis zu Nietzsche, dazwischen die Theologengeneration des 19. Jahrhunderts mit Paulus, Strauß u.a. bis zu Schweitzer, also den großen Gang der „Immanisierung“ der biblischen Botschaft, der Einheimsung im Ringen um je modernes Verstehen und ihre Kontrapunktik. In diesen Zusammenhängen scheint Ihr Buch ein neues, selbständiges und doch die Tradition erhellendes Kapitel aufzuschlagen, das uns für die theologische und katechetische Schulverantwortung wichtig ist. Ohne die redliche Kritik an der Offenbarungstradition ist unsere Verantwortung für den biblischen Unterricht nicht redlich.

Am schwersten lastend und bedrängend wird unsere unglückliche Liebe zu unserem Volk und Vaterland in der republikanischen Verantwortung. Wie ungehalten und barbarisch ist noch immer unsere „demokratische“ Öffentlichkeit unter Regierenden und Regierten. Was sich seit Monaten immer mehr enthüllt, ist die verbliebene Unerzogenheit im republikanischen Geist, gegenüber der wir unsere Ohnmacht, ja sogar unser Versagen in der „politischen Bildung“ erkennen. Sie erinnern sich, daß ich damals, als Sie den Entschluß faßten, nach Basel zu gehen, sehr wohl diese Notwendigkeit verstanden habe. In der Schweiz ist es anders zu leben, wenn zweifellos auch dort die Nivellierung spürbar wird. Aber wir „Jüngeren“, die immerhin noch einiges auf dem Buckel tragen von der Hitlerzeit her, dürfen nicht fortgehen. Wann dürfen wir?

In der Familie geht es gut; die Enkel sind unsere große Freude, – drei Jungens bei unserem Sohn, zwei Mädchen bei unserer jüngeren Tochter. Waldtraut ist nach einigen „Außenzeiten“ wiederum in Detmold, nun in der Hierarchie aufgerückt zur „Probemeisterin“. Sie hat für alles junge Volk des Nachwuchses, des Diakonischen Jahrs und der Jugend im Mutterhause überhaupt zu sorgen, nach wie vor dienstfreudig und bewußt entschieden für diese Notwendigkeiten.

Gerne wäre ich am nächsten Samstag „auf einen Sprung“ bei Ihnen im Hause, um mich persönlich von Ihrem Ergehen zu überzeugen und uns mit allen Gratulanten zu wünschen, daß es Ihnen noch lange gut gehen möge.

Mit herzlichen Grüßen, auch von meiner Frau, an Sie beide

Ihr O. Hammelsbeck

94

Zu meinem achtzigjährigen Geburtstag erhielt ich Briefe und Telegramme, Blumen und Geschenke, die Glückwünsche einer mir freundlich gesinnten Welt. Jedes Zeichen dieser Gesinnung habe ich mir langsam, tagelang, eines nach dem anderen, vergegenwärtigt und bedacht. Ich möchte jedem Einzelnen danken. Aber ich muß alle, Freunde und Bekannte, Kollegen und Schüler, Hörer und Leser, bitten, auf einen persönlichen Dank zu verzichten. Sie erweisen mir noch einmal ihre Neigung durch das Verständnis für die Situation des Achtzigjährigen, der glücklich ist über das Wohlwollen und doch beunruhigt durch das Ungenügen seiner Erwiderung.

Basel, den 27. Februar 1963

[Handschriftlicher Nachsatz]
Herzlichen Dank, lieber Herr Hammelsbeck, für Ihre Glückwünsche. Auch ich denke mit Ihnen zwanzig Jahre zurück, als Sie mit einer großen Gruppe mich in der Verborgenheit feierten. Alles Gute für Sie

Ihr Karl Jaspers

95

Basel, den 14. Mai 1963

Lieber Herr Hammelsbeck!

Eben kommt Ihre uns freundlich übersandte Vorlesung vom 3. Mai in Bonn. Meine Frau und ich gratulieren Ihnen herzlich zum Ehrendoktor. Den haben Sie nun wirklich, wie mir scheint, als Theologe verdient. Wir freuen uns herzlich darüber.

Welch ein merkwürdiger Lebenslauf! Er ist Ihnen gelungen, ohne Plan und erscheint im Rückblick so sinnvoll. Doch Sie könnten auch mit Goethe sagen, der im Alter von sich bekannte: Machs einer nach und breche nicht den Hals.

Mit guten Wünschen für Sie und Ihre Familie und herzlichen Grüßen

Ihr Karl Jaspers

96 Wuppertal-Barmen, Ottostraße 23
den 21. Februar 1964

Lieber und verehrter Professor Jaspers!

Zum Sonntag wird Sie mein Gruß nicht mehr erreichen. Aber die guten Wünsche für das neue Lebensjahr für Sie und Ihre Frau werden dadurch nicht vermindert. Den Grüßen schließt sich mein guter Assistent, Dr. Böversen, gerne an. Er ist mir seit Ostern 1963 eine große und immer erfreuliche Hilfe geworden, selbständig und gleichwohl eifrig, weiterzulernen und sich in das für ihn neue Gebiet einer Pädagogischen Hochschule einzuarbeiten. Das ist ihm schnell gelungen. Er hat sich auch die Achtung aller meiner Kollegen und die des Ministeriums erworben, dessen Ltd. Ministerialrat, der unser Ressort innehat, sich auf einer Wochenfreizeit mit den Assistenten unseres Landes, die ich zu leiten hatte, von seinen Fähigkeiten überzeugt hat. So ist jetzt schon vorweg ein Lehrauftrag erteilt worden, dem die Dozentur wahrscheinlich bald folgen wird. Was unser persönliches Verhältnis betrifft, so habe ich an ihm in den beiden „letzten" Jahren meines aktiven Dienstes erfahren dürfen, was gute und gut gebliebene Tradition des Heidelberger „Geistes" mir an neuer, belebender Frische zugetragen hat. Wir verstehen uns bestens. Ich habe einmal in der Woche abends eine „Erziehungswissenschaftliche Sozietät", zu der 18 Studenten höherer Semester von mir eingeladen sind, gegenüber allen sonstigen „Übermassierungen" in den Seminaren eine beglückende Form der Zusammenarbeit. Auch dabei erweist sich B. als vielseitig und umsichtig und zugleich bescheiden hilfreicher Geist, hinsichtlich Hölderlin oder Kierkegaard oder Plato, was so an notwendiger „Improvisation" auftaucht, gleicherweise kenntnisreich. Das tut mir wohl und knüpft die Fäden zu Ihnen zurück über Rossmann.

Wie geht es Ihnen und Ihrer Frau? Ich möchte es wohl gerne persönlich wissen. Meine Frau und ich denken oft an Sie. Die Arbeit geht immer noch voran?! Ich bin – und deshalb auch der Entlastung durch B. froh – in verschiedene Beratungsgremien für den Minister eingespannt, habe zudem noch einen erquicklichen Lehrauftrag nebenamtlich an der neu errichteten PH in Hagen.

Herzliche Grüße und Wünsche

Ihr dankbarer O. Hammelsbeck

97 Wuppertal-Barmen, Ottostr. 23
den 9. September 1964

Lieber, verehrter Professor Jaspers!

Ihnen beiden herzliche Grüße und gute Wünsche! Ich bin sehr froh und dankbar, daß Sie mir Ihren „Cusanus" haben zuschicken lassen. Ich habe schon viel darin gelesen. Im Cusanus-Jahr lag es ohnehin nahe, sich – wenn auch in der geringeren Möglichkeit, die mir zu Gebote steht – bei ihm Rats zu holen und umzutun. Die Überraschung, die sich dabei fand, hat mir Ihr Buch zu einer willkommenen Gabe gemacht.

Da es sich mir aufdrängt, bei der Artikulation der Erziehungswissenschaft, wie sie bei der Frage, ob die Pädagogische Hochschule zu einer wissenschaftlichen Hochschule zu entwickeln sei, mit dem Rätsel, was *Bildung* für heute und morgen sei, fertig werde, waren der Cusaner, Hegel und Hölderlin, auch Kierkegaard und Ihr Philosophieren eine Hilfe. Dabei hat mir Fritz Böversen bestens assistiert; ich hatte mit ihm eine Sozietät mit ausgesuchten 18 Studenten, mehrere Stunden an jedem Mittwochabend. Seit dem Sommersemester ist er Dozent an der Barmer Hochschule. Um es kurz anzudeuten: Ich habe seit 1957 in mehreren Arbeiten und in Arbeitsgemeinschaft mit Kollegen in ganz Westdeutschland die These entwickelt, daß die Erziehungswissenschaft Pädagogik und Didaktik umfassen müsse, Didaktik in der neueren Unterscheidung von dem früheren Sammelbegriff Methodik. Eine sich isolierende Pädagogik verliert den möglichen wissenschaftlichen Anspruch; eine von der Pädagogik isolierte Didaktik tritt auf der Stelle. Diese These hat unter ernst zu nehmenden Kollegen in den Hochschulen und an der Universität Zustimmung gefunden und wird bei den Fragen eines echten Verhältnisses zwischen Universität und Hochschule (z.B. in Ausschüssen der Rektorenkonferenz und des Wissenschaftsrates) aufgenommen und diskutiert. Dies alles schlägt sich auch in einem großen Gutachten nieder, das einem von unserem jetzigen tüchtigen, jungen Kultusminister berufenen Siebenprofessoren-Ausschuß zu erarbeiten aufgetragen ist.

Aber ich wollte ja etwas zu Cusanus sagen. Ich wage ein wenig so zu denken, daß die 500 Jahre sog. Neuzeit, die zwischen ihm und uns liegen, in einer Überwindung des Cartesianismus zusammengerafft, die Größe ihrer Errungenschaften nur retten lassen, wenn wir u.a. dem großen Anlauf seiner Denkbewegung ein neues Feld der Modernität eröffnen. „De deo abscondito" scheint in neuer Präzision fast unmittelbar übertragbar in die heutige Problemlage zwischen Philosophie und Theologie, wie Sie sie zu Ihrem Teil gefördert haben, und zwischen Theologie und den einzelnen Wissenschaften, in denen da und dort – wie etwa bei Weizsäcker u.a. – eine offene Hilfe von der Theologie erwartet wird, die sie nicht leistet, wenn sie weiterhin vorzieht, in ihrem eigenen Saft zu schmoren. Theologisch sind wir, scheint mir, zwischen Cusanus und uns auf dem schmalen Grat der biblischen Offenbarung, durch die zu glauben ist, *wer* Gott ist, vor dem deus absconditus, um zu „erkennen", *was* er nicht ist. Für uns wird nach dem reformatorischen Durchgang (– nicht „reformiert", wie Sie mich vor Jahren einmal mißverstanden! –) Gott nicht mehr als Objekt erkennbar, sondern Subjekt des Glaubens. „De pace fidei" in der angestrebten Toleranz, heute in der weltweiten Solidarität mit den Andersgläubigen und Nichtgläubigen – indem es gilt, den Unglauben als unsere Last auf die Schultern zu packen –, kommt uns zwischen römischem Konzil und Ökumenischer Bewegung als eine unerhörte Aufgabe entgegen. Wie Cusanus lernen auch wir denken – und nicht zuletzt von ihm – bescheidener, aber nicht weniger intensiv. Es gilt vorzudenken, was zwischen den aufgekommenen Spezialismen, nachdem die neuhumanistischen Ansätze ausgelaufen sind, Bildung werden kann.

Vordergründig geht die pädagogische Diskussion um "Ganzheits"methodik, Ganzheitsunterricht, Ganzheitspädagogik. Das zeigt nur Verlegenheit und Hoffnung an. Die Versuche bleiben untauglich und in Illusionen vernebelt. Die Antinomien sind nicht zu übertünchen; sie müssen ausgehalten werden. Vielleicht müssen wir noch einmal ernsthaft den Hegelschen Ansatz einer dialektischen Korrespondenz von Glauben und Wissen gegenüber der formalen Scheidung bei Kant aufnehmen.

Aber dieses sind nur wie aus dem Ärmel geschüttelte Gedanklein, um Sie wissen zu lassen, daß mein Dank für Ihr Buch nicht bloß obenhin gesagt sei.

Das Sommersemester war mein letztes aktives, nachdem ich im Mai 65 Jahre alt geworden war. Am 11. November werde ich hier verabschiedet. Ich bleibe noch weiter in der neuen Päd. Hochschule Hagen, die ich mit dem Wagen in 35 Minuten erreiche. Auch sonst bleibt viel Arbeit. Mit Waldtraut war ich im August auf der Donau und in Wien; sie ist zur Oberin in Detmold gewählt und tritt im März ihr Amt an. Zur Zeit haben wir unseren zweiten 6jährigen Enkel (Reinharts Sohn) bei uns; auch Gudrun und ihren Dreien geht es gut.

Ihr

O. Hammelsbeck

98 Wuppertal-Barmen, Ottostraße 23
[Ende 1965]

Liebe, verehrte Jaspers, beide!

Über einen Monat ist es her, daß ich zu meiner kurzen Visite bei Ihnen war. Die Erinnerung ist lebhaft, und ich bin froh, Sie beide nach überwundener Krankheit so wohl angetroffen zu haben. Einiges hat mich weiter beschäftigt.

Sie meinten, als Christ dürfe ich nicht sagen, für mein Enkelchen sei es gut, an der Enzephalitis gestorben zu sein, die hingebende Pflege auch an einem verblödeten Kinde sei gerade das Geforderte. Ich möchte mein Votum dennoch verteidigen und Ihnen erklären. Was heißt überhaupt: als Christ? Ich wehre mich dagegen. Wieso bin ich das, und welche Bindungen seien mir damit auferlegt? Es gibt zwar in der „Nachfolge" gewisse spezifische Einengungen, besser Eingrenzungen, die etikettierend wirken, ohne es zu sein. Aber in der Nachfolge zu sein, kann sich niemand zu behaupten herausnehmen; sie ist für den Redlichen immer nur ein unwillkürliches Überkreuzen jenes Passionsweges, um eine Weile mitgehen zu dürfen, ohne daraus Moral und Gesetz zu machen. Der Glaube ist nicht ein solcher, daß durch ihn bestimmt werden könnte, wie in diesem und jenem Falle nach Registern des Verhaltens zu verfahren sei. Ihre Folgerung, daß eine liebend-pflegliche Hingabe gefordert sei, bejahe ich freilich voll und ganz. Wir wissen aus der Pflege in Bethel, wie in der stummen Dankbarkeit für eine solche Treue das Menschliche aufflammen kann. Selbst wenn es das nicht täte, bliebe die Forderung. Wäre unser kleiner Junge am Leben geblieben, gälte sie gegen das leiseste Aufkommen von Euthanasie-Rechtfertigung, der Sie mit Recht entgegensprachen! Aber was hat das mit dem unsentimentalen Urteil zu tun: gut für das Kind, daß es hat sterben dürfen, – ja sogar im Verein mit der fast dankbaren Erleichterung, seiner Mutter in den Pflichten für seine Geschwister und den Ehemann notwendige Folgen erspart zu wissen? Die Entscheidung für das Sterben dieses von uns allen sehr geliebten Kindes war nicht die unsere; sie war nicht einmal in der Nähe des Wünschbaren. Die Entscheidung haben wir in einem ungleichen Maß von Trauer und Dank hingenommen. So erscheint das Ereignis und das Urteil als in sich „sinnvolles“ Geschehen, das ich weder als christlich noch als unchristlich, aber auch nicht dem „Ja Christi“ entfallend, bezeichnen zu sollen meine.

In und außer diesem Zusammenhang sei mir erlaubt, im Dank für Ihr Büchlein wenige, nicht ausreichende Bemerkungen zum Problem „Chiffer“ anzufügen (132; 137 f.) Was Sie vorschlagen, haben Sie uns schon in vorhergehenden Schriften bekannt gemacht; die knappe Formulierung im Rundfunk-Vortrag genügt jedoch, was ich gerne dazu sagen möchte. Immer schon ist mir einleuchtend, was Sie im Unterschied zu den „Vorstellungen“ in der Subjekt-Objekt-Spaltung hinsichtlich des „Bedeutens“ vorbringen: bei den Chiffern ein Bedeuten, aber „Bedeuten nicht Etwas“. Ich kann diese philosophischen Kategorien bis in theologisches Denken hinein gelten lassen, bis zu einem artikulierten Ja, was den „auferstandenen Christus“ betrifft: „Aber alle Zeugnisse bezeugen den Glauben der Jünger, nicht die Realität ihres Glaubensinhaltes“ (133). Ich gehe mit bis zu dem für mich nicht mehr vollziehbaren letzten Absatz des Kapitels (136). Dieser erscheint mir zu kurzschlüssig apodiktisch.

In dem noch nicht abgeschlossenen Manuskript eines zum Erscheinen im Frühjahr vorgesehenen Buches, das in bezug auf den „evangelischen Lehrer“ auch Probleme der Hermeneutik und Didaktik behandelt, findet sich, ohne daß ich im Rahmen des Briefes darauf eingehen kann, ein ähnlicher Satz: „Im Glauben der Jünger an den Auferstandenen – in der Verwandlung ihres vorösterlichen Unglaubens –, *wie* er uns in seiner Wahrhaftigkeit durch die Evangelien bezeugt wird, ist im Umsatz von Hermeneutik und Didaktik der Ursprung für jeden adäquaten Christenglauben im Gehege der von ihm ergriffenen, zum Weitersagen geforderten Gemeinde. Hier ist die Offenbarung am unmittelbarsten kontakt und kontingent.“

Nicht eingehen will mir der Satz (135) von „ihren (der Chiffern) Kämpfen“. Haben sie eine eigendämonische Kraft? Kämpfen Chiffern miteinander im ideologischen Streit? Gibt es parallel zur „Entmythologisierung“, über deren Problematik ich ähnlich denke wie Sie, eine „Dechiffrierung“, weil aus dem Vorhang der Chiffer, ihre fahle Bedeutsamkeit enthüllend, die Wahrheit den ergreift, der die Chiffer denkt? „Gott ist eine Chiffer.“ Er wird vom Menschenkinde chiffriert gedacht, auch wo es nur kraft Überlieferung von ihm hat hören lernen – im

Sinne einer willigen Kenntnisnahme. Der Christenlehre ist verheißen, aber nicht gesichert, mehr zu übermitteln als das, was als „Chiffer" wirksam werden kann. Gott als Chiffer mag auch nicht mehr „bedeuten" als die Kontinuität einer Geltung zwischen Glauben und Wissen. Glauben geschieht nur von Mal zu Mal in der Dechiffrierung im Durchstoß durch die Transzendenz vom „Transzendentalen" her, in der Unmittelbarkeit der Offenbarung, in der Dechiffrierung des Absconditus, im Ergriffensein meiner Existenz. Die Einsamkeit „in meiner Existenz" des unverwechselbaren Glaubens ist sozusagen „das Christliche" kat'exochen, anhand des Kanons Alten und Neuen Testaments, je und dann die unmittelbare Nähe Gottes (Sinai im Bilder- und Namenverbot als Vorgabe in Verheißung), wie er sich dem Mose für alle bekannt gemacht hat: Ich bin, der ich sein werde. Ich leugne nicht, daß es „viele Alte Testamente" (Söderblom) im Offenbarungswillen des einen unaussprechlichen Gottes gibt, – auch als „der jüdische Gott" – wie Sie, Frau Jaspers, sagen, als den in den heidnischen Religionen mit am Werk. „Mission" kann es nur geben – bußfertig gegenüber ihrer notorischen Verkehrung in der allgemeinen Kirchengeschichte – in der diakonischen Offenheit eines zurückhaltenden Anerbietens der Offenbarungswahrheit in Christus (Chiffer: seiner liebenden Hingabe). – Die heutige Ökumenizität im Abbau der Objektivationen – der engstirnigen Objektivationen – und in ehrfürchtiger Distanz vor den nichtchristlichen Bedeutsamkeiten Gottes (als Chiffer) umgreift für die philosophische Vernunft alles an Licht und Schatten der Menschenwelt vor ihm selber. Glaube versteht sich in der Ehrfurcht vor der Dechiffrierung durch ihn selbst.

Gerne noch etwas zu der biblischen Einleitung des XI. Kapitels über die „Liebe". Lassen Sie mich noch einmal, was ich bei früherer Gelegenheit schon versucht hatte, in Ihren Gesichtskreis rücken, was theologisch dazu zu sagen ist! Was Sie zu 1. Kor. 13 sagen, darf gelten als eine philosophische Interpretation, als ob darin eine höchste Tugend reflektiert worden wäre. Davon muß die theologische Exegese geschieden und unterschieden werden. Ihr Kapitel geht auf die philosophisch legitime und gewinnreiche Klärung aus, was „Liebe" als menschliches Vermögen sei – als agape jenseits des eros. Diese Art Immanenz kann sich bis zu Spinozas amor intellectualis Dei erheben. Sie ist theologisch im Paulustext vom 12. Kapitel her – in seinem Briefe nicht in dieser Weise versmäßig unterbrochen, so daß ein exzeptionelles Sonderkapitel abgesondert werden könnte – nicht unmittelbar bedacht. „Hermeneutisch" kann es so nicht gehandhabt werden.

In 1. Kor. 13 wird von der in Christus erhellten „göttlichen" Liebe geredet, ohne die der Mensch kein entsprechendes Wesen hat. Darum würde ich im Humanbereich die Unverwechselbarkeit dadurch beachten wollen, daß der „vielfache Sinn des Wortes (Liebe)", von dem Sie schon unter 1 sprechen, als „Güte" bezeichnet wird, als mögliche Folge, menschenmögliche Folge im Glaubensgehorsam des paulinischen „Liebeshymnus". Was bedeutet demgegenüber: „Unvergeßlich sind diese Worte" (137)? Sie sind es zweifellos: „Wir stimmen ein." Worin stimmen wir ein? Wieweit hat diese Übersetzung durch Luther in der Kette der Überlieferung den Zauber dieser stimmungsgeladenen Unvergeßlichkeit bewirkt? Bewirkt sie auch der Urtext oder z.B. die englische Übersetzung? Der Dichter in Luther hat unser deutsches Gemüt mitgeschaffen und beeindruckt. Beeindruckt sie hierin unsere „entdeutschte" Jugend noch? Hier entsteht ein theologisch-philosophisches Problem der Mitteilungsmöglichkeiten.

Dem kurzen Abschiedsgespräch mit Ihnen, verehrte Frau Jaspers, das Sie so freundschaftlich einleiteten, möchte ich einiges erläuternd und läuternd hinzufügen, um meine erste Antwort nicht so „frech" stehen zu lassen. Ihre Klage, mit den Schrecken des Hitler-Krieges Deutschland als Heimat verloren und die Schweiz nicht mehr gewonnen zu haben, und über den letztjährigen Tod Ihrer Schwägerin Ella, die ich auch kannte, zielte auf jene Heimatlosigkeit hin, die Sie metaphorisch so ausdrückten: „Mit dem einen Auge blicke ich auf den jüdischen Gott." Ich fragte spontan rüde, aber nicht ohne Verstehen Ihrer Äußerung, zurück: ob es den gebe, einen jüdischen Gott? Ich meinte damit nur: Gott ist einerseits wie Pascal es in seinem Memorial bekennen konnte: der Gott Abrahams, Isaaks und Jakobs, der Vater Jesu Christi – und, sich überwindend, hinzufügte: nicht der Philosophen Gott. Wohin blickt das andere Auge? Da es, um im Bilde zu bleiben, nicht schielsüchtig zugleich auf den „Gott der Philosophen" blicken kann, wird es so lange zugehalten sein, bis vom gesättigten Blick des einen Auges wieder beide auf den Gott der Chiffern blicken können. Ich muß Ihnen gestehen, daß es mir ähnlich ergeht und daß ich Ihnen nachfühlen kann, wie sehr die jüdischen Feste im Septembermonat Ihnen jene Geborgenheit haben transparent werden lassen, die dem flüchtigen Erdenkinde der überaus schmerzlichen Erfahrung ermangelt. Ich muß aber hinzufügen, daß „der Philosophen Gott", über dessen – nichtjüdische, fast christliche und nichtchristliche, fast jüdische – Erfahrbarkeit Ihr Mann so viel Aufschluß hat geben können, auch immer in meinem Blick bleibt, wenn ich das andere Auge, das Sie in freundlicher Ironie das theologische nennen, zuhalte. Wie sollten wir sonst den weiter oben bezichtigten Abschnitt der „Kleinen Schule" (136) überblenden können?

Ich war sehr froh über meinen Besuch bei Ihnen beiden und hoffe, bei Gelegenheit ihn wiederholen zu dürfen. In Freiburg habe ich am nächsten Tag unsere Studenten verlassen und bin 10 Tage mit Waldtraut, der „Frau Oberin", in Badenweiler bei Sonnenschein und Schwimmen zusammen gewesen. Dann gab es ein Assistenten-Seminar zu leiten und hernach beim 6. Pädag. Hochschultag in Berlin mitzutun.

Herzliche Grüße und Wünsche, auch von meiner Frau,

Ihr getreuer O. Hammelsbeck

99 Barmen, den 15. Juni 1966

Lieber, verehrter Herr Jaspers!

Heute ist in der verbreiteten Monatsschrift „Kirche in der Zeit“ meine lange Besprechung Ihres Buches über den „Philosophischen Glauben angesichts der Offenbarung“ endlich erschienen. Sie werden das Heft gewiß bald vom Verlag zugeschickt bekommen. Deshalb muß ich vorweg erklären, daran unschuldig zu sein, daß der Setzer kraft seiner höheren Sprachgewalt, obwohl ich den Wechsel in Ihrer Terminologie seit 1947 von „Chiffre" zu „Chiffer" im Manuskript deutlich gemacht hatte, 16mal weiter „Chiffre" gesetzt hat. Leider verschickt die Schriftleitung ihren Aufsatzautoren keine Fahnenabzüge. –

Ich freue mich über das Erscheinen Ihrer politischen Schrift, über die wir im September sprachen, und freue mich meiner Zustimmung. Ich nahm vom Abdruck im „Spiegel“ Kenntnis. Ist es frech, nach Gewohnheitsrecht ein Exemplar durch Sie zu erbitten?

Im August wollen wir in den Teutoburger Wald bei Detmold ziehen, wo wir einen Bungalow in herrlicher, freier Landschaft kaufen konnten.

Herzliche Grüße an Sie beide,
hoffend, daß es gut geht,

Ihr getreuer O. Hammelsbeck

100 Heiligenkirchen über Detmold,
Haus 404, den 21. Februar 1967

Liebe und verehrte Jaspers!

In herzlichem Gedenken Ihrer beider Geburtstage in diesem Monat sende ich die besten Wünsche und Grüße, auch im Namen meiner Frau. Die kleine Beilage betrifft eine kritische Stellungnahme zu den Friedenslosungen, vor allem des diesjährigen Kirchentags in Hannover. Ich hoffe, daß sie Ihren Beifall findet. Die Zeitschrift konnte sie nicht auf einmal bringen und läßt den Schluß in der nächsten Nummer folgen, die ich dann am 1. März nachsenden werde.

Wie mag es Ihnen weiterhin gesundheitlich ergehen und ergangen sein, seit ich Sie vor bald anderthalb Jahren in kurzer Unterbrechung unserer Studentenexkursion, die Dr. Böversen leitete, besucht habe.

Bei uns hat sich das Leben wenig, aber entschieden verändert, nachdem wir im August von Wuppertal weg hierher umgezogen sind. „Unser Oma ihr klein Häuschen“; meine Schwiegermutter, die 90-jährig im Oktober 1965 verstarb, hat uns so viel vermacht, daß wir die Anzahlung für den Bungalow gut leisten konnten. Er liegt frei in großem Garten, mit weitem Blick in die lippische Hügellandschaft, immer aufnahmebereit für freundliche Besucher und die Enkelfamilien (mit ihren je vier Kindern).

Im November gab es einen „Schreck in der Morgenstunde", als meine Frau beim Erwachen den Verlust der halben Sehkraft auf dem linken Auge feststellen mußte: Netzhautablösung. Die Operation in der Essener Augenklinik ist gut gelungen, wenn auch erst langsam das Differenzierungsvermögen wieder kommt; aber es kommt. Glücklicherweise konnten wir eine solide "Bück"hilfe für zwei Wochenvormittage bekommen.

Waldtraut, nun Oberin des Diakonissenhauses in Detmold, kommt, so oft sie kann, zu Besuch. Sie ist für 350 Schwestern da, viel auf Reisen und viel auf Rüstzeiten im Hause.

Alle 14 Tage fahre ich während des Semesters für je zwei Tage in die Hochschulen nach Hagen und Barmen. Sonst holt mich der Garten zur Arbeit und der Schreibtisch zur endlichen Fertigstellung eines Buches über „Didaktik und Methodik". Das macht beides Freude.

Ich brauche also auch noch nicht zu sagen, daß ich „der Welt abhandengekommen bin", noch sie mir. Aber ledig fast aller Nebenämter darf nun die Kontemplation überwiegen.

Von Herzen alles Gute!

Ihr getreuer O. Hammelsbeck

101

Heiligenkirchen ü. Detmold
Haus 404, den 15. Oktober 1967

Liebe, verehrte Freunde Jaspers!

Unsere Waldtraut ist aus der Schweiz zurück und hat berichtet. Ich hatte sie gebeten, den Aufenthalt von gut einer Stunde beim Umsteigen in Basel zu benutzen, um kurz bei Ihnen hineinzuschauen und Sie zu grüßen. Aber der Zug von Zürich hatte so viel Verspätung, daß es nur zu dem unglücklichen Telefonanruf langte und dazu, Ihnen einen kleinen Blumengruß schicken zu lassen.

Ich war etwas in Unruhe, weil ich seit meinem Kurzbesuch im September vor 2 Jahren nichts Persönliches mehr von Ihnen gehört hatte. So hat Sie – wie Waldtraut erfuhr – eine Lungenentzündung in große Sorge getrieben. Wie gut, daß sie überwunden werden konnte! Die Schaffenskraft ist dadurch nicht allzulange gelähmt worden, wie wir es den „Bestsellerlisten" im „Spiegel" und anderswo entnehmen können!

Sehr gerne hätte ich durch den Besuch die zweitjüngste Oberin Deutschlands vorgestellt. Sie waren seinerzeit „gegen" diese Berufswahl; sie hat sich als glücklich und gelungen erwiesen. Großes Vertrauen der ihr Anvertrauten läßt sie das schwere Amt tragen. Wir freuen uns daran, sooft wir sie im Mutterhaus besuchen. Auch Reinhart und Gudrun und ihren Familien geht es gut. Haus und Garten hier nehmen sie immer wieder als willkommene und fröhliche Gäste auf. Meine Frau ist im vorigen Herbst an einer Netzhautablösung operiert worden, so daß ihr das Augenlicht erhalten blieb. Ich selber habe in den Semestern noch alle zwei Wochen Vorlesungen und Seminare in Wuppertal und Hagen.

Sonst schreibe ich an einem Buch über „Pädagogik und Didaktik", das ich über den Winter fertigzustellen hoffe. Wir fühlen uns wohl in der Ruhe dieser Abgelegenheit; ich lebe ein wenig nach dem Voltaire-Wort aus dem „Candide": „Wohl geredet –, aber nun müssen wir unseren Garten bestellen", das ähnlich auch von Kant im „Geisterseher" zitiert wird.

Alle guten Grüße und Wünsche von meiner Frau und Ihrem treuen

O. Hammelsbeck

102

Heiligenkirchen über Detmold,
Haus 404, den 13. Dezember 1967

Lieber, verehrter Professor Jaspers!

In der letzten "Spiegel"ausgabe las ich Ihre autobiographischen Notizen. Diese haben mich eigentümlich und seltsam berührt; – seltsam, indem ich darauf "antworten" muß und damit Ihnen und Ihrer gleicherweise verehrten Frau einen Weihnachtsgruß schicken möchte. Max Weber, dem Sie in der "Schüchternheit", die Sie vor ihm empfanden, die Reverenz der Dankbarkeit darbringen, war Ihr Lehrer, wie Sie der meine geworden sind. Darf ich sagen, daß es mir Ihnen gegenüber, seit Sie meine Denkungsart "al pari" mitbestimmt haben, fast ebenso ergangen ist? Wir spüren erst im Alter, was wir unseren wirklichen Lehrern verdanken; wir sind in einer seltsamen Weise erstaunt, wie ähnlich das eigene Dasein im Denken und Handeln geprägt wurde. Ich lese Ihren Bericht wie als Blick in einen Spiegel, der in die kleineren Maße meines Lebens reflektiert, was in einer gleichen Erfahrung und Bereitschaft verlaufen ist. Sie wollten nicht prägen; aber die Selbständigkeit, zu der Sie uns veranlaßt haben, die haben Sie in dieser Freiheit der Beziehung auch zur Erfüllung geleitet!

Bis ins einzelne erkenne ich die Parallelen in der Lebenserfahrung, – ungewollt und ohne Nachahmung als eine Wiederholung im kleinen, auch als ähnliches Glück und als ähnlichen Triumph. Was ich Ihnen und der vom Universitäts-"betrieb" abgehobenen Heidelberger Atmosphäre danke, ist eine „Behauptung der Person", zu der ich in jener erst die Mittel erwarb. Es ist die so angeleitete und erworbene Freiheit, sie, um der jeweiligen Forderung des Tages zu entsprechen, gegen die herabziehenden Geister der Widersacher zu behaupten. Was Sie von der Freiheit des Professors in der „bedingungslosen Freiheit" der Universität bezeugt haben, ist mein Feld in der Verantwortung der werdenden Pädagogischen Hochschule zwanzig Jahre lang gewesen; wie schwer, aber unnachgiebig das wurde, habe ich sowohl unter Kollegen als auch unter den Regierenden durchleiden müssen, – Leiden als Wohltat des unabhängigen Bewußtseins für Recht und Notwendigkeit.

Kultusminister Schütz schrieb in seinem Grußwort zur Eröffnung des Neubaus 1957: „Aus Gesprächen mit Dozenten und Studenten der Wuppertaler Akademie erinnere ich mich dankbar, daß an ihr das Wort F r e i h e i t groß geschrieben wurde." – „Dankbar" ohne Dank! Bald nach diesen unverbindlichen Worten das praktische Gegenteil: Als ich gegen seine disziplinären Maßnahmen antrat, um Recht und Freiheit einer Kollegin als Hochschullehrerin zu verteidigen, fiel ich in Ungnade, zumal ich als ultima ratio einen „Offenen Brief an meinen Minister" gewagt hatte.

Das zu exerzierende Bewußtsein von professoraler „Staatsunabhängigkeit" als stets verpflichtende Dienstbereitschaft für den Staat mußte gegen das feige Wortgeklingel von Kollegen bis an den Rand eines von seiten der CDU beantragten Disziplinar-Verfahrens durchgehalten werden. In Schütz-Nachfolger Mikat erlebte ich einen besseren und fairen Kontrahenten. Daß es mir unbehaglich wurde, als ich es ablehnte, mir zur Verabschiedung das Bundesverdienstkreuz um den Hals hängen zu lassen, gehört ganz ähnlich zu Ihrem Verhalten im Falle Gumbel-Remmele. Auch den jovialen Mächtigen zu widerstehen, wenn sie scheinbar gleiches, aber nicht dasselbe meinen, gehört zu jener Behauptung der Person.

Vielleicht auch, daß in diesem Geist keine Stunde des Zögerns eingetreten ist, dem kommenden Dritten Reich und dessen wiederholten Bedrohungen in der gleichen inneren Abwehr zu begegnen und zu entgehen, ist nicht ohne diese Wahlverwandtschaft denkbar. Daß meine Eheliebste alle diese Unwegsamkeiten nicht nur bejaht, sondern aus eigener Entscheidungskraft ermutigt hat, wirkt als eine der Überraschungen jener tyche des zufallenden, nachhaltigen Glücks, dessen Geheimnisse jede zerredende Antwort verbietet. Ebenso ist es eine der nichts als Dank herausfordernden Unbegreiflichkeiten, in der scheinbaren Ausweglosigkeit unter das Evangelium geführt worden zu sein, das dieses Dunkel zu einem erhellenden Lebensweg in der „Freiheit eines Christenmenschen" hat werden lassen, von dem aus alle unsere Kinder unbeeinflußt in die gleiche offene Verbindlichkeit versetzt worden sind.

Man schüttelte, abgesehen von einigen erhabenen Geistern, wie z.B. Dietrich Bonhoeffer, den Kopf, daß ich Mühe und Wagnis auf mich nahm, 1942/43 die Festgabe zu Ihrem 60. Geburtstag als Ausdruck ebenbürtiger Gesinnung aus dem europäischen Umkreis zu sammeln; man fand es absurd, daß ich damals Ihre Frau durch die Heidelberger Gassen begleitete, wo auf 100 m und mehr Abstand jüngere Kollegen in einen Hauseingang auswichen, um nicht in der Öffentlichkeit grüßen zu müssen. Das war nichts Verdienstliches, sondern die Naivität oder Tumbheit im Selbstverständlichen, ohne die wir nicht atmen könnten. Sie hat den Aufschwung in den Hoffnungen 1945/46 bestimmt, wie Sie sie schildern, einem erneuerten Staat und einer erneuerten Kirche die Treue in Mitarbeit und Aufbau zu versichern. Diese brauchten sie doch und haben dann von Jahr zu

Jahr mehr enttäuscht, – Hoffnungen, Kollegen, die gleich uns „noch einmal davon gekommen" waren, in einer gemeinsamen Verantwortung zu verbinden, Kollegen, denen ich kein „Vorgesetzter" sein mochte und die ebenfalls bis auf wenige Ausnahmen enttäuschten. Die Professur sich zur Sinekure schenken zu lassen, wird blamabel für die Befürworter.

Was darüber hinweg tröstet: in den Schülerfreunden zu finden, die – ein ebenso unbegreifliches Ereignis von Tradition – sich „anstecken" ließen und die Freigabe mit einem Gleichmaß der Treue zur Sache vergelten. Wir sind innerhalb schmerzlicher Enttäuschungen nicht indolent geworden, erst recht nicht reaktionär oder den Notwendigkeiten geistiger Umbrüche abhold. Wir erleben in diesen Schmerzen die „fatale" Gegenwart, aber nicht ohne das verbindliche Bewußtsein, heilen zu können, wo noch stellenweise dieser Dienst des Heilens möglich wird. Der „ohnmächtige" Geist ist ein gesunderes Heilmittel als die der politischen und pädagogischen Quacksalber. Diese unsere Arroganz befreit zu bescheidenem Tun. Es bleibt die offene Gemeinschaft mit den Jungen, die uns achten und beachten gelernt haben und nicht in wechselnden Moden wegwerfen, was wir von Max Weber und Karl Jaspers und Dietrich Bonhoeffer her im Trittfassen hochhalten. Und wenn den Jungen diese Namen aus mangelnder Eigenkenntnis nicht mehr das bedeuten wie noch uns, so werden sie durch uns in deren „Glanz" noch ein wenig weitergeführt und führen sie selber weiter durch ihre Wissenschaften, indem diese „Vordergrund" bleiben, der ihnen auch „nicht genügt".

Dazu gehört auch die unvergeßliche „Schuldfrage" in Ihrem Sinne der „politischen Haftung". Ihrem Einstehen für sie seit 1945 läuft die „Schulderklärung" des Rates der EKD vom Oktober 1945 vor den versöhnungsbereiten Besuchern aus der Ökumene parallel. Sie ist ebenso, wie Sie von ihrem damaligen Büchlein meinen, „bis heute unbeachtet geblieben", und doch nicht ganz. Auch in der restaurativen Kirche sind die Herren Bischöfe bald und fast in ein Bedauern abgetreten, daß jene so öffentlich bekannt worden ist, – außer bei Niemöller, Wilm, Gollwitzer und anderen von uns. . . . In der gleichen Verpflichtung wie der Ihren und mit ihr solidarisch vergessen wir das MEMENTO nicht!

Dank also auch Ihnen für das Geleit seit 1921, als Sie mir, dem Rickert-Seminaristen, einleuchtend klar machten, daß man doch nicht als „Stud. philos." isoliert studieren könne, sondern eine „öde" Wissenschaft unter die Füße bekommen müsse. Daher auch Ihr Rat, als 1922 mein ererbtes Vermögen zum Studieren in der Inflation zerrann und ich mich nach einer beschleunigten Abkürzung umsehen mußte, bei Alfred Weber zu promovieren. Nebenbei: Als ich nach langen Jahren 1943 von Frau Jaffé in seine Studierstube eingelassen wurde, war er über die Landkarten gebeugt und redete mich im unkontrollierten Vertrauen sofort an: „Sehen Sie hier, nach den englischen Radioberichten sind die Alliierten gestern hier auf Sizilien gelandet. Großartig!" Von diesem Vertrauen leben wir!

Haben Sie die Erkrankung dieses Jahres mit Hilfe Ihrer getreuen Frau gut überstanden? Gehen Sie beide getrost in das neue Jahr? Ich – und nicht minder meine Frau – wünschen es Ihnen beiden von Herzen!

Mit herzlichen Grüßen

Ihr

O. Hammelsbeck

103 Heiligenkirchen-Schling, 22.2.70

Liebe, verehrte Frau Jaspers!

Die schmerzlichen Tage des Vorjahres rücken Ihnen und uns neu in die Erinnerung. Wir möchten Ihnen sagen, wie herzlich und dankbar wir Ihrer gedenken.

Mit Grüßen, auch an Ihre liebe Hausgenossin und Herrn Saner

Ihre W. und O. Hammelsbeck

104 den 14. Sept. 1970

Liebe, verehrte Frau Jaspers!

Mit Ihrer Karte versehen, erhielt ich das Büchlein aus der Serie Piper. Dafür möchte ich Ihnen und Herrn Saner herzlich danken. Die letzte der Vorlesungen hatte Karl Jaspers noch für die Festschrift zu meinem 70. Geburtstag bestimmt, wofür ich besonders dankbar bin. Da ich von Ihnen es nicht erwarten kann, bitten Sie doch Herrn Saner, mir einmal zu schreiben, wie es Ihnen geht.

Meine Frau und ich denken oft an Sie und Ihre Einsamkeit und grüßen Sie herzlich

Ihr O. Hammelsbeck

105 den 24. Februar 1971

Liebe, verehrte Frau Jaspers!

Wieder denken wir in den Tagen dieser Woche ganz besonders an Sie und zu Ihrem Geburtstag mit allen guten Wünschen. Wir freuten uns, von Dr. Saner zu hören, daß es Ihnen nach einer Erkrankung im vorigen Jahre wieder gut geht.

Herr Piper schrieb mir, daß zum Herbst der Erinnerungsband erscheinen soll. Auch darüber freuen wir uns.

In unserer Familie geht es gut. Morgen wird unsere jüngste Tochter 36 Jahre alt. Wir wollen hinfahren. Im Garten regen sich die ersten Sprößlinge und Knospen und rufen mich in die Arbeit im Tausch mit dem Schreibtisch.

Grüßen Sie bitte von mir Ihre guten Hausgeister und Dr. Saner, auch Rossmanns, wenn sie zum Besuchen kommen.

Herzlich und dankbar

Ihre Waldtraut und Oskar Hammelsbeck

106 [zum 95. Geburtstag am 26.2.1974]

9 5 ! Liebe, verehrte Frau Jaspers!

Und schon 5 Jahre einsam, ohne Austausch mit Karl Jaspers! Wir gedenken Ihrer in Dankbarkeit und Verehrung und wünschen herzlich, daß Sie sich den Umständen entsprechend wohl und geborgen finden möchten!

Unsere Tochter Gudrun hat nach 8 Jahren Pause noch ein 5. gesundes Kind bekommen, nach 2 Töchtern und 2 Knaben noch einmal einen Sohn. Er ist ein reizendes Kind, und seine Geschwister haben ihn voll in ihre Gemeinschaft aufgenommen.

Ich hoffe, daß in diesem Jahre noch ein Buch von etwa 230 Seiten von mir herauskommen kann, das ich dem Andenken von Karl Jaspers und Dietrich Bonhoeffer widmen will: Das Problem der Erziehbarkeit.

Meine Frau und ich grüßen Sie herzlich

Ihr O. Hammelsbeck

Bitte grüßen Sie auch Hans Saner!

ANHANG

Die im Deutschen Literaturarchiv Marbach a.N. aufbewahrten Briefe von Jaspers und Hammelsbeck wurden mir in 65 Kopien zugänglich und werden mit K gekennzeichnet. Im Nachlaß von Hammelsbeck fanden sich darüber hinaus noch 30 Originale und 21 Durchschläge, die mit O bzw. D abgekürzt vermerkt werden. Handschriften werden mit Hs und maschinenschriftlich verfaßte Briefe mit Ms bezeichnet.

Offensichtliche Tippfehler oder Kommafehler wurden berichtigt. Ergänzungen werden durch [ ], Auslassungen wegen Belanglosigkeit oder Unlesbarkeit werden durch .... markiert. Die Erläuterungen konzentrieren sich auf das Notwendige. In vielen Fällen wurde auf Meyers Enzyklopädisches Lexikon zurückgegriffen.

Erläuterungen zu den Briefen

1 K Hs

Heinrich Rickert (1836 - 1936); seit 1916 Professor für Philosophie in Heidelberg; vertrat im Unterschied zu Jaspers eine wissenschaftliche Philosophie, die eine Erkenntnis der Welt in ihrer Totalität zu leisten verspricht; er hatte sich der Berufung von Jaspers widersetzt. Er las im Sommersemester 1919 „Einleitung in die Philosophie"; im Wintersemester 1919/20 hielt er „Übungen zur Erkenntnistheorie"; als bedeutend gilt sein Werk „Der Gegenstand der Erkenntnis" (1892; 1928[6])

Wilhelm Windelband (1848 - 1915); nach Professuren in Zürich, Freiburg und Straßburg ab 1903 Philosoph in Heidelberg; neben Rickert Begründer der südwestdeutschen Schule des Neukantianismus; richtungweisend wurde seine Unterscheidung von nomothetischen Naturwissenschaften und individualisierenden bzw. ideographischen Kulturwissenschaften; als Standardwerk gilt sein „Lehrbuch der Geschichte der Philosophie" (1892, 1957[15]); Hammelsbeck mag auch „Die Geschichte der neueren Philosophie . . ." (2 Bände, 1878-80) neben „Präludien" (1884) gelesen haben. . . Hammelsbeck belegte die Jasperssche Veranstaltung über Hegels „Phänomenologie des Geistes".

Emil Lask (1875-1916), Schüler Rickerts, 1910 Philosophieprofessor in Heidelberg; „Logik der Philosophie und Kategorienlehre" (1911).

Georg Simmel (1858-1918), deutscher Soziologe und Philosoph; „Kant. 16 Vorlesungen" (1904), „Goethe" (1913).

Ernst Cassirer (1874-1945), deutscher Philosoph, der 1933 als Jude emigrierte; „Die Philosophie der symbolischen Formen" (3 Bände 1923-29).

Sören Kierkegaard (1813-1855), dänischer Theologe, Schriftsteller und Philosoph, dessen Begriff der Existenz für Jaspers wesentliche Bedeutung erlangte, wenn er sich auch von Kierkegaards Verständnis der Offenbarung und des Christseins distanzierte; u.a. „Entweder-Oder" (1843), „Philosophische Brocken" (1844), „Abschließende unwissenschaftliche Nachschrift" (1846), „Die Krankheit zum Tode" (1849), „Einübung im Christentum" (1850), „Der Augenblick" (1855); Hammelsbeck bezieht sich auf die von Hermann Gottsched und Christoph Schrempf herausgegebenen 12 Bände der „Gesammelten Werke".

Heinrich Maier (1867-1933), Philosoph und Psychologe, las im Sommersemester 1919 „Allgemeine Psychologie"; „Psychologie des emotionalen Denkens" (1908).

Emil Lucka (1877-1941), österreichischer Schriftsteller; „Die drei Stufen der Erotik" (Essays 1913).

Oswald Külpe (1862-1915), deutscher Philosoph und Psychologe; Begründer der gegen Assoziationspsychologie und Sensualismus gerichteten Denkpsychologie; u.a. „Einleitung in die Philosophie" (1895, 1928[12]).

2 K Hs

Jaspers hatte Hammelsbeck zum 13.12.1919 eingeladen, aber dieser hatte abgesagt, „um den Tag nach Hause zu fahren", aus „Furcht vor Blamage, weil ich wußte, daß ich nichts wußte. Es war die Angst, mir Blößen zu geben und dumm zu sein. Ich habe das ganze Jahr etwas daran gekrankt und suche diese Verbindung wieder anzuknüpfen" (Tagebuch am 11.12.1920).

In einer Tagebuchnotiz vom 27.5.1921 erwähnt H. einen „Essay, der sich schwülstig 'Weltanschauung des täglichen Lebens' " betitelt, den er am 25. 6.21 als „vollkommen stümperhaft in Disposition und Ausführung" bezeichnet. H. gehörte der „Rupertia" an.

3 K Hs

H. hatte sich heimlich mit der erst siebzehnjährigen Waldtraut Dittrich verlobt; er heiratete sie am 22.5.1923.

Romain Rolland (1866-1944), französischer Schriftsteller, erhielt 1915 den Nobelpreis; bedeutenden Widerhall fanden seine Biographien über Beethoven, Händel, Tolstoi, Mahatma Gandhi. Hammelsbeck zitiert in seiner Arbeit „Über den Sinn des Tagebuchschreibens" aus Rollands „Johann Christof", wie auch ausführlich aus Tolstois Tagebüchern.

4 K Hs

Hammelsbeck promovierte am 3.5.1923. Dem Rat des Nationalökonomen Alfred Weber folgend, verfaßte er eine Dissertation über das Thema „Der Zollanschluß des deutschen Saargebietes an Frankreich". Die Inflation ließ seine Pläne platzen und nötigte ihn, einen „Brotberuf" anzusteuern. Das Rigorosum erstreckte sich auf Allgemeine Sozialwissenschaft und Soziologie bei Alfred Weber, Volkswirtschaftslehre bei Gothein, Handelsrecht bei Heinsheimer, Mittelalterliche Kunstgeschichte bei Carl Neumann.

Max Weber (1864-1920), Wirtschaftshistoriker und Soziologe, von Jaspers als der größte Philosoph seiner Zeit verehrt; Mitarbeiter des Vereins für Socialpolitik und Mitbegründer der Deutschen Demokratischen Partei; Begründer der Religionssoziologie; schuf die methodologischen Grundlagen für eine historisch orientierte Kultur- und Sozialwissenschaft (Werturteilsproblematik) – „Gesammelte Aufsätze zur Religionssoziologie“ (3 Bände 1920/21, 1972/76[5-6]), „Gesammelte Aufsätze zur Wissenschaftslehre“ (1922, 1973[4]); verheiratet mit Marianne Weber, der Hammelsbeck freundschaftlich verbunden war.

Alfred Weber (1868-1958); Bruder von Max Weber; ab 1907 Professor für Nationalökonomie in Heidelberg, zog sich 1933 ins Privatleben zurück, nahm 1945 seine Lehrtätigkeit wieder auf; Hammelsbeck blieb seinem Doktorvater zeitlebens verbunden – „Abschied von der bisherigen Geschichte“ (1946), „Der Dritte oder der Vierte Mensch“ (1953).

Die Deutsch-Saarländische Volkspartei umfaßte die Vereinigte Liberale und Demokratische Partei. Hammelsbeck war auch in der Denkschriftenredaktion des innerparteilichen Ausschusses an den Völkerbund tätig; trat am 1. 11.30 aus der Partei aus.

Von Oktober 1923 bis Dezember 1926 leitete er die Pianofortefabrik Julius Deesz.

Am 22.5.1923 wurde Hammelsbeck mit Waldtraut Dittrich kirchlich getraut, nachdem er am 21.1.1923 „wegen Wohnbewilligung zum Standesamt“ geschritten war (H. in einem Brief an Walter Erben vom 14.2.1973).

Carl Neumann (1860-1934); bedeutender Kunsthistoriker, seit 1911 Professor in Heidelberg; Hammelsbeck besaß „Rembrandt“ (2 Bände 1902, 1905[2], 1924[4]).

5 D Hs

Hammelsbeck leitete ab 1. Januar 1927 hauptamtlich die von ihm im Herbst 1926 gegründete Volkshochschule Saarbrücken. In Vorlesungen, Arbeitsgemeinschaften und Freizeiten bedachte er mit seinen Hörern Fragen der Sozialwissenschaften, der Philosophie wie der Erziehung und Bildung. Es läßt sich nicht mehr ermitteln, um welche Aufsätze es sich handelt. Das Interesse konzentrierte sich auf eine selbstkritische Bestandsaufnahme der Erwachsenenbildung und auf Fragen der Ehe, wie es literarisch in Aufsätzen greifbar wurde, z.B. 1930/31: „Der Wirkmangel des humanistischen Bildungsideals in der Volksbildung“, „Um das ABC heutiger Erwachsenenbildung“, „Die Überwindung des Liberalismus in der freien Volksbildung“, „Frauenfrage und Erwachsenenbildung“, „Richtlinien für die formale Bestimmung der Abendvolkshochschule“, „Arbeit und Beruf als Bildungsproblem“, „Die Familie, und was das heutige Leben von ihr fordert“, „Kinder in der Ehe – Der Kampf um den § 218“.

Marianne Weber (1870-1954), heiratet 1893 Max Weber. Hammelsbeck war ihr über Jahrzehnte freundschaftlich verbunden; als Student hatte er 1921 ihr Buch „Ehefrau und Mutter in der Rechtsentwicklung“ (1907) erworben und erhielt 1935 als ihr Geschenk „Die Frauen und die Liebe“.

Das Vorhaben einer zusammenfassenden Darstellung der Bildungsprobleme ist nicht verwirklicht worden. Es erschienen 1932 nur einzelne Aufsätze, wie z.B. „Der politische Irrtum der freien Volksbildung“, „Grundsätzliches zur Problematik von Berufsbildung und Erwachsenenbildung“, „Kulturpolitische Aktion der deutschen Volkshochschule“.

6 O Hs

7 D Hs

8 K Hs

Die „Deutsche Schule für Volksforschung und Erwachsenenbildung“ veranstaltete eine Arbeitswoche auf der Comburg vom 9.-14. März 1931 über das Thema „Frauenfrage und Erwachsenenbildung“, worüber Hammelsbeck in „Freie Volksbildung“ Heft 4, Juli 1931 berichtet hat.

9 D + K Hs

E. Geismar „Sören Kierkegaard, seine Lebensentwicklung und seine Wirksamkeit als Schriftsteller“ (deutsch 1929).

Karl Heim (1874-1958), ev. Theologe; vermutlich ist das Buch „Glaube und Denken. Philosophische Grundlegung einer christlichen Lebensanschauung“ (1931) gemeint.

Hans Weil „Die Entstehung des deutschen Bildungsprinzips“, 1930.

Eberhard Grisebach (1880-1945), Professor für Philosophie und Pädagogik in Jena und Zürich, stand der dialektischen Theologie nahe; vermutlich waren Hammelsbeck bekannt „Probleme der wirklichen Bildung“ (1923), „Die Grenzen des Erziehers und seine Verantwortung“ (1924), „Gegenwart. Eine kritische Ethik“ (1928).

10 O Hs

Die „Deutsche Schule für Volksforschung und Erwachsenenbildung“ hatte gemeinsam mit dem „Institut für Sozial- und Staatswissenschaften an der Universität Heidelberg“ vom 25. bis 28. April 1929 eine Konferenz „Universität und Volkshochschule“ veranstaltet. Hammelsbeck berichtet in einem Brief an Eugen Rosenstock-Huessy vom 5.6.1929, daß Alfred Weber und Karl Jaspers bei seinen Besuchen hervorgehoben hätten, „daß sie etwas für sie ganz Neues in der Volksbildung gelernt und erkannt hätten“. Das Referat von Jaspers über die Universität hinterließ einen tiefen Eindruck. Es ist nicht abwegig anzunehmen, daß Jaspers durch diese Tagung angeregt wurde, sich über die Forderung der Erwachsenenbildung im Göschen-Band 1000 „Die geistige Situation der Zeit“ (1. Auflage 1931, S. 94-95) zu äußern.

11 K Hs

René Schickele (1883-1940), elsässischer Schriftsteller; in der Reichsausgabe der Frankfurter Zeitung vom 1.1.1933 hatte er die „Philosophie“ von Jaspers unter der Überschrift „Begegnung mit dem ‘totalen Staat’ “ glossiert und u.a. festgestellt: „Wenn Scherze in so ernster Angelegenheit erlaubt wären, könnte man diesen Philosophen einen heroischen ‘voyeur’ nennen, einen Genüßling am Schlüsselloch der Zeit. Gewiß ist, daß er ein beispiellos glaubenshungriges, beispiellos ungläubiges Geschlecht vertritt. Es ist die Melancholie der Impotenz, die sich dauernd Mut macht – wozu?“. In einem Brief an Schickele vom 3.1.33 weist Hammelsbeck entschieden die Fehldeutung zurück, vergegenwärtigt seinen Zugang zu dieser Weise des Philosophierens und kennzeichnet sie so: „Hier ist ein Reinigungsprozeß im Zuge, der statt auf 'Religionsersatz' und 'religiöse Stimmung' abzuzielen, die Grenzen des Philosophierens neu und richtig absteckt, nämlich als Spannungsfeld des modernen Menschen gegenüber dem Religiösen.“ Hammelsbeck bedauert, daß Schickele den Zeitgeist irrtümlich bei Jaspers verklagt, und wirbt um eine „kopernikanische Drehung“ seiner „Sinndeutung“. – Der Antwort Schickeles vom 7.1.33 entnehmen wir nur einige Sätze: „Sind sich die Anhänger Jaspers' bewußt, daß sie sich noch immer mit dem Gespenst Hegels herumschlagen? Waren nicht die 'Grenzen des Philosophierens' bei Kant richtig und sauber abgesteckt? – Gerade die Modernität Jaspers' empfinde ich als seine Schwäche. Er versucht Unvereinbares zu vereinigen – mit hoher Sprachkultur und zuweilen dichterischem Glanz und, was ihm besondere Wirkung sichert, mit starkem Bezug auf das Heute. Aber alle, die von Hegel kommen, erfinden eine Ersatz-Theologie, um Machtpolitik zu treiben, von Marx bis Georges Sorel und seinen faschistischen Epigonen.“

Hammelsbeck verwirklichte „aus rein volkspolitischen und pädagogischen Beweggründen seit 1931 gegen den unerhörten Widerstand nicht nur der Regierungskommission, sondern auch der damaligen Parteien und Gewerkschaften den Arbeitsdienstgedanken“ (H. in einem Brief an Rupp vom 21. 10.1937). Er organisierte mehrere Arbeitslager, um die erwerbslose Jugend der verlockenden Werbung durch die französische Fremdenlegion zu entziehen. Er gründete das „Notwerk deutscher Jugend“ und die „Arbeitslosenkameradschaften“, nachdem die Regierungskommission die Lager verboten hatte. Im Februar 1933 bewirkte er im deutschen Arbeitsministerium, daß die Arbeitslosen aus dem Saargebiet in reichsdeutsche Lager aufgenommen wurden, in denen H. mittätig wurde. Die Nationalsozialisten sabotierten diese Arbeit seit Juni 1933. In Aufsätzen und Artikeln reflektierte Hammelsbeck seine Gedanken: „Was heißt 'pädagogische Betreuung' beim freiwilligen Arbeitsdienst?“ (1932), „Arbeitsdienst der Saardeutschen im Reich“ (1933).

12 O Ms

13 O + K Ms

14 K Hs

Hammelsbeck greift in seinem Brief an Schickele vom 24.1.33 dessen Fragen einzeln auf und beantwortet sie bündig. So bekennt er: „Im schlichten Miteinanderleben mit den 'Ungläubigen' finde ich zum Wunder des Glaubens; da gibt es nichts zu experimentieren.“ Den Vorwurf des Eklektizismus versucht er zu entkräften: „Was Sie als Eklektizismus mißverstehen, was andere mit unfruchtbarer Neutralität und Entscheidungslosigkeit verwechseln, ist eine auf glaubensmäßiger Erfahrung des Wirklichen entschiedene Haltung, unser Menschsein als Person durch die kurzfristigen Festlegungen der Zeitgenossen hindurchzusteuern. Das ist weder Nihilismus noch eine Überschätzung und Vermessenheit des Ich. Denn persönlich bekenne ich, diese

Haltung als meinen christlichen Auftrag erfahren zu haben. Es ist allerdings eine protestantische Geisteshaltung, eine solche, die das Wunder des Glaubens nicht mit dem sacrificium intellectus zu erkaufen braucht, eine solche, die aus Ehrfurcht vor der Echtheit metaphysischer Bindungen sich vor den Scheinlösungen in unserer Zeit bewahren muß, und die endlich das Wagnis erduldet, die Gegenwart auszuhalten, ohne sie durch weltanschauliche Sicherungen kurzzuschließen. Das Lebensfördernde der Jaspersschen Philosophie sehe ich darin, daß er den gedanklichen Umkreis dazu gebahnt hat.“
Schickeles Antwortbrief vom 1.2.33 bringt keine neuen Argumente und schließt fast ironisch: „Ich glaube jedoch, Ihre Haltung zu begreifen, eine Haltung, die alle Hochachtung verdient, und vor der ich mich, unbelehrt, aber angeregt und dankbar, verneige.“

15 O + K Ms

16 D + K Hs
Jaspers hatte Hammelsbeck die Groninger Vorlesungen „Vernunft und Existenz“ bei seinem Besuch am 1. November 1935 geschenkt.
Dolf Sternberger* 1907, Publizist und Politikwissenschaftler, 1934-1943 Redakteur der „Frankfurter Zeitung“, Mitherausgeber der Zeitschriften „Die Wandlung“ (1945-1949) und „Die Gegenwart“ (1950-1958); lieferte als Beitrag zur unveröffentlichten Festschrift 1943 „Über eine Fabel von Lessing“; seit 1951 Professor an der Universität Heidelberg.
St. hatte am 29.9.1935 in der Frankfurter Zeitung unter der Überschrift „Erstarrte Unruhe“ die Groninger Vorlesungen „Vernunft und Existenz“ heftig kritisiert und u.a. behauptet: „Weltlos, naturlos und geschichtslos zeigt sich diese nackte, auch aus allen psychologischen Bindungen und Bedingungen noch abdestillierte spirituelle ‘Existenz’, umgeben von den aufgehäuften Larven ‘objektiver Wißbarkeiten’, zu welchen ihr alle Realität abgestorben ist.“
Gegen diese Fehldeutung äußerte sich Walter Schmiele besonnen in der Frankfurter Zeitung am 1.12.1935, indem er von der dreibändigen „Philosophie“ her diese Behauptungen als typische Mißverständnisse aufdeckte. Auf diese Entgegnung antwortete Sternberger, indem er die Vorwürfe gegen „die gläsernen Wände“ der Existenz wiederholte und die Diskussion so beendete: „die Welt wird ihr ‘zum Feld, auf dem *sie sich erscheint’*, das ist zum Spiegel ihrer selbst. Hat sie lange genug durch die gläsernen Wände ihrer Zelle hinausgeblickt, so verschwinden ihr auch noch die Bilder draußen, und die Scheiben geben ihr von allen Seiten nur mehr ihr eigenes Bild zurück. Hoffnungslos bleibt sie in sich verschlossen, wie sehr sie auch ‘Transzendenz’ beschwören mag. Die Hoffnung aber ist draußen, in der Welt, in der Verführung und also im bloßen Dasein.“
In seiner Würdigung zum 100. Geburtstag von Jaspers sprach Sternberger von der „Phase der Revolte gegen den Lehrer“ und betonte: „Was mich im letzten Grund von dem großen Mann zeitweilig entfernte, war . . . die Unterscheidung von ‘Existenz’ und ‘Dasein’. Sie erschien mir wie ein philosophi-

sches Zweiklassensystem und eine Verletzung der Menschengleichheit." (Frankfurter Allgemeine Zeitung vom 19.2.1983)
Walter Schmiele* 1909, Schriftsteller und Literarkritiker; machte durch Übersetzungen und Deutungen mit der englischen und skandinavischen Geisteswelt bekannt.
Zum 31. Dezember 1933 wurde Hammelsbeck als Direktor der Volkshochschule Saarbrücken – Stadt und Land – gekündigt, nachdem auf Antrag der 11 nationalsozialistischen Stadtverordneten die Auflösung der Volkshochschule zum 1.10.33 ohne Widerspruch beschlossen worden war. Nach bestandener Mittelschullehrerprüfung in Deutsch und Evangelische Religion im Juni 1934 unterrichtete Hammelsbeck als Aushilfslehrer an Mittel- und Volksschulen, bis er am 2. November 1936 unter dem Vorwand der „Einführung der preußischen Pflichtstundenzahlen in uneingeschränktem Maße ab 1. November 1936" entlassen wurde.
Die Disposition zum Referat „Person – Gemeinschaft – Volk" zählt Begriffe auf und bringt sie in einen spannungsvollen Zusammenhang, die die Nähe zur Jasperschen Philosophie nicht verleugnen (Personhafte Existenz, Existenz und Freiheit, Kommunikation, der Mensch zwischen Gott und Welt, Verantwortung, Volk zwischen Gemeinschaft und Masse).

17 D + K Hs
550-Jahrfeier der Heidelberger Universität
Bei dem „Beiliegenden" handelt es sich sehr wahrscheinlich um einen Beitrag, der im März und April 1937 im „Eckart" unter dem Titel „Seelische Aufrüstung. Glaube und Gefahr im totalen Krieg" veröffentlicht wurde und aus dem wir 2 Zitate auswählen. „Widerstand und Kraft setzen voraus, daß wir weder ausweichen noch überwältigt werden wollen . . . Vor der Apokalyptik gibt es nur das Entweder-Oder, daß sie uns vernichtet oder wir mit ihr fertig werden . . . Mit dieser namenlosen Gewalt fertig zu werden, rührt an das Geheimnis der letzten und wahrhaften Wirklichkeit überhaupt . . . Deshalb zerschellt vor diesem Ursprung ja die ganze sittliche Begriffswelt, die magere Oberfläche christlicher, idealistischer oder sentimentaler Eingewöhnung." (S. 163) – „Mackensens Feststellung über die Kriegsuntauglichkeit einer nichtchristlichen Jugend bedeutet, daß die Kirche weder eine waffensegnende Hure noch ein Erziehungsinstitut für völkische Belange sein darf. Aber sie leistet dem Menschen, der vor das Unmittelbare gestellt wird, den entscheidenden Dienst, daß sie ihn tief unterhalb aller Oberflächen in seiner Wirklichkeit anspricht mit der alles Innerweltliche überspannenden Botschaft von Buße und Heil . . . Das versteht nur, wer weiß, daß die Kirche nicht für den Sieg einer Menschensache da ist, sondern für seine Niederlagen . . . Wir brauchen für den Krieg nicht den rauschhaften Mut, sondern die Widerstandskraft in der Niederlage des Versagens. Um die letzte Wirklichkeit geht es im Kriege, um die Wirklichkeit des Menschen geht es in der Kirche." (164) Jaspers hatte sein gerade erschienenes Nietzschebuch Hammelsbeck mit persönlicher Widmung geschenkt.

18 O Hs

19 D Hs

In der „Halbmonatsschrift für reformatorisches Christentum Junge Kirche" war in Heft 15, 4. Jg. 1936 Hammelsbecks Aufsatz „Über die evangelische Verantwortung des Akademikers" erschienen, aus dem wir 2 Abschnitte zitieren: „Das Bekenntnis unter dem Wort als die Erfahrung der Gemeinde läßt auch eine Gemeinsamkeit für das weltliche Handeln bekennen. Sie gilt für den gesamten Bereich dessen, was im ersten Glaubensartikel mit der Schöpfung gemeint ist, die wir als gefallene Schöpfung erfahren. Dahinein gehört auch Kultur, all unser Geistesleben, Weltanschauung, Seelentum, Deutschtum, Wirtschaft, Technik und Natur. Wenn wir uns ihr als Christen mit unserem Planen und Tun zuwenden, so nehmen wir sie als unsere 'Sphäre der echten Weltlichkeit'; das soll heißen, nicht verschroben in Frömmelei noch Abgötterei, mit dem Genuß, den sie bietet, mit allem Ernst, den sie fordert, mit aller Fröhlichkeit und Steigerung des Menschlichen, die sie zuläßt". (703f.) „Wer die akademische Krankheit in der Tiefe kennt, kann nicht unschlüssig darüber sein: es ist die Richtung aus dem Unverbindlichen nach dem verbindlich Gemeinsamen, es ist die Bestimmtheit aus der geschichtlichen Erfahrung des Notwendigen. Es ist die Bestimmtheit, aus der die tragende Gemeinde erwächst in Scheidung und Entscheidung" (708).

Die zweite Anlage wird Hammelsbecks Bericht aus seiner Unterrichtsarbeit „'Hermann und Dorothea' in der Schule" sein, publiziert in „Die Erziehung", 11. Jg., Heft 10/11, S. 490-496. Gesteigertes Interesse darf die Aussage beanspruchen: „Die Erschlossenheit reifen Menschenlebens für die Kunst als einer Weise der Mitteilbarkeit, in der sich erfülltes Leben aus der Transzendenz zur Verwandlung des Alltags anbietet, ist pädagogisch nicht erreichbar. Unser schulisches Bemühen darf dennoch nicht versäumen, die jugendliche Bildsamkeit für die wohltätige Kraft des Künstlerischen offen zu machen, damit sie sich später nach den Erfahrungen des Scheiterns von ihm ansprechen lassen kann. Der Weg in die Kunst, den wir die Jugend geleiten können, wird von dem Bewußtsein erhellt, wie ohne sie das Leben arm und verschlossen und die Kultur unwirksam bleibt" (491). Dieser aufschlußreiche Rechenschaftsbericht schließt mit der Hoffnung: „'Jugend ohne Goethe' brauchen wir nicht mehr zu jammern, wenn es uns gelingt, die schulische Gestaltung in die Lebensnähe der für ihre eigene Selbstgestaltung erweckbaren Jugend zu rücken" (496).

20 D + K Ms + Hs

Hammelsbeck war am 2. November 1936 in der ersten Unterrichtsstunde nach den Herbstferien eröffnet worden, er sei fristlos und ohne Gehalt entlassen. Der eigentliche Grund war der, daß er sich unliebsam wegen Sammlung und Leitung eines Lehrerkreises der Bekennenden Kirche im Saargebiet gemacht hatte. „Das Beiliegende" gibt Auskunft über die bisherige Arbeit und die zukünftigen Pläne.

Erich Weniger (1894-1961), vor und nach dem 2. Weltkrieg führend in der akademischen Lehrerbildung, ab 1949 Professor an der Universität Göttingen, bedeutender Vertreter der geisteswissenschaftlichen Pädagogik, mit Hammelsbeck seit den 20er Jahren befreundet; „Didaktik als Bildungslehre", 2 Bde (1931, 1971[9]); „Die Eigenständigkeit der Erziehung in Theorie und Praxis" (1952, 1964[3]).

Otto Friedrich Bollnow *1903, Philosoph und Pädagoge; von Dilthey ausgehend, veröffentlichte er Arbeiten zur philosophischen Anthropologie, Ethik und Pädagogik, setzte sich mit der Existenzphilosophie und dem französischen Existentialismus auseinander; „Dilthey" (1943, 1967[3]); „Existenzphilosophie" (1941, 1969[7]); „Neue Geborgenheit. Das Problem einer Überwindung des Existentialismus" (1955, 1960[2]); „Französischer Existentialismus" (1965).

Als kritische Stellungnahmen Bollnows könnten in Frage kommen: „Existenzphilosophie und Geschichte. Versuch einer Auseinandersetzung mit Karl Jaspers"; in: Blätter für Deutsche Philosophie, Bd. 11, Heft 4 Berlin 1936/38; „Existenzerhellung und Philosophische Anthropologie. Versuch einer Auseinandersetzung mit Karl Jaspers"; in: Blätter für Deutsche Philosophie Bd. 12, Heft 2, Berlin 1938/39.

Max von der Kall * 1899, von Jugend mit Hammelsbeck befreundet, Handelskammersyndikus.

21 O Hs

Die kleine Schrift ist vermutlich der Aufsatz „Über die evangelische Verantwortung des Akademikers"; die pädagogische Erzählung meint wohl Hammelsbecks Bericht „'Hermann und Dorothea' in der Schule" (siehe Brief 19).

22 K Hs

Im Dezember 1936 hatte die in Breslau tagende Synode der Bekennenden Kirche beschlossen, ein Katechetisches Seminar neben den vorhandenen Predigerseminaren zu errichten. In Kursen von 2-3 Monaten sollten die Vikare zwischen ihrem 1. und 2. Examen unterrichten lernen und sich gründlicher mit Pädagogik und Psychologie befassen. Hammelsbeck war zu einer Besprechung mit Lic. Martin Albertz nach Berlin eingeladen und um den Aufbau in kollegialer Leitung mit Wulf Thiel gebeten worden. Einer gewissen Tarnung wegen sollte es im Hause der Goßner-Mission bei Missionsdirektor Hans Lokies in Friedenau untergebracht werden. Durch einkommende Kollekten hoffte man diesen Dienst vergüten zu können.

Heidelberger Bündnis mit den Theologen: Als fast sicher gelten darf der Neutestamentler Martin Dibelius, der u.a. auch in dem Band „Die großen Philosophen" als Autor im Abschnitt über „Jesus" genannt wird.

23 O Hs

24 D Ms

Jaspers wurde entlassen.

Herman Nohl (1879-1960), Philosoph, Bildungstheoretiker, führender Repräsentant der geisteswissenschaftlichen Pädagogik, wie Jaspers 1937 aus der Universität Göttingen von den Nationalsozialisten entlassen. Mitherausgeber des „Handbuches der Pädagogik" (5 Bde 1928-37), „Die pädagogische Bewegung in Deutschland und ihre Theorie" (1933, 1970^{7}).

Am 1. Juli wurde Martin Niemöller verhaftet. Im August verbot der berüchtigte Himmler-Erlaß der Bekennenden Kirche jede Ausbildungsarbeit. Vernehmungen und Haussuchungen durch die Gestapo erschwerten die getarnte Weiterarbeit. Nach zweimaliger Auflösung der Kurse und Androhung der KZ-Haft wurde die Arbeit in die Predigerseminare verlagert, die in Pommern von Dietrich Bonhoeffer, in Schlesien von Gerhard Gloege, in Ostpreußen von Hans Joachim Iwand und in Westfalen von Otto Schmitz geleitet wurden.

25 O Hs

„Existenzphilosophie"

26 D + K Hs

„Der kirchliche Unterricht. Aufgabe – Umfang – Einheit" (1939, 1947^{2}). Hier spricht Hammelsbeck, u.a. davon, daß das Gespräch zwischen der Existenzphilosophie und der neueren Theologie des Wortes wieder aufgenommen werden kann. „Ein solches Philosophieren, das sich selbst in unbestechlicher Weise die Grenze setzt gegen die Gefahr, zu religiosieren und zu mythisieren, nimmt uns als Gegenpol aus der Gefahr, das Weltliche zu theologisieren. Zwischen Philosophie und Theologie steht als gemeinsame Frage die Frage nach der 'echten Weltlichkeit', in der die Philosophie auf ihre Weise dem sachlichen Auftrag aller Wissenschaften nachgeht, die Erde uns untertan zu machen, soweit das von Gott verliehene Erkenntnisvermögen reicht. Sie bestätigt dann, wenn sie es recht macht, die von Jaspers angeführte Weisheit: 'Es ist ein altes Wort, daß in den Wissenschaften halbes Wissen vom Glauben weg, ganzes Wissen zum Glauben zurückführt" (S. 254).

In der von Hammelsbeck herausgegebenen Sammlung von 43 Aufsätzen zum 60. Geburtstag von Jaspers wird dieser Versuch fortgesetzt mit seinem Beitrag „Philosophie als theologisches Problem".

27 K Hs

Rudolf Bultmann (1884-1976), führender Vertreter der dialektischen Theologie; mit seinem Aufsatz „Neues Testament und Mythologie" entwickelte er das Programm der „Entmythologisierung", dem Jaspers leidenschaftlich widersprach; berühmt wurde Bultmann u.a. durch „Die Geschichte der synoptischen Tradition" (1921, 1970^{8}), „Glauben und Verstehen", 4 Bde (1965-68$^{2\text{-}6}$), „Theologie des Neuen Testamentes" (1953, 1965^{5}).

Hammelsbeck schickte Jaspers den 7. Band der Beiträge zur Ev. Theologie „Offenbarung und Heilsgeschichte", in dem als 2. Beitrag der erwähnte Aufsatz von Bultmann erschienen war.

Eduard Spranger (1882-1963), Kulturphilosoph und Pädagoge, Schüler F. Paulsens und Wilhelm Diltheys, einer der führenden Theoretiker einer kulturphilosophisch orientierten Wertpädagogik und der verstehenden Psychologie; „Lebensformen" (1914, 1966^{9}), „Psychologie des Jugendalters"

(1924, 1949[20]); „Pestalozzis Denkformen“ (1947, 1959[2]); Sprangers Vortrag „Weltfrömmigkeit“ forderte Hammelsbecks Kritik unter dem Titel „‘Weltfrömmigkeit’ als Frage der Philosophie oder des Glaubens“ heraus – erschienen in: Verkündigung und Forschung, 1941. Die Auseinandersetzung wurde in manchen Gesprächen fortgesetzt.
„Allgemeine Psychopathologie“ (1913); das im Juli 1942 abgeschlossene Buch durfte nicht gedruckt werden. Ein Exemplar der 4. Auflage von 1946 erhielt Hammelsbeck als Geschenk.
Ernst Michel (1889-1961), mit Hammelsbeck seit 1929 freundschaftlich verbunden, stand Eugen Rosenstock-Huessy, Martin Buber, Viktor von Weizsäcker nahe; Sozialwissenschaftler und später Psychotherapeut; „Industrielle Arbeitsordnung“ (1932); „Von der kirchlichen Sendung der Laien“ (1934), „Der Partner Gottes. Weisungen zum christlichen Selbstverständnis“ (1946), „Ehe – Eine Anthropologie der Geschlechtsgemeinschaft“ (1948).
„Politische Weisheiten in Goethes ‘Märchen’“ erschien nicht in der „Deutschen Rundschau“, sondern in „Weiße Blätter“, Jg. 1942, Heft 9-10, wo der Herausgeber Dr. Karl Ludwig Freiherr zu Guttenberg das Adjektiv „politische“ glaubte streichen zu müssen. Zwei Aussagen üben deutliche Kritik: „Während die politischen Ideologien nur von der oberflächlichen Vielwisserei der Aufklärung aufflattern wie Vögel, birgt die Weisheit das lautere Gold vom geschichtlichen Grunde her“ (S. 244). „Nicht durch die Gewalt noch den Schein noch die Weisheit allein wird die Politik zur Menschenführung, sondern dadurch, daß die dienende Liebe sie formt“ (S. 247 in „Glaube – Welt – Erziehung“, 1954).
Paul Graf Yorck von Wartenburg *1902; gehörte der Bekennenden Kirche an, wurde in den Bruderrat und später auch in den Rat der Kirche der Altpreußischen Union berufen, nahm am Polen- und Rußlandfeldzug teil, wurde am 20. Juli 1944 verhaftet, überlebte Gestapohaft und KZ Sachsenhausen, wurde 1950 Referent für das westeuropäische Flüchtlingswesen im Ökumenischen Rat der Kirchen in Genf; leitete später die deutsche Handelsvertretung in Bukarest, stand mit Hammelsbeck im Briefwechsel; 1971 erschienen Aufsätze und Vorträge unter dem Titel „Besinnung und Entscheidung – Fragen an die Gegenwart.“
28 K Hs
29 O Hs
Benno von Wiese *1903, Literaturhistoriker, promovierte 1927 bei Jaspers mit der Dissertation „Friedrich Schlegel. Ein Beitrag zur Geschichte der romantischen Conversionen“ und beteiligte sich an der ungedruckten Festschrift zum 60. Geburtstag von Jaspers mit seinem Aufsatz „Goethes Faust als Tragödie“; tritt für eine werkimmanente Interpretation des dichterischen Kunstwerkes ein und bezieht später historische Bedingungen literarischer Gattungen und Themen mit ein; u.a. „Die deutsche Tragödie von Lessing bis

Hebbel“ (1948, 1973[8]), „Die deutsche Novelle von Goethe bis Kafka. Interpretationen“ (2 Bde 1956-62, 1974).

Otto Mann *1898, Literaturhistoriker, promovierte bei Jaspers mit der Dissertation „Der moderne Dandy als ein Problem“; steuerte zur Festschrift 1943 einen Aufsatz bei mit dem Titel „Literaturwissenschaft oder Literaturgeschichte. Eine Grundlagenkritik“; besonders bekannt wurde seine „Geschichte des deutschen Dramas“ (1960).

Rudolf und Anneliese Kress promovierten bei Jaspers und lieferten als Beiträge zur Festschrift 1943 „Sein“ bzw. „Die Umkehrkraft in Ornament und Existenz im alten Norden“.

Wilhelmine Drescher *1909, promovierte 1937 bei Jaspers mit einer Arbeit über Hegels „Phänomenologie des Geistes“, sammelte die Aufsätze der jüngeren Jaspers-Schüler zum 60. Geburtstag.

Maria Salditt *1899, promovierte bei Jaspers 1927 mit „Hegels Shakespeare – Interpretation“, bearbeitete die Register mehrerer Werke, z.B. „Nietzsche“, „Von der Wahrheit“.

Ernst Mayer (1883-1952), seit dem Medizin-Studium mit Jaspers befreundet; Jaspers betont, daß seine dreibändige Philosophie ohne ihn undenkbar sei. Als eigenständiges Ergebnis dieses gemeinsamen Philosophierens dürfte gelten: „Dialektik des Nichtwissens“ (1950) und „Kritik des Nihilismus“ (1958), in der Vorbemerkung heißt es: „Nihilismus ist die Spiegelschrift des Seins. In einem Denken der Vernunft – als zweitem Spiegel – soll diese Spiegelschrift durch ihre Aufhebung lesbar gemacht werden.“

Fritz Mayer (1890-1976); war der jüngste Bruder von Gertrud Jaspers, lebte seit 1933 als Arzt in Israel.

30 O Hs

31 K Hs

32 O Hs

33 O Hs

Gustav Radbruch (1878-1949), Jurist und Politiker, ab 1910 Professor in Heidelberg, Königsberg und Kiel, 1920-1924 Mitglied des Reichstags für die SPD; Reichsjustizminister 1921/22 und 1923, erreichte die Zulassung von Frauen zum Richterberuf, nach der Machtergreifung Hitlers 1933 als erster deutscher Professor amtsenthoben, 1945-48 erneut Professor in Heidelberg; mit Jaspers eng befreundet, hat den Plan einer Festschrift für Jaspers 1943 tatkräftig unterstützt, mögliche Autoren benannt und selbst aufgefordert; mit Hammelsbeck stand er in stetem Austausch bis zu den Fragen der inhaltlichen und äußeren Gestaltung. Er hatte zunächst einen Beitrag „Über Dr. Johnson“ angeboten. Als sein einziger Sohn gefallen war, änderte er seinen Plan und reichte einen Aufsatz ein mit dem Titel „Trauer und Trost um Tullia. Eine Cicero-Studie“. – „Einführung in die Rechtswissenschaft“ (1910, 1969[12]), „Grundzüge der Rechtsphilosophie“ (1914, 1973[8]), „Der innere Weg. Aufriß meines Lebens“ (1951).

Ferdinand Springer (1881-1965), Verleger; Dr. med. h.c.; das Vorhaben einer gedruckten Festschrift ließ sich auch wegen der Papierknappheit nicht verwirklichen. Der Verlag ermöglichte durch einen Betrag von 400,– DM die Herstellung eines Schreins, in dem 43 Beiträge gesammelt wurden.

34 K Hs

35 O Hs

W. Heinsius, Prof. Lic., hat 1921 bei Jaspers promoviert, beteiligte sich an der Festschrift mit einem Aufsatz, betitelt „Elisabeth von der Pfalz und ihr Briefwechsel mit Descartes".

Den Plan begrüßten, ohne mitarbeiten zu können, Elisabeth Löcker, Magdalene Schott, Elma Weihrauch, A. Meusel, Edwin Latzel.

Hugo Friedrich *1904, Romanist; bedauert, daß der Krieg seine gern zugesagte Mitarbeit verhindert, nennt als mögliche Mitarbeiter u.a. Heidegger, Alfred Weber, E.R. Curtius, Franz Schnabel; veröffentlichte maßgebende Untersuchungen zu den romanischen Literaturen; seit 1937 Prof. in Freiburg i. Br.; „Die Struktur der modernen Lyrik" (1956, 1967^9), „Romanische Literaturen" (Aufsätze, 2 Bde. 1972).

Dietrich Bischoff steuerte zur Festschrift den Aufsatz bei „Das Philosophische im Sterbegesang des Ehrwürdigen Beda (673-735)".

Walther Bulst konnte seine Zusage, einen Beitrag über Augustin zu schreiben, nicht einhalten.

Johannes Pfeiffer (1902-1970), Schriftsteller und Literaturhistoriker; empfindet es als „schmerzlich", sich als Soldat nicht beteiligen zu können; macht in seinen Veröffentlichungen auf den Zusammenhang von Philosophie und Dichtung aufmerksam, u.a. „Existenzphilosophie" (1933), umgearbeitet in „Existenz und Offenbarung" (1966), „Über das Dichterische und den Dichter" (1967), „Gegen den Strom. Referate und Rezensionen 1934-1959" (1964)

36 K Ms

Der Brief von Jaspers, auf den sich Hammelsbeck hier bezieht, hat sich nicht finden lassen.

Gesellschaft für evangelische Theologie, 1940 in Berlin von Angehörigen der Bekennenden Kirche gegründeter Kreis, der den Zusammenhang von Theologie und kirchlicher Verkündigung pflegt; Mitbegründer und führende Vertreter: Julius Schiewind, Hans von Soden, Ernst Wolf.

NT = Neues Testament; AT = Altes Testament;

Auch der „vorletzte" Brief von Jaspers findet sich in keinem Nachlaß. Über Frl. Dr. Richter ließ sich nichts erfahren.

Rudolf Pechel (1882-1961), Publizist, 1919-42 Leiter der „Deutschen Rundschau", 1942-45 inhaftiert in den KZ Sachsenhausen und Ravensbrück, ab 1946 Herausgeber der wiedergegründeten „Deutschen Rundschau".

37 K Ms

Ernst Robert Curtius (1886-1956), deutscher Romanist, seit 1919 Professor in Bonn, Marburg, Heidelberg und wieder ab 1929 in Bonn; bedeutender

Mittler französischer Geistesart und Literatur, erweckte Verständnis für A. Gide, M. Proust, P. Valery, T.S. Eliot; weil Jaspers „seit längerer Zeit" auf seine „Zusendungen nicht mehr geantwortet hat", macht er seine Mitarbeit davon abhängig, ob sie auch von Jaspers erwünscht sei. (Brief an Hammelsbeck vom 24.8.42), bedankt sich am 8.9.42 für „den erfreulichen Bescheid" und verspricht bald ein Thema. Sein Beitrag trägt den Titel „Zur Bedeutungsgeschichte des Wortes Philosophie". Gegen die Jaspersschen Aussagen über Goethe (1947, 1949) polemisierte Curtius so heftig, daß sich 7 Heidelberger Kollegen von dieser Art der Auseinandersetzung distanzierten. Dieser Streit erregte die Öffentlichkeit über Monate. Er wurde durch die Verlagerung ins Politische geradezu verhängnisvoll.
Das Rundschreiben informiert über den Sinn der gesammelten Beiträge und über die formalen Anforderungen. Es soll bezeugt werden, „wie wir . . . durch Karl Jaspers geführt oder gefördert worden sind."
Franz Josef Brecht (1899-1981), Professor an der Universität Freiburg i. Br. und am Gymnasium; beteiligte sich mit der Arbeit „Über Hegels Gedicht 'Eleusis'."

38 K Hs
Viktor Freiherr von Weizsäcker (1886-1957), bemühte sich um eine ganzheitliche, anthropologisch ausgerichtete Medizin (Psychosomatik), ab 1923 Professor in Heidelberg, Breslau und wieder Heidelberg. „Arzt und Kranker" (1941), „Diesseits und jenseits der Medizin" (1950), „Der kranke Mensch" (1951), „Natur und Geist" (1954), „Pathosophie" (1956).
Leonhard Stählin, (1911-1942); Neffe von Wilhelm Stählin, dem späteren Bischof der Ev. Luth. Kirche von Oldenburg; promovierte 1940 zum Lic. theol. in Halle.

39 K Hs
Richard Benz (1884-1966), Literatur-, Musik- und Kunsthistoriker; verfaßte für die Festschrift einen Aufsatz mit dem Titel „Die Optik in der Geschichte"; schrieb u.a. „Goethe und Beethoven" (1942), „Lebenswelt der Romantik" (1948), „Heidelberg-Schicksal und Geist" (1961).
Ernst Hoffmann (1880-1952), Philosoph, lieferte zur Festschrift eine Arbeit über „Nikolaus von Kues, geistesgeschichtlich betrachtet"; befaßte sich vor allem mit Problemen der Platonforschung; Mitherausgeber der Werke von Nikolaus von Kues; veröffentlichte u.a. „Platon" (1950, 1967^3), „Pädagogischer Humanismus" (hg. 1955).
Otto Regenbogen (1891-1966), klassischer Philologe, Professor in Berlin und Heidelberg; in seinen Schriften bemühte er sich, die formenden Kräfte der Antike im humanistischen Sinne wirksam zu machen; sein Beitrag zur Festschrift erhielt den Titel „Bemerkungen zur Deutung von Platons Phaidros". Hammelsbeck vergewisserte sich bei ihm über die angemessene Übersetzung des Plutarch-Zitates, das der Widmung vorangestellt war.

40 K Hs

41 O Hs

42 Dieser Brief fand sich als Abschrift in Hammelsbecks Tagebuch

43 D Ms

Diesem Brief muß entweder ein Besuch bei Jaspers vorausgegangen sein oder ein Brief von Jaspers, bei dem Hammelsbecks Beitrag „Philosophie als theologisches Problem" zur Sprache gekommen ist.

„Protreptikos" kann mit Ermuntern, Ermahnen übersetzt werden.

„Grundsätze des Philosophierens"; ist nie veröffentlicht worden.

Die Zitate ließen sich in dieser Formulierung in keinem der gedruckten Werke wiederfinden, wenn auch ihr Gehalt in Variationen z.B. in den Basler Vorlesungen „Der philosophische Glaube" (1948) und in der „Einführung in die Philosophie" (1950) wiederkehrt. Vermutlich stammen sie aus den „Grundsätzen des Philosophierens".

Bez. Kdo. = Bezirkskommando; Uk-Antrag = Unabkömmlichkeitsantrag.

Wolfram Hammelsbeck, ältester Sohn, *1924, fiel am 14.4.45 an der Ostfront.

44 K Ms

Jaspers' Brief vom August ist unauffindbar.

gvH = garnisondienstfähig

RAD = Reichsarbeitsdienst

Reinhart Hammelsbeck *1925, seit 1956 Pfarrer in Medard/Glan;

Hammelsbeck hatte Jaspers Briefe an Reinhart zur Beurteilung geschickt.

Die Frage nach dem Manuskript, an dem Jaspers arbeitet und das Hammelsbeck erwartet, bleibt offen. Es könnte die Neufassung der „Allgemeinen Psychopathologie" wie auch „Von der Wahrheit" sein.

Waldtraut Hammelsbeck *1929, seit 1965 Oberin des Diakonissen-Mutterhauses in Detmold.

Gudrun Hammelsbeck *1935, seit 1959 mit Pfarrer Dr. Otto Lillge in Gelsenkirchen verheiratet.

45 K Hs

„Das Beiliegende" ließ sich nicht ermitteln.

46 O Hs

Rissenau muß Rischenau heißen.

Am 22.3.1944 wurde Hammelsbeck in Berlin ordiniert. Anfang Juni 1944 nahm er als Pfarrverweser seinen Dienst in Falkenhagen/Lippe auf.

10 Kapitel umfaßt „Die Idee der Universität", die 1946 erschienen ist.

47 K Ms

Julius Schniewind (1893-1948), ev. Theologe, ab 1921 Professor für Neues Testament in Halle, später in Greifswald, Königsberg, Kiel, Halle; führendes Mitglied der Bekennenden Kirche – „Das Evangelium nach Markus" (1933, 1952^{6}); „Das Evangelium nach Matthäus" (1937, 1966^{12}).

Hans Joachim Iwand (1899-1960), ev. Theologe, 1935 Entzug der venia legendi wegen Tätigkeit in der Bekennenden Kirche, 1945 Professor für Systematische Theologie in Göttingen, ab 1952 in Bonn; der Beitrag zur

Schniewind-Festschrift trug den Titel „Sed originale per hominum unum". Später gedruckt in „Ev. Theologie", 6, 1946/7, S. 26-43.

48 O Hs

Diesem Brief muß ein Schreiben Hammelsbecks vorangegangen sein, in dem von der „Radikalität kirchlicher Forderungen" gesprochen worden sein muß. Hammelsbeck hat sich für die Christliche Gemeinschaftsschule eingesetzt, ohne das Recht einer Bekenntnisschule dort bestreiten zu wollen, wo Eltern und Lehrer in der Verbundenheit mit der Gemeinde ihren evangelischen Glauben maßgebend sein lassen in der Gestaltung der Schule; u.a. in dem Text „Volksbegehren für die Bekenntnisschule?" in „Die Sammlung" 1. Jg. (1945/46) Heft 6 oder in „Kirche-Schule-Lehrerschaft. (Drei) Vorträge zum Wiederaufbau der deutschen Schule im christlichen Geiste", Gütersloh 1946.

49 O Hs

Der erwähnte Weihnachtsbrief blieb bisher unauffindbar.

50 D Ms

Die Monatsschrift „Die Wandlung" wurde unter Mitwirkung von Karl Jaspers, Werner Krauss und Alfred Weber von Dolf Sternberger herausgegeben. Jaspers schrieb das „Geleitwort" und „Erneuerung der Universität", Alfred Weber über „Unsere Erfahrung und unsere Aufgabe" (1945).

Der Rat der Evangelischen Kirche in Deutschland hatte die Ministerpräsidenten und Oberpräsidenten in der Britischen Besatzungszone mit den für die Kultur- und Bildungspolitik Verantwortlichen zum 9. und 10. Januar 1946 nach Detmold eingeladen, um sich mit ihnen über die Aufgaben der Neuordnung von Staat und Volk zu verständigen. Hammelsbeck hielt sein Referat „Die kulturpolitische Verantwortung der Kirche", später in der gleichnamigen Schrift 1946 in München erschienen.

Adolf Grimme (1889-1963), Pädagoge und Politiker, 1930-32 preußischer Kultusminister; führend unter den religiösen Sozialisten, 1942-45 inhaftiert, 1946-48 Kultusminister von Hannover bzw. Niedersachsen, 1948-56 Generaldirektor des NWDR; war auch bei der Detmolder Tagung beteiligt.

Theodor Heuss (1884-1963), Politiker und Publizist; MdR 1924-28 und 1930-33, erhielt Publikationsverbot, 1945/46 Kultusminister in Württemberg-Baden, Mitglied des Parlamentarischen Rates, 1949-1959 Bundespräsident.

51 O Hs

„Volksbegehren für die Bekenntnisschule?"; ausführlicher in „Die evangelische Verantwortung im Für und Wider der Bekenntnisschule" (Die Sammlung 2. Jg. 1946/47, Heft 7). Hammelsbeck hat gleich nach 1945 massive Vorbehalte gegenüber „christlichen" Parteien geäußert, u.a. in: „Um Heil oder Unheil im öffentlichen Leben", München 1946. Hammelsbecks Brief vom 13.3.46 ist nicht im Nachlaß vorhanden. Hammelsbeck wurde mit dem Aufbau der Pädagogischen Akademie Wuppertal beauftragt, die er bis 1959 als Direktor bzw. Rektor leitete. – Der Beitrag von Dr. Rudolf Kress war betitelt "Sein". –

52 D Ms

Der Rat der EKD hatte die Vorstände der deutschen politischen Parteien in der Britischen Zone zu einem Treffen am 1./2. August 1946 nach Detmold eingeladen, um „die Möglichkeiten und Grenzen für eine gemeinsame Politik in der deutschen Not zu erörtern". Hammelsbecks Ansprache ist in „Um Heil oder Unheil im öffentlichen Leben" 1946 veröffentlicht. Die Tagung fand jedoch in der vorgeschlagenen Form nicht statt, obwohl die Parteien zunächst durch und für ihre führenden Männer zugesagt hatten. Eine Partei wollte ihre Vertreter nur als Privatpersonen angesehen haben; eine andere befürchtete, die gebotene Rückhaltlosigkeit und Offenheit könnten nicht gewahrt werden, wenn andere Parteien zugegen seien. Es gelang später nur eine Tagung mit evangelischen Abgeordneten der CDU und eine andere Tagung mit dem Vorstand der SPD.

53 D Ms

Mit „Ihrer beiden Briefe" ist der Brief vom 24.3.1946 gemeint.

„Mit herzlichem Gruß" hatte Jaspers die Schrift „Vom europäischen Geist" (1946) Hammelsbeck geschenkt.

„Vom lebendigen Geist der Universität" (1946), wieder abgedruckt in „Rechenschaft und Ausblick" (1951), S. 159-185.

Volksbildnertagung 1929 (Siehe Brief 10). Das Zitat lautet: „Wir selber haben noch Max Weber gesehen. Aber was wird aus denen, die nur uns sehen!" (Rechenschaft und Ausblick, S. 171)

Hannah Arendt (1906-1975), Politikwissenschaftlerin, promovierte bei Jaspers 1928 über den Liebesbegriff bei Augustin, emigrierte 1933 nach Paris, 1941 nach den Vereinigten Staaten; seit 1963 Professorin für Politische Wissenschaften an der Universität Chicago, zählte zu den vertrautesten Freunden von Jaspers, veröffentlichte u.a. „Elemente und Ursprünge totalitärer Herrschaft" (1951, dt. 1955), „Eichmann in Jerusalem. Bericht über die Banalität des Bösen" (1964)

Jaspers hat dieser Bitte um einen Vortrag aus gesundheitlichen Gründen nicht entsprechen können. Der „Entwurf" ist nicht auffindbar.

54 D Ms

Der „Christliche Friedensdienst" geht auf die Initiative des französischen Kapitäns Etienne Bach zurück, der während der Ruhrbesetzung 1923 die versöhnende Macht des Evangeliums erfuhr; ein Zusammenschluß von Christen aus aller Welt, die dem leidenden Menschen dienen wollen.

Paul Vogt gab schon 1943 in Zürich ein Buch heraus mit dem Titel „Judennot und Christenglaube".

Der Bruderrat der Ev. Kirche in Deutschland hat am 8.4.1948 „Ein Wort zur Judenfrage" verabschiedet, das dem aufflackernden Antisemitismus wehren wollte.

Als Synodaler der Ev. Kirche in Deutschland, der Ev. Kirche der Union und

der Ev. Kirche im Rheinland wie als Vorsitzender der „Kammer für Erziehung und Unterricht" beim Rat der EKD war Hammelsbeck wesentlich an der Klärung und Entscheidung pädagogischer Fragen beteiligt.
Der „Kommentar" fand sich nirgends.
Alfred de Quervain (1896-1968), schweizerischer ev. Theologe, 1935 Dozent an der Theol. Schule in Elberfeld, mußte wegen seiner Tätigkeit in der Bekennenden Kirche im gleichen Jahr Deutschland verlassen, ab 1947 Professor für Ethik, Soziologie und Theologiegeschichte in Bern; stand mit Hammelsbeck im Briefwechsel, vor allem über Fragen der Ethik; „Ethik" (2 Bde in 4 Teilen, 1942-56).

55 O Ms
Hammelsbecks Brief vom 30.5. hat sich nicht finden lassen. Hammelsbeck las in der Pädagogischen Akademie Wuppertal eine „Einleitung in die Philosophie".
Im November 1948 erhielt Hammelsbeck „Von der Wahrheit" als Geschenk.

56 D Ms
Die sozialpädagogische und volkspolitische Aufgabe konnte so nicht realisiert werden. Ein ähnlicher Plan wurde in Espelkamp versucht, wenn Studenten während der Semesterferien sich um die Betreuung elternloser Flüchtlingskinder kümmerten.
Hammelsbeck hat 16 Jahre die Monatsschrift „Der evangelische Erzieher" herausgegeben.
Wilhelm Flitner *1889, Philosoph und Pädagoge; neben H. Nohl und Theodor Litt führender Vertreter der geisteswissenschaftlichen Pädagogik, mit Hammelsbeck seit 1926 befreundet; Hauptwerke: „Laienbildung" (1921, 1931²), „Die vier Quellen des Volksschulgedankens" (1941, 1966⁶), „Allgemeine Pädagogik" (1950, 1970¹³), „Grundlegende Geistesbildung" (1965), „Goethe im Spätwerk" (1947).
Fritz Blättner (1891-1981), 1937 Dozent an der Universität Hamburg, 1946 Professor für Pädagogik und Psychologie an der Universität Kiel; schuf in „Geschichte der Pädagogik" (1968¹³) ein Standardwerk; weitere Werke: „Pädagogik der Berufsschule" (1965²), „Die Methoden des Unterrichts in der Jugendschule" (1963³).

57 D Ms
1950 erschien „Evangelische Lehre von der Erziehung" im Christian Kaiser Verlag München, 1958 folgte die zweite neubearbeitete und erweiterte Auflage. Hammelsbeck bekennt in der „Methodologischen Vorerörterung", wie er besonders „dem Philosophieren verpflichtet" sei, „zu dem Karl Jaspers angeleitet hat. Die stets offen bleibende Frage nach der Existenz, der eigenen und der des Mitmenschen, in der Vergegenwärtigung des Geschichtlichen, hat in Nähe und Abstand, in Kritik und Austausch mit Jaspers Theorie und Praxis begleitet. Die Denkmittel sind großenteils diesem Philosophieren entnommen . . ." (S. 19 bzw. S. 18).

„Goethe – gestern und heute" erschien in „Der evangelische Erzieher" 1. Jg. Heft 8/9: nachgedruckt in „Glaube-Welt-Erziehung", S. 249-261.

58 O Hs

Radiovorträge „Einführung in die Philosophie" (1950).

Karl Barth (1886-1968), schweizerischer reformierter Theologe, Begründer der dialektischen Theologie, die den „qualitativ unendlichen Abstand" zwischen Gott und Mensch betont („Römerbrief" 1919); das monumentale Werk der unvollendeten „Kirchlichen Dogmatik" I,1-VI,4 (1932-67) wird bestimmt vom Bekenntnis zu Jesus Christus als dem Wort Gottes. Diese christozentrische Theologie geriet in Konflikt zur Ideologie der „Deutschen Christen" und führte zur „Theologischen Erklärung von Barmen 1934", an der Barth maßgeblich beteiligt war. 1935 wurde er seiner Professur in Bonn enthoben, lehrte dann in Basel. Besondere Bedeutung erlangten u.a. „Fides quaerens intellectum" (1931), „Die protestantische Theologie im 19. Jahrhundert" (1947, 1952[2]) und „Theologische Fragen und Antworten" (1957).

Der am 1.9.1949 in Genf gehaltene Vortrag „Die Aktualität der christlichen Botschaft" erschien im Heft 28 der Theologischen Studien, betitelt „Humanismus". Jaspers sprach „Über Bedingungen und Möglichkeiten eines neuen Humanismus"; dieses Referat erschien in „Die Wandlung" 1949, Heft 8; wiederabgedruckt in „Rechenschaft und Ausblick", S. 265-292.

Pater R.P. Maydieu, Direktor der Zeitschrift „La Vie intellectuelle", sprach auch über „Die Aktualität der christlichen Botschaft".

59 D Ms

Johannes Schulz *1923, 1953-1958 Assistent von Hammelsbeck, 1958-72 Dozent am Kirchlichen Oberseminar in Düsseldorf und von 1972-1981 an der Kirchlichen Hochschule Wuppertal.

Friedrich Wilhelm Foerster (1869-1966), Pädagoge und Politiker, seit 1899 Dozent für Philosophie an der TH Zürich, 1912 Professor in Wien, 1914 Professor in München, legte 1920 sein Amt nieder, lebte dann in der Schweiz und in Frankreich, 1942-1964 in den USA, vertrat eine christlich begründete und pazifistisch orientierte Ethik; „Lebenskunde" (1904, 1958[3]), „Schule und Charakter" (1907, 1953[15]), „Sexualethik und Sexualpädagogik" (1907, 1952[6]), „Erziehung und Selbsterziehung" (1917, 1967[4]), „Politische Erziehung" (1959, 1964[2])

Die drei Anlagen sind verschollen

60 O Hs

Hannah Arendts Aufsätze erschienen bei Lambert Schneider 1948 unter dem Titel „Sechs Essays"

61 O Hs

62 O + K Ms

„Evangelische Lehre von der Erziehung"

63 Drucksache: Siehe auch Briefentwurf zum 70. Geburtstag aus Hammelsbecks Tagebuch im Anhang Seite 166 f.

64 D Ms
Hammelsbeck hatte seinen Beitrag zur Festschrift „Offener Horizont" betitelt „Die theologische Bestreitung des philosophischen Glaubens"; wiederabgedruckt in „Evangelische Theologie" 12. Jg. Heft 11, S. 491-498
Fritz Buri *1907, schweizerischer reformierter Theologe, veröffentlichte u.a. „Theologie der Existenz" (1954), „Basler Bekenntnis heute" (1959), gab zu Albert Schweitzers 80. Geburtstag die Freundesgabe „Ehrfurcht vor dem Leben" heraus.

65 O Ms
Ethelbert Stauffer (1902-1979), ev. Theologe, 1934 Professor für Neues Testament in Bonn, seit 1948 in Erlangen; veröffentlichte u.a. „Theologie des Neuen Testamentes" (1941, 1948[3]), „Jesus. Gestalt und Geschichte" (1957), „Die Botschaft Jesu. Damals und heute" (1959).
Hans Freiherr von Soden (1881-1945), ev. Theologe; ab 1918 Professor für Kirchen-, Dogmengeschichte und Neues Testament in Breslau und Marburg, Begründer der Bekennenden Kirche in Kurhessen, verfaßte das Gutachten gegen die Anwendung des Arierparagraphen in der Kirche (1933).
Hammelsbeck hatte in der Schrift „Die kulturpolitische Verantwortung der Kirche" (1946) auf S. 21 festgestellt: „Die Entscheidungsfrage 'Christus allein oder der Nihilismus' ist keine kirchliche Übersteigerung oder Anmaßung, sondern die Voraussetzung für jedes Urteil über alles, was der Kirche im weltlichen Raum, also auch kulturpolitisch, möglich und notwendig erscheint." Die Kirche darf den Totalitätsanspruch Christi nicht verschweigen, muß sich aber davor hüten, ihn mit ihrem eigenen Machtanspruch zu verwechseln. Hammelsbeck unterscheidet darum nachdrücklich den Totalitätsanspruch Christi von dem „rein verkündigenden Dienst der Kirche" (S. 25). Er unterstreicht: „Die Kirche darf nur in die Freiwilligkeit des Glaubens rufen; sie darf nichts auferlegen, sondern nur erschließen." (S. 25)

66 D Ms
Auf diesen Brief hat sich keine Antwort von Jaspers finden lassen, so daß unklar und ungewiß bleibt, ob Jaspers auf eine Erwiderung verzichtet hat oder ob seine Entgegnung verloren gegangen ist. Daß ihn die Problematik weiter bedrängt und bewegt hat, davon zeugt sein umfangreiches Werk „Der philosophische Glaube angesichts der Offenbarung" (1962), dem wir den letzten Abschnitt seines Vorwortes entnehmen: „Der Titel dieser Schrift lautet: 'Der philosophische Glaube *angesichts* der Offenbarung'; sollten beide für immer unvereinbar sein, so spreche ich von der einen Seite her, aber von der anderen betroffen. Der Titel 'Philosophischer Glaube *und* Offenbarung' wäre ungemäß. Denn er würde einen überlegenen Standpunkt außerhalb beider beanspruchen, den ich nicht einnehme. Sollten aber philosophischer Glaube und Offenbarungsglaube sich treffen können, ohne in eins zusammenzufallen, so möchte ich zu denken versuchen, was dieser Möglichkeit hilft." (S. 8)
Jaspers' letzte Vorlesung im Sommersemester 1961 kreiste noch einmal um

„Chiffren der Transzendenz“, deren 8. Vorlesung, die den Zyklus abschloß, er Hammelsbeck gewidmet und für dessen Festschrift „Der Glaube der Gemeinde und die mündige Welt“, herausgegeben von Hermann Horn und Helmuth Kittel, bestimmt hat. Gertrud Jaspers hat Hammelsbeck später ein Exemplar der von Hans Saner herausgegebenen Vorlesungen am 8.9.70 geschenkt.

67 K Hs

68 D Ms

„Schelling. Größe und Verhängnis“ (1955)

Karl-Heinz Volkmann-Schluck (1914-1981), seit 1949 Professor für Philosophie und Direktor des Husserlarchivs in Köln; u.a. „Metaphysik und Geschichte“ (1963), „Einführung in das philosophische Denken“ (1965)

Theodor Ballauff *1911, Pädagoge und Philosoph, 1952 Professor in Köln, seit 1955 in Mainz, veröffentlichte u.a. „Die Grundstruktur der Bildung“ (1953), „Vernünftiger Wille und gläubige Liebe. Interpretationen zu Kants und Pestalozzis Werk“ (1957), „Systematische Pädagogik“ (1962), „Skeptische Didaktik“ (1970)

Hermann Horn *1927, promovierte 1955 bei Erich Weniger in Göttingen mit der Dissertation „Existenz, Erziehung, Bildung. Das Problem der Erziehung und Bildung bei Karl Jaspers und die neuere Pädagogik“ und gab 1977 das Lesebuch „Karl Jaspers: Was ist Erziehung?“ heraus, Professor für Allgemeine Pädagogik an der Universität Dortmund.

Hammelsbeck nahm an der Kirchlichen Hochschule Wuppertal von 1946 bis 1971 einen Lehrauftrag für Katechetik und Pädagogik wahr.

„Pädagogisches Reisetagebuch New York – San Franzisko“ erschien zunächst in 7 Folgen in „Der evangelische Erzieher“ ab 7. Jg. Heft 6; später als selbständige Veröffentlichung im Diesterweg-Verlag 1956.

Das Buch über den Aufenthalt ist nicht vollendet worden. Es finden sich im Nachlaß einzelne Abschnitte und Notizen dazu.

69 K Ms

Der Prospekt umreißt den Plan eines Buches, das als Festschrift zur Neubaufeier der Pädagogischen Akademie Wuppertal am 5. Mai 1958 unter dem Titel „Wuppertaler Buch für Schule und Lehrerbildung“ erschienen ist. Hammelsbecks Bitte nach einer Mitarbeit hat Jaspers schließlich dadurch entsprochen, daß er den Wiederabdruck seines zuerst im Basler Schulblatt 1952 veröffentlichten Aufsatzes „Von den Grenzen pädagogischen Planens“ gestattete.

70 O + K Mx

71 D + K Ms

Hammelsbeck ist nicht müde geworden, vor Tendenzen der Restauration in der Kirche zu warnen. So beklagte er, daß die ersten Synoden der EKD sich vorwiegend mit Fragen der Ordnung befaßten. So bedauerte er die Betonung konfessioneller Eigenarten, wie sie sich auch im Zusammenschluß der lutherischen Landeskirchen zur „Vereinigten Evangelisch-Lutherischen Kirche Deutschlands“ (VELKD) 1948 äußerte.

Wilhelm Dilthey (1833-1911), Philosoph; begründete die Erkenntnistheorie der Geisteswissenschaften, die sich um Verstehen bemühen; als Hauptwerke dürfen gelten „Einleitung in die Geisteswissenschaften“ (1883, 1966[6]), „Ideen über eine beschreibende und zergliedernde Psychologie“ (1894), „Das Erlebnis und die Dichtung“ (1906, 1957[13]), „Der Aufbau der geschichtlichen Welt in den Geisteswissenschaften“ (1910).

Theodor Litt (1880-1962), Philosoph und Pädagoge, 1919 Professor in Bonn, 1920-37 und 1945-47 in Leipzig, ab 1947 wieder in Bonn; begründete die dialektisch-reflexive Pädagogik; wichtigste Werke: „Geschichte und Leben“ (1918, 1930[3]), „Individuum und Gemeinschaft“ (1919, 1926[3]), „Führen oder Wachsenlassen“ (1927, 1967[13]), „Mensch und Welt“ (1948, 1961[2]), „Naturwissenschaft und Menschenbildung“ (1952, 1968[5]), „Das Bildungsideal der deutschen Klassik und die moderne Arbeitswelt“ (1955, 1959[6]).

Leonhard Nelson (1882-1927), Philosoph und Staatstheoretiker, 1919 Professor in Göttingen, begründete den Neufriesianismus; veröffentlichte u.a. „Über die Grundlagen der Ethik“ (3 Bde, 1917).

Hammelsbeck war lange führend tätig im „Arbeitskreis Pädagogischer Hochschulen“, einem Zusammenschluß aller an der Lehrerbildung beteiligten Institutionen innerhalb der Bundesrepublik Deutschland, im „Pädagogischen Hochschulrat“ des Landes Nordrhein-Westfalen, im Strukturausschuß, der die Grundlagen schuf für die juristische Anerkennung der Pädagogischen Hochschulen in NRW als wissenschaftliche Hochschulen. Als Präsident des Pädagogischen Hochschultages leitete er die Tagungen in Tübingen 1959 und Trier 1962.

Hammelsbeck hat die Berufung auf einen Lehrstuhl für Praktische Theologie in Göttingen 1946 nicht angenommen, weil er sich für den Aufbau der akademischen Lehrerbildung in Nordrhein-Westfalen entschied.

Diesen Sammelband hatte Hammelsbeck 1957 als „Ehrengabe für Joseph Antz“ herausgegeben.

72 O + K Ms

Konrad Adenauer (1876-1967), 1917-33 Oberbürgermeister von Köln, Mitglied und Präsident des preußischen Staatsrates 1920-33, 1946 Vorsitzender der CDU der Britischen Zone, Präsident des Parlamentarischen Rates, 1950-1966 Bundesvorsitzender der CDU, am 15. September 1949 zum ersten Bundeskanzler gewählt, trat am 15. Oktober 1963 zurück.

Erich Ollenhauer (1902-1963), wurde 1928 Vorsitzender der Sozialistischen Arbeiterjugend, 1946 kehrte er aus der Emigration zurück, nach dem Tod von Kurt Schumacher (1952) wurde er Vorsitzender der SPD und lehnte als Oppositionsführer die Wiederbewaffnung ab, trat für die Umwandlung der SPD in eine Volkspartei (Godesberger Programm 1959) ein.

Fritz Erler (1913-1967), 1938 wegen illegaler sozialdemokratischer Aktivität verhaftet und 1939 zu 10 Jahren Zuchthaus verurteilt, ab 1949 MdB, ab 1964 stellvertretender Vorsitzender der SPD und Fraktionsvorsitzender im Bundestag.

Martin Niemöller (1892-1984), ev. Theologe, während des 1. Weltkrieges U-Boot-Kommandant, 1931 Pfarrer in Berlin-Dahlem, gründete den Pfarrer-Notbund 1933, 1937 verhaftet, nach seiner Verurteilung 1938 wieder freigelassen, jedoch sofort von der Gestapo in das KZ Sachsenhausen, 1941 nach Dachau gebracht; in Treysa wurde er 1945 in den Rat der Ev. Kirche in Deutschland gewählt, 1947-64 Kirchenpräsident der Ev. Kirche in Hessen und Nassau, übte scharfe Kritik an der Verteidigungs- und Sicherheitspolitik, setzte sich für eine Verständigung zwischen den Machtblöcken ein.

Gustav W. Heinemann (1899-1976), Jurist und Politiker, 1930 trat er dem Christlich-Sozialen Volksdienst bei und war in der Bekennenden Kirche tätig, 1945-67 Mitglied des Rats der EKD, 1949-55 Präses der Synode der EKD; trat 1945 in die CDU ein, 1946-49 Oberbürgermeister in Essen, 1947-50 MdL in Nordrhein-Westfalen, 1947/48 Justizminister dieses Landes, als Bundesinnenminister trat er am 9.10.1950 aus Protest gegen Adenauers angebotene Wiederaufrüstung zurück, gründete 1952 mit Helene Wessel und Erhard Eppler die Gesamtdeutsche Volkspartei, trat 1957 der SPD bei; 1966 bis 69 Justizminister, 1969-1974 Bundespräsident.

Martin Buber (1878-1965), jüdischer Religionsphilosoph; erschloß der westlichen Welt den Chassidismus, vergegenwärtigte das Wesen des Judentums, gab mit Joseph Wittig und Viktor von Weizsäcker 1926-30 „Die Kreatur" heraus, begann 1925 eine neue Übersetzung des Alten Testaments, die er nach dem Tode von Franz Rosenzweig 1929 allein fortführte und 1961 abschloß. Er setzte sich für die Erwachsenenbildung (Hohenrodter Bund) ein, bedachte das dialogische Prinzip („Ich und Du") und legte bedeutende Schriften über Mose, Königtum Gottes und die Propheten vor. Nach seiner Emigration 1938 war er um die Versöhnung zwischen Juden und Arabern bemüht, sein Eintreten für eine Konföderation blieb erfolglos. 1952 erhielt er den Friedenspreis des Deutschen Buchhandels, 1963 den Erasmus-Preis – wie Jaspers später. Hammelsbeck war seit 1928 mit Buber bekannt und blieb ihm bis zu seinem Tode freundschaftlich-verehrend verbunden.

Für viele ist es unbegreiflich, daß Jaspers und Buber trotz mancher verwandter Einsichten nie das Gespräch miteinander gesucht haben. In einem Brief an Maurice Friedman vom 23.7.1952 schreibt Buber: „Jaspers ist ein bedeutender Denker, aber als ich das Buch 'Der philosophische Glaube' las, hatte ich nicht das Gefühl, ein religiöses Buch zu lesen, wie das selbst bei dem am meisten philosophischen Buch von Kierkegaard der Fall ist". (Martin Bubers Briefwechsel aus sieben Jahrzehnten III; 1938-1965, S. 319).

Eugen Rosenstock-Huessy (1888-1973), Kulturphilosoph, Rechtswissenschaftler, Soziologe; 1921 Gründer und erster Leiter der „Akademie der Arbeit", 1923-34 Professor in Breslau, gründete den Freiwilligen Arbeitsdienst, war maßgebend für die Erwachsenenbildung, emigrierte in die USA und lehrte dort an verschiedenen Universitäten, stand mit Hammelsbeck in Briefwechsel. Hauptwerke: „Soziologie I. Die Übermacht der Räume" (1956); „Soziologie II. Die Vollzahl der Zeiten" (1958), „Die Sprache des Menschengeschlechtes" I und II (1963, 1964).

„Die Idee der Universität. Für die gegenwärtige Situation entworfen von Karl Jaspers und Kurt Rossmann", Berlin-Göttingen-Heidelberg 1961.

Jaspers hebt die Bedeutung der Volksschule besonders nachdrücklich in seiner „Antwort – Zur Kritik meiner Schrift 'Wohin treibt die Bundesrepublik?'," München 1967, S. 98-105, hervor.

73 D + K Ms

Helmut Schelsky (1912-1984), Soziologe; Professor in Hamburg ab 1948, Münster (ab 1960), Bielefeld (ab 1970) und seit 1973 wieder in Münster; schrieb u.a. „Wandlungen der deutschen Familie in der Gegenwart" (1953), „Die skeptische Generation" (1957), „Die Arbeit tun die anderen" (1975).

„Die großen Philosophen I. Band" war gerade erschienen.

P.A. Schilpp (Hrsg.): Karl Jaspers. Philosophen des 20. Jahrhunderts, Stuttgart 1957.

74 K Ms

Wilhelm Flitner bescheinigt in seinem Grußwort (S. 65-67) u.a. als Leistungen der Pädagogischen Akademie Wuppertal: „Sie hat dargetan, daß eine konfessionell bestimmte Einführung in die Aufgabe des Lehramts vereinbar ist mit einer wissenschaftlichen Grundbildung, die nur in der Luft völliger Geistesfreiheit gedeihen kann. Zum zweiten hat sie gezeigt, daß die glaubensmäßige Bestimmtheit des leitenden Kreises einer solchen Bildungsstätte eine echte Toleranz und ein Lehren und Helfen auch für diejenigen ermöglicht, die außerhalb dieser Bestimmtheit aufgewachsen sind oder außerhalb ihrer bleiben wollen. Zum dritten: Es ist in Wuppertal durch den Leiter eine kirchliche Pädagogik auf theologischer Grundlage entwickelt worden, die nicht den Anspruch erhebt, sich an die Stelle einer philosophisch sich begründenden Erziehungswissenschaft zu setzen, sondern Theologie ist, aber die Kenntnis und das Verständnis der pädagogischen Gesamttradition besitzt" (S. 66).

In seinem Beitrag „Lehrer werden und Pädagogik studieren" skizziert Hammelsbeck den Zusammenhang von Erziehen und Lehren als Aufgaben und den Sinn des Studiums der Pädagogik, das auch der Psychologie, der Soziologie und der politischen Bildung gilt. Das Wort aus der „Philosophischen Autobiographie" von Jaspers wertet Hammelsbeck als wegweisend: „Es ist eine Grundforderung des Menschseins, daß der Einzelne verstehend an dem Ganzen des Lebens teilnimmt, während er in seinem Beruf durch ein Spezialistentum das Vortreffliche leistet."

Hammelsbeck war mit der Schweizer Familie Stotzer in Bern bekannt geworden.

75 D Ms

Hammelsbeck erbittet den Rat für seine Tochter, die im 4. Semester ihres

Medizinstudiums erwägt, zur Psychologie, Sozialwissenschaft und Pädagogik überzuwechseln.

„Vom Sinn der Universitas in der Pädagogischen Hochschule" ist geringfügig gekürzt abgedruckt auf den Seiten 80-83. Hier betont Hammelsbeck die auch für die Pädagogische Hochschule verpflichtende Idee der Universität, ohne ihre Eigenständigkeit aufzugeben. „Die Pädagogische Hochschule muß, statt der kurzschlüssig geforderten organisatorischen Eingliederung in die Universität, sich als selbständige Tochter am Vermächtnis ihrer Idee wirksam erweisen." (80). Möglichkeiten und Grenzen der Wissenschaft werden bestimmt in der Besinnung auf den Auftrag des Erziehers: „Wie Väterlichkeit und Mütterlichkeit den Ursprung des Erzieherischen in der jeweiligen (natürlichen und geschichtlichen) Situation diesseits der Wissenschaft bezeugen, so erhebt sich das bewußte Lehrer- und Erziehersein jenseits, – als geläuterte Existenz im Durchgang durch das wissenschaftlich Klärbare" (82). Zur kritischen Selbstbesinnung des Hochschullehrers gibt Hammelsbeck zu bedenken: „Auf dem Felde der akademischen Freiheit beginnt die Eignung des Hochschullehrers da, wo in ihm selber die weltanschauliche, religiöse oder politische Überzeugung mit der natürlichen und offenen Menschlichkeit korrespondiert, die Begegnung und Austausch mit Kollegen und Studenten, Eltern und Kindern, mit dem Mann auf der Straße, sie nicht belastend, ermöglicht" (83). In dem Jaspers zugesandten Text bemerkt Hammelsbeck abschließend, wie er von frühauf in diesen Fragen von ihm angeleitet ist.

Ein Foto vom Mahnmal in Bergen-Belsen (S. 49) steht gleichsam in der Mitte einer Ansprache von Bundespräsident Prof. Dr. Theodor Heuss, die er in Bergen-Belsen gehalten hat und die er abzudrucken erlaubte. Es finden sich keine Gedichte von Else Lasker-Schüler in „Wuppertaler Buch für Schule und Lehrerbildung".

Else Lasker-Schüler (1869-1945), Dichterin; Vorläuferin, Repräsentantin und Überwinderin des literarischen Expressionismus, befreundet u.a. mit Peter Hille, Georg Trakl, Gottfried Benn, Franz Werfel, Franz Marc, Oskar Kokoschka. 1933 emigrierte sie in die Schweiz, hielt sich in Palästina und Ägypten auf. Ab 1937 lebte sie in großer Armut in Jerusalem.

In ihrer Antwort vom 3.12.1957 nimmt Gertrud Jaspers zu den zuletzt aufgeworfenen Fragen keine Stellung; sie ist gern bereit, Gudrun zu beraten, bittet aber – weil sie augenblicklich ohne die Hilfe ihres „Hausmütterchens" ist –, um einen Besuch nach Weihnachten.

76 D + K Ms

Arnold Bergsträsser (1896-1964), Kulturhistoriker und Politikwissenschaftler; seit 1928 Professor für Staatswissenschaft und Auslandskunde an der Universität Heidelberg; emigrierte 1937 in die USA, kehrte 1950 nach Deutschland zurück und war seit 1954 Professor für wissenschaftliche Politik und Soziologie an der Universität Freiburg i. Br.; „Politik in Wissenschaft und Bildung. Schriften und Reden" (1961, 1966^2).

Die Pädagogische Akademie war zunächst in einem Volksschulgebäude an der Thorner Straße in Wuppertal-Barmen eingerichtet worden.
„Die Atombombe und die Zukunft des Menschen" erschien 1958.

77 O + K Ms

78 Drucksache
Hammelsbecks Gratulation ließ sich im Nachlaß nicht finden.

79 O Hs
Im Herbst 1957 hatten Gertrud Jaspers und Oskar Hammelsbeck sich in einem Gespräch dahingehend verständigt, daß Hammelsbeck für Jaspers die Trauerfeier halten solle (siehe Brief 80).

80 D Ms
Robert Oboussier (1900-1957), Musiker und Komponist; am 9.6.1957 im Züricher Homosexuellenmilieu ermordet, war sehr eng mit beiden Jaspers, aber noch enger mit Ernst und Ella Mayer befreundet.

81 O Hs

82 O Hs
Der erste Enkel ist geboren. Hammelsbecks Schwiegertochter Ute Sinnhuber hatte als Vertriebene aus Ostpreußen hier eine neue Heimat gefunden.

83 O Hs
In Frankfurt empfing Jaspers am 28. September 1958 den Friedenspreis des Deutschen Buchhandels und sprach über „Wahrheit, Freiheit und Friede." Am 1.10.1958 hielt Jaspers einen Vortrag in Wiesbaden mit dem Thema „Der Arzt im technischen Zeitalter".

84 D + K Ms
Karl Korn, Redakteur
Streichung Nr. 1: Hammelsbeck beklagte die „Vergeblichkeit", „auf der Ebene 'republikanischer Regierungsart' an der Genesung unseres Staatswesens mitzuhelfen."
Streichung 2: Hammelsbeck stellte fest, daß die „Einheit im Geist" in der Evangelischen Kirche nicht durch die gegenteiligen Stellungnahmen in der Atombewaffnung zerbrochen ist.
Streichung Nr. 3: Hammelsbeck fragte: „Müßte nicht im Sinne eines solchen Vermächtnisses abendländischer Verbundenheit eine freiere Ostpolitik, vor allem in bezug auf unseren polnischen Nachbarn, die Gefahren einer innerdeutschen Erstarrung überwinden helfen?"
Streichung Nr. 4: Hammelsbeck befürchtete einen „Mißbrauch des Evangeliums", wenn in „christlichen" Parteien „das Christentum zur weltanschaulichen Begründung dieser oder jener Politik gemacht" wird.
Streichung Nr. 5: Hammelsbeck mag Leser überraschen, wenn er behauptete „Die sog. Atheisten – wenn wir sie in der tapferen und ehrfurchtsvollen Stimme von Albert Camus anhören lernen – wissen tiefer und besser als die meisten von uns 'Christen', was die Christenheit der Welt zu ihrem Heil schuldig ist." Grundtenor des Artikels ist die Mitverantwortung des geistigen Menschen, der sich seiner Arbeit widmet und sich unliebsam sozial und poli-

tisch engagiert. So könnten utopisch echte Möglichkeien eines demokratischen Gemeinwesens vorweggenommen werden.
Der Aufsatz „Die Pädagogische Hochschule als wissenschaftliche Hochschule. Die Lehraufträge für Professoren und Dozenten" ist in der „Zeitschrift für Pädagogik" 4. Jg., Heft 2, S. 122-136 nachzulesen.

85 O + K Ms

86 D + K Ms

87 O + K Ms

88 D + K Ms
So hat Hammelsbeck sich für einen jüngeren Lehrer eingesetzt, der aus Gewissensgründen bei der Eidesformel das „Schwören" verweigerte, wie er auch sich dafür einsetzte, daß aus dem Krieg Heimgekehrte an der Pädagogischen Akademie Wuppertal studieren durften, die als verführte Jugendliche aus der Kirche ausgetreten waren.
Die Synode der Ev. Kirche in Deutschland hat am 30.4.1958 das „Wort zur Schulfrage" beschlossen, an dem Hammelsbeck maßgeblich beteiligt war. Von bleibender Bedeutung dürfte u.a. die Aussage sein: „Erziehung kann nur in Freiheit und Wahrhaftigkeit geschehen . . . Entscheidend ist für den Weg der Jugend, welche Gehalte die Schule durch ihren Unterricht und ihre Lehrfächer vermittelt. Sie werden nach Auswahl und Schwergewicht dadurch bestimmt, welches geistige Erbe die Gegenwart geprägt hat und welche künftigen Aufgaben vermutlich vor ihr liegen. Diese weltlichen Fragen müssen sachgerecht, ohne weltanschauliche Überhöhung, aber auch ohne konfessionelle Enge und ohne ideologischen Zwang gelöst werden. Die Kirche kann hier um des Menschen willen, dessen Werden und Sein ihre vornehmste Sorge ist, nur warnen, über der Sache nicht den Menschen, über der Leistung nicht die Erziehung, über der Masse des Stoffes nicht die Bildung zu vergessen . . . Die Kirche ist zu einem freien Dienst an einer freien Schule bereit."

89 O Hs
Hammelsbecks Gratulation hat sich nicht finden lassen.

90 K Hs

91 D + K Hs
„Volksschule in evangelischer Verantwortung" erschien in der Reihe „Kamps pädagogische Taschenbücher"

92 K Ms
„Der philosophische Glaube angesichts der Offenbarung" erschien 1962.
Von Gerhard Huber war die Festschrift für Heinrich Barth zum 70. Geburtstag am 3. Februar 1960 unter dem Titel „Philosophie und christliche Existenz" herausgegeben worden. Der Beitrag von Jaspers trug den Titel „Der philosophische Glaube angesichts der christlichen Offenbarung" (S. 1-92). Karl Barth ehrte seinen Bruder mit seinem Aufsatz „Philosophie und Theologie" (S. 93-106).
Heinrich Barth (1890-1965), schweizerischer Philosoph; 1920 Dozent, 1926

Professor in Basel, entwickelte eine vom christlichen Gedanken bestimmte Existenzphilosophie, die die Unterscheidung von philosophischer Erkenntnis und existentiellem Glauben beibehält; wichtige Veröffentlichungen: „Zur Lehre vom Heiligen Geist" (gemeinsam mit Karl Barth, 1930), „Philosophie der Erscheinung. Eine Problemgeschichte" (2 Bände, 1947-59), „Erkenntnis der Existenz" (1965).
Im 1. Nachlaßband zu „Die großen Philosophen" (1981), herausgegeben von Hans Saner, finden sich die Abschnitte über Descartes auf den Seiten 240-262, über Lessing (S. 346-415) und über Kierkegaard (S. 416-476).

93 D Ms

94 O Ms + Hs

95 O + K Ms
Hammelsbecks vorangegangener Brief fehlt im Nachlaß. Die Vorlesung „Der Auftrag des evangelischen Lehrers" wurde in „Der evangelische Erzieher", 15. Jg., Heft 7, S. 221-235 abgedruckt. In der Urkunde wird u.a. gewürdigt, daß Hammelsbeck die Einheit der gesamten kirchlichen Unterweisung und Lehre aufzeigte, daß er die Evangelische Lehre von der Erziehung ausarbeitete, daß er in den Zeiten der nationalsozialistischen Herrschaft vielen Lehrern den Zugang zur Kirche möglich machte und weit offenhielt und daß er sich als Freund und Erzieher einer aufgeschlossenen Jugend erwies und viel beitrug zur Heranbildung eines wahren Volkslehrers, wie ihn unsere Zeit nötig hat.

96 K Ms
Fritz Böversen *1935, 1962 bei Kurt Rossmann promoviert, 1963 Assistent bei Hammelsbeck, 1964 Dozent, 1970 Professor für Allgemeine Pädagogik an der Abteilung Wuppertal der Pädagogischen Hochschule Rheinland, jetzt an der Gesamthochschule Wuppertal.
Kurt Rossmann (1909-1980), promovierte 1941 in Heidelberg, Habilitation 1948 in Heidelberg, 1964 als ordentlicher Professor Nachfolger von Jaspers in Basel, steuerte zur Neufassung der „Idee der Universität" 1961 den 2. Teil bei „Von der Notwendigkeit, den Bedingungen und den Möglichkeiten der deutschen Universitätsreform".
Kultusminister Prof. Dr. Dr. Paul Mikat hatte Hammelsbeck in den „Strukturausschuß" berufen, der die Frage einer juristischen Anerkennung der Pädagogischen Hochschule als wissenschaftliche Hochschule klären und vorbereiten sollte. Sie erfolgte durch das „Gesetz über die Errichtung der Pädagogischen Hochschulen" 1965.
Die Pädagogische Hochschule Hagen wurde eine der 6 Abteilungen der Pädagogischen Hochschule Ruhr. Vorher war Hammelsbeck im Gründungsausschuß des Pädagogischen Hochschulsenats tätig, der die „Rumpfkollegien" für die Pädagogischen Hochschulen Hagen, Hamm, Siegerland vorschlug. Die Pädagogische Hochschule Hagen wurde mit dem Wintersemester 1963 eröffnet. Bis zu seiner Abschiedsvorlesung am 22.6.1971 über „Bilanz der Pädagogik zwischen Gestern und Morgen (nach 45 Jahren Schule und Hoch-

schule)" hat er hier in Vorlesungen und Seminaren die Allgemeine Pädagogik segensreich vertreten. Die Abschiedsvorlesung ist in der von Hermann Horn herausgegebenen Gedenkschrift für Ingeborg Röbbelen „Begegnung und Vermittlung. Erziehung und Religionsunterricht im gesellschaftlichen Wandel", Dortmund 1972, S. 15-36 einer breiteren Öffentlichkeit zugänglich gemacht worden. Die Abteilung Hagen der Pädagogischen Hochschule Ruhr wurde am 7. Juli 1976 nach Dortmund verlegt und mit der dortigen Abteilung vereinigt.

Dieser Brief trägt den handschriftlichen Vermerk von Jaspers „von mir beantwortet". Leider ist diese Antwort unauffindbar.

97 K Ms

„Nikolaus Cusanus", München 1964.

In den „Empfehlungen zur Neugliederung der Pädagogischen Hochschulen des Landes Nordrhein-Westfalen" hat Hammelsbeck die Vorlage zum Abschnitt I „Wissenschaft in der Pädagogischen Hochschule" erstellt.

Carl Friedrich Freiherr von Weizsäcker *1912, Physiker und Philosoph; nach Forschungstätigkeit in Leipzig (1933-36) und am Kaiser-Wilhelm-Institut für Physik in Berlin 1942-44 Professor in Straßburg, 1947-56 in Göttingen, danach bis 1965 Professor für Philosophie in Hamburg, anschließend bis 1980 Direktor des Max-Planck-Instituts zur Erforschung der Lebensbedingungen der wissenschaftlich-technischen Welt in Starnberg; 1957 regte er das Göttinger Manifest an, in dem sich 18 Atomwissenschaftler gegen die atomare Bewaffnung der Bundeswehr aussprachen; 1958 erhielt er den Frankfurter Goethepreis, 1963 den Friedenspreis des Deutschen Buchhandels; Hauptwerke u.a.: „Die Geschichte der Natur" (1948, 1970^7), „Bedingungen des Friedens" (1963, 1974^6), „Die Einheit der Natur" (1971, 1972^4), „Der Garten des Menschlichen" (1977, 1978^5), „Der bedrohte Friede" (1981).

98 K Ms

„Kleine Schule des philosophischen Denkens"

Erst nach Hammelsbecks Tod (14.5.1975) erschien sein letztes Buch „Wie ist Erziehen noch möglich?", das er dem Gedenken an Dietrich Bonhoeffer und Karl Jaspers widmete. Der Fundort des Zitates ist leider nicht zu bestimmen.

Nathan Söderblom (1866-1931), schwedischer Theologe und Religionswissenschaftler; 1901 Professor in Uppsala, 1912 in Leipztig, ab 1914 Erzbischof von Uppsala; betonte die Kategorie des Heiligen und widmete sich dem Offenbarungsgedanken und Lutherstudien. Wegweisend für die ökumenische Bewegung, ergriff er die Initiative zur Stockholmer Weltkirchenkonferenz für praktisches Christentum (Life and Work) 1925; erhielt 1930 den Friedensnobelpreis; schrieb u.a. „Das Werden des Gottesglaubens" (1916, 1926^2)

Vom 25. bis 28. Oktober 1965 fand der 6. Pädagogische Hochschultag in Berlin statt.

Die Briefe 97 und 98 tragen den handschriftlichen Hinweis von Jaspers „nicht beantwortet".

99 K Ms

„Krisis des Glaubens als Frage der Philosophie an die Theologie", in: Kirche in der Zeit, 21. Jg. Heft 6, Sp. 62-66.

„Wohin treibt die Bundesrepublik?", 1966.

100 D Ms

„Wie ist Erziehen noch möglich?" – Beilage ließ sich nicht ermitteln

101 K Ms

Das Buch erhielt später den Titel „Wie ist Erziehen noch möglich?"

102 K Ms

Der Spiegel Nr. 50, 21. Jg., S. 84-100: Ein Selbstporträt von Karl Jaspers.

Kultusminister Werner Schütz erwog, ein Disziplinarverfahren gegen Renate Riemeck einzuleiten. Der „Offene Brief an meinen Minister" erschien in „Stimme der Gemeinde", 12. Jg., Heft 17, Sp. 531-534.

Erst 1971 stimmte Hammelsbeck auf Drängen seiner Freunde der Verleihung des Großen Verdienstkreuzes zu.

Dr. Emil Julius Gumbel, Privatdozent der Statistik, hatte in einer pazifistischen Versammlung am 26.7.1924 durch seine Äußerungen Empörung ausgelöst. Jaspers wurde in eine dreigliedrige Kommission gewählt, die darüber befinden sollte, ob Gumbel die venia legendi entzogen werden sollte (siehe auch „Philosophische Autobiographie"; in: „Philosophie und Welt", S. 335-338).

Adam Remmele (1877-1951), sozialdemokratischer Innen- (1919-29), Kultus- und Justizminister (1929-31) von Baden; 1933 zeitweise inhaftiert.

Dietrich Bonhoeffer (1906-1945) ermordet im KZ Flossenbürg, ev. Theologe; seit 1931 Studentenpfarrer und Privatdozent in Berlin, 1933 Auslandspfarrer in London, 1935 Leiter des illegalen Predigerseminars der Bekennenden Kirche in Finkenwalde; schloß sich der Widerstandsbewegung an, mit Hammelsbeck befreundet, 1943 verhaftet; trat für eine nichtreligiöse Interpretation biblischer Begriffe in einer mündigen Welt ein. Bedeutung erlangten seine Schriften „Akt und Sein" (1931, 1964^{3}), „Nachfolge" (1937, 1967^{9}), „Gemeinsames Leben" (1939, 1966^{12}) „Ethik" (hg. 1949, 1966^{7}), „Widerstand und Ergebung" (hg. 1951, 1966^{13}).

Das Stuttgarter Schuldbekenntnis erregte in der Öffentlichkeit Befremden und Empörung.

Ernst Wilm *1901, ev. Theologe; führendes Mitglied der Bekennenden Kirche, 1942-45 im KZ Dachau, 1949-68 Präses der Ev. Kirche von Westfalen, 1963-65 Ratsvorsitzender der Ev. Kirche der Union.

Helmut Gollwitzer *1908, ev. Theologe; 1950 Professor für systematische Theologie in Bonn, seit 1957 in Berlin, maßgebend beteiligt am Gespräch zwischen Christentum und Marxismus; veröffentlichte u.a. „. . . und führen, wohin du nicht willst" (1951, 1954^{9}), „Die Existenz Gottes im Bekenntnis des Glaubens" (1963, 1964[3]), „Denken und Glauben" (1965), „Krummes Holz – aufrechter Gang" (1970).

103 K Hs

Am 26.2.1969 war Karl Jaspers verstorben.

Hans Saner, *1934, studierte ab 1960 in Basel Philosophie, Psychologie, Germanistik und Romanistik, 1962-1969 Assistent von Karl Jaspers, dessen Nachlaß er herausgibt. Ihm verdanke ich wichtige Informationen.

104 D Ms

„Chiffren der Transzendenz" mit Visitenkarte von Gertrud Jaspers 8.9. 1970.

105 K Hs

„Erinnerungen an Karl Jaspers", herausgegeben von Klaus Piper und Hans Saner; Hammelsbeck nannte seinen Beitrag „Erinnerungsbild" (S. 29-38).

106 K Hs

„Wie ist Erziehen noch möglich?" erst 1975 nach Hammelsbecks Tod erschienen; die Angabe im Buch „1974" ist falsch.

Hammelsbecks Ansprache bei der Überreichung der Festschrift am 23.2.1943

Dankbarkeit ist eine Tugend, die ausgesprochen sein will. Je älter wir werden, umso mehr wird uns das hohe Glück bewußt, einem wirklichen Lehrer begegnet zu sein. Wenn uns die eigenen Schüler dankbar werden, reichen wir beschämt den Dank zurück an die, die uns mehr gaben, als wir jenen geben können. Sie haben, verehrter Professor, uns Junge von sich selber weg in die Freiheit des Philosophierens gestellt, in der es keine Schulautorität gibt, sondern nur die des zu stets neuer Begegnung rufenden geschichtlichen Geistes. In dieser Begegnung sind Ihrem Philosophieren auch die zahlreichen Wissenschaftler freund geworden, die das Erforschte bedürftig wußten eines gegenwärtig erfahrbaren Zusammenhangs mit der abendländischen Geistesgeschichte.

Indem wir Ihnen zum 60. Geburtstag huldigen, geben wir der gemeinsamen Verantwortung für das Leben des Geistes in unserer und der kommenden Generation Ausdruck, auch dessen bewußt, was wir dem Geist und der Wahrheit gegen Ungeist und Lüge schuldig sind. Was Binswanger als Ihre Leistung schon für 1913 kennzeichnet, „die Psychiatrie wisse ja jetzt, daß es auch Triebe gibt, so hätten Sie ihr zeigen müssen, daß es auch Geist gibt“, gilt unüberbietbar für den Dienst unser aller in der Weltkriegssituation 1943.

In dem Bewußtsein voller Not und Hoffnung, daß das Abendland in diesem Halbjahrhundert des Umbruchs einer neuen Ernte des Geistes entgegenreift, erkennen wir Ihr Lebenswerk als Ausdruck des jetzt Möglichen in der sammelnden Bereitschaft für das Kommende. Die Wahl des Widmungsspruches aus Plutarch möge das verdeutlichen:

> Hoso gàr pléon estì to proseilämménon ek philosophías,
> tosoúto mãllon enochleĩ tò apoleipòmmenon.
> Je mehr sich einer philosophierend angeeignet hat,
> umso mehr wird lastend, was noch fehlt.

Das Unerkannte wird eine Last; es wird unendlich, unvollendbar groß, je mehr wir wissen und erkennen, aber auch je mehr wir glauben und erfahren. Für jede Generation bleiben neue Aufgaben übrig. Auch Sie hat der Eifer für Wahrheit und Weisheit von den ersten Arbeiten über Wahn und Schicksal zu den Erkenntnissen der „Psychopathologie“ getrieben, von da in die „Psychologie der Weltanschauungen“ und die Analysen Strindbergs und van Goghs und über die „Idee der Universität“. Dann gab es Jahre fruchtbaren Schweigens, bis das dreibändige Hauptwerk zur „Philosophie“ erschien und mit ihm das vielbeachtete Göschenbändchen über „Die geistige Situation der Zeit“. Das Büchlein über „Max Weber“ war wie Ihr Dank an den großen Lehrer, und das Nietzsche-Buch auch ein „Fehlendes“, das nicht länger fehlen durfte. Von „Vernunft und Existenz“ und den Frankfurter Vorlesungen ward Ihr weiterer Weg zur philosophischen Logik gewiesen, die auch wir erwarten als das noch Fehlende.

Damit stehen wir an der Schwelle Ihres 7. Jahrzehnts, an der wir aus dankbarem Herzen Gottes Segen wünschen für die Erhaltung Ihrer Gesundheit, für die sorgende Liebe Ihrer Lebensgefährtin und den Fortgang Ihrer Arbeiten. Wir vertreten mit diesen Wünschen das ganze geistige Deutschland und Europa. Die Bescheidenheit unserer Huldigung, durch die Kriegszeit bedingt, darf nicht den Anschein erwecken, als ob das fehlgegriffene Worte seien. 40 Autoren von diesseits und jenseits der Grenzen unseres Vaterlandes bringen Ihnen als Zeichen der Gemeinschaft im Philosophieren ihre Gabe dar. Wie mancher heute fehlt, der Ihrem Herzen näher steht, so auch hier. Von den Jungen sind Kampffmeyer und Stählin gefallen. Andere haben aus zeitbedingten Gründen ihre Mitarbeit versagen oder zurücknehmen müssen . . .

Der Verlag J. Springer ersetzt durch den hölzernen Schrein, was er zu seinem Bedauern bei der jetzt nicht möglichen Herausgabe als Festschrift an der Buchausstattung fehlen lassen muß. Zu danken habe ich Prof. Radbruch für manchen guten Rat bei der Vorbereitung der Gabe.

Autoren und Themen der Festschrift 1943

			Zahl der Seiten
I	**Beiträge grundsätzlicher Problematik**		
1	Prof. Flitner Hamburg	Über die Methoden des Philosophierens in der Gegenwart	28
2	Prof. E.R. Curtius Bonn	Zur Bedeutungsgeschichte des Wortes Philosophie	16
3	Prof. Pleßner Groningen	Über die Rätselhaftigkeit der Philosophie	21
4	Prof. v. Weizsäcker Breslau	Antilogik	10
5	Jeanne Hersch Zürich	Dieu contre Dieu	8
6	Prof. Gadamer Leipzig	Die Gottesfrage in der Philosophie	16
7	Lic. Thielicke Stuttgart	Das Problem des autoritätsgebundenen Denkens	17
8	Dr. Hammelsbeck Berlin	Philosophie als theologisches Problem. Ein Beitrag zur möglichen Neuorientierung der Wissenschaften	53
9	Prof. van der Leeuw Groningen	Der anthropologische Ort des Zweifels	14
10	Dr. Kress Hersfeld	Sein	39
11	Dr. Zeltner z.Zt. Belgrad	Über den Begriff der Erfahrung	24
12	Dr. Abbagnano	L'arte come problema esistentiale	19
13	Prof. Gruhle Weißenau	Das Portrait	64
14	Prof. Bollnow Gießen	Über die Ehrfurcht	27
15	Prof. Alfred Weber Heidelberg	Über Sinn und Grenzen der Soziologie	9
16	Dr. Benz Heidelberg	Die Optik in der Geschichte	18
17	Dr. Mann Heidelberg	Literaturwissenschaft oder Literaturgeschichte? Eine Grundlagenkritik	83
18	Dr. Rüdiger Bologna	Übersetzen als Stilproblem	24

II Philosophieren in der Geistesgeschichte

Nr.	Autor	Titel	Zahl der Seiten
19	Prof. Ranke Bollschweil	Von der Seele der alten Ägypter	8
20	Dr. Kress-Daab Hersfeld	Die Umkehrkraft in Ornament und Existenz im alten Norden	72
21	Prof. Regenbogen Heidelberg	Randbemerkungen zur Deutung des platonischen Phaidros	28
22	Prof. Radbruch Heidelberg	Trauer und Trost um Tullia. Eine Cicero-Studie	19
23	Dr. Bischoff Heidelberg	Das Philosophische im Sterbegesang des Ehrwürdigen Beda (673-735)	13
24	Prof. Schalk Köln	Zum Problem der vita activa und contemplativa in der italienischen Literatur	10
25	Prof. E. Hoffmann Heidelberg	Über die Philosophie des Nikolaus von Cues. Eine problemgeschichtliche Skizze	24
26	Prof. Heinsius Freiburg	Elisabeth von der Pfalz und ihr Briefwechsel mit Descartes	13
27	Dr. Sternberger Frankfurt/M.	Über eine Fabel von Lessing	17
28	Prof. Knittermeyer Bremen	Transzendentalphilosophie und Anthropologie bei Kant	27
29	Prof. Brecht Heidelberg	Über Hegels Gedicht "Eleusis"	19
30	Prof. v. Wiese Erlangen	Goethes Faust als Tragödie	85
31	Prof. Rothacker Bonn	Vier Dichterworte zum Wesen des Menschen	
32	Prof. Erik Wolf Freiburg	Vom Wesen des Unrechts in der Dichtung A. von Droste-Hülshoffs	56
33	Prof. v. Eckhardt Irschenhausen	Der Widersinn des Glaubens und die Verlassenheit des Menschen. Folgerungen aus Tolstois und Dostojewskis Ideen	
34	Prof. Krüger Münster	Nietzsches Lehre vom Menschen	27
35	Prof. Dibelius Heidelberg	Der heilige Anarchist. Eine Studie zu Nietzsches Christusbild	37
36	Dr. Pfisterer Schwanheim	Bismarck und sein Hund	5
37	Dr. Bork Berlin	Wilhelm Diltheys Auffassung des griechischen Geistes	79
38	Dr. Hering Köln	Frauengestalten Gerhart Hauptmanns	23

III Zur Psychiatrie

			Zahl der Seiten
39	Dr. Binswanger Kreuzlingen	Karl Jaspers und die Psychiatrie	21
40	Prof. Rümke Utrecht	Das Problem des Geistes in der Psychiatrie	14
41	Prof. Schneider München	Psychiatrie am Wege	7
42	Prof. Bürger-Prinz Hamburg	Über den psychischen Zwang	
43	Prof. Beringer Freiburg	Antriebsschwund mit erhaltener Fremdanregbarkeit bei beiderseitiger frontaler Marklagerbeschädigung	42

IV Absagen aus zeitbedingten Gründen

Dr. Beerling-Delft (Über den Charakter des deutschen Geistes), Prof. Behnke-Münster (Die Frage der Endlichkeit unserer Welt), Dr. Bulst-Berlin (Über Augustin), Prof. v. Campenhausen-Heidelberg, Dr. Johanna Dürck-Berlin, Prof. Friedrich-Freiburg, Prof. Langeveld-Utrecht, Dr. Latzel – im Felde, Dr. Mettin-Wien (Das Phaenomen des Todes im Drama), Dr. Meusel-Weißenburg, Prof. Oehlkers-Freiburg, Dir. Pasche-Berlin, Dr. Pfeiffer-Lippoldsberg, Dr. Prang-Berlin, Prof. Ritter-Freiburg, Dr. Salditt-Lüneburg, Dr. Schott-Berlin (Über die indischen Upanishaden), Prof. Graf Solms-Marburg, Prof. Stadelmann-Tübingen, Dr. Marianne Weber-Heidelberg, Dr. Elma Weihrauch-München, Prof. Wetzel-Stuttgart, Prof. Wilmanns-Wiesbaden, Dr. Witte-Köln, Dr. Wakayama-Zürich.

Hammelsbecks Tagebuchnotiz vom 26. Februar 1943 über den 60. Geburtstag von Karl Jaspers in Heidelberg

Dreiviertel Jahr vielerlei Arbeit an der Vorbereitung der Jaspers-Festgabe wurde durch drei wunderschöne Tage in Heidelberg gekrönt. Sonntag war ich mit Mutter D. bei von der Kalls. Montags Besuche bei Alfred Weber und Radbruch. Ersteren fand ich, den nun 74jährigen, lebhaft und voller geistiger Anregungen, bereit zu vertrautem Gespräch und seinerseits wißbegierig; Radbruch, den fast 10 Jahre jüngeren, körperlich leidend, aber auch geistig in bester Verfassung. Die klugen, sprühenden Augen und sein beweglicher Geist lockten mich schnell in die Heidelberger „Atmosphäre", die mich überhaupt in diesen Tagen ganz und gar gefangen hielt. Nachmittags war ich 2 1/2 Stunden bei Marianne Weber in dem herrlichen alten Haus und in den Gesprächen seelsorgerlicher Art, zu denen sie unter dem Druck der Zeit und häuslicher Schicksalsschläge immer Bedürfnis hat.

Der Geburtstag selbst verlief in jeder Weise nach Wunsch. Das Wetter hatte die Sonne vom Mai geborgt; ob im Morgennebel oder am hellen Tag, ob in der Abenddämmerung oder unter dem hellen Mond in der Nacht: Heidelberg zeigte sich dem „Alten Herrn" in seiner ewig jungen Romantik.

Um 3/4 11 Uhr versammelten wir uns in der Bibliothek und gingen ins Jaspers'sche Haus. Zur Gratulation waren erschienen: Alfred Weber, Radbruch, Regenbogen, Schnabel, Benz, Brecht, Bischoff, Marianne Weber, E. Hoffmann, Frau Dr. Kress-Hersfeld sowie Schwester und Schwager von Jaspers und ganz wenige direkte Freunde. Die Überraschung gelang vollkommen. Ich hielt die Ansprache und verlas Autoren und Titel der Festgabe – der 43 Arbeiten – und übergab sie in dem von Fritz Lehrecke entworfenen Nußholzschrein. Frl. Dr. Drescher übergab sodann die feingebundene Briefsammlung von Freunden, die nicht mitarbeiten konnten und teilweise im Felde sind.

Jaspers antwortete, herzlich dankbar. In der Meinung, ganz zurückgezogen seiner Arbeit zu leben, beweise ihm unsere Huldigung, daß er noch „da" sei. Aber die Huldigung dürfe ja nicht ihm persönlich gelten, sondern dem Geist, dem wir alle dienen. Auch sein Lebenswerk sei ja nur der Dienst, dem nun dreitausend Jahre währenden Augenblick des Erwachens zu dienen, seit der Menschengeist sich erhob, den großen Gestalten nachspürend, die von Homer bis Kant und Nietzsche dieses Erwachen darstellen. Er nahm auch meine Auslegung des Widmungsspruches aus Plutarch auf: „Je mehr sich einer philosophierend angeeignet hat, umso mehr wird lastend, was noch fehlt."

Ich blieb als einziger Gast mit der engeren Familie zum Mittagessen, dann mit wenigen Gästen um 4 Uhr zum Tee und hatte dann 2 Stunden mit Jaspers allein bis zum Abendessen, zu dem noch Frl. Drescher und Frau Dr. Kress geladen waren. Um 10 Uhr verabschiedeten wir uns.

Das Gespräch mit Jaspers ging um den Sinn des gegenwärtigen geschichtlichen Geschehens und unsere Aufgabe in der Zukunft, auch Universität und Schule.

Alles in allem bin ich sehr dankbar, auch für das erneuerte Bewußtsein, was ich entbehre, obwohl ich ja Beruf und Umwelt, wie sie mir jetzt beschieden sind, nicht als Verbannung aufzufassen brauche.

Herr Faust, der Inhaber der Weiss'schen Universitätsbuchhandlung, dessen Kunde ich seit 25 Jahren bin, hatte das rechte Schaufenster zum Geburtstag dekoriert; in der Mitte erhöht alle Werke von Jaspers, darüber Klassiker und drum herum, was an Schriften der Mitarbeiter unserer Festgabe vorrätig war, ganz vorn in der Mitte meine „Straße der Heimkehrer".

In Hammelsbecks Tagebüchern fand sich ein Briefentwurf zum 70. Geburtstag von Jaspers, der sich jedoch in keinem Nachlaß befand. Unter dem Datum 21.2. 53 notierte Hammelsbeck:

Liebe, verehrte Jaspers, Mann und Frau!
Wenn ich dem verehrten Jubilar alle guten Wünsche ausspreche, so muß ich es unwillkürlich für Sie beide tun. Seit 33 Jahren ist der Begriff Jaspers für mich immer Sie beide zusammen gewesen und geblieben. Das ist nicht ohne Bedeutung für mein Leben, für die Art, wie ich vom Jüngling zum Manne reifte: auch viele geistige und seelische Entscheidungen, die durch den Nationalsozialismus gefordert waren, sind nicht ohne das Gedenken an Sie beide gefällt worden.

Ich wäre gerne am Montag persönlich unter den Gratulanten wie vor 10 Jahren in Heidelberg. Der Tag damals steht aber in einem eigentümlichen und vielleicht echteren Glanz. In den persönlichen und sachlichen Bedrängnissen jener Zeit wird und bleibt er erinnerlich als „existentieller" Erweis unserer Furchtlosigkeit, den Geist vor dem Ungeist nicht zu verraten. Aber unsere damaligen Hoffnungen und Wünsche galten doch auch dem freieren, offeneren Tag, wie er heute für Sie zu feiern ist.

Nun kann ein stattlicher Band nicht nur Ihnen, sondern der Welt bezeugen, wofür wir Ihnen dankbar sind. Ich war etwas erschrocken, mich gleich ganz vorn, an zweiter Stelle, zu finden; aber ich freue mich, daß ich dabei sein darf, und wünsche mir zu Ihrem Geburtstag, der kleine Beitrag möge mit dem, was er sagen soll, Ihnen ein bescheidenes, aber doch ein helfendes Geschenk sein. Ich sehe einen guten Sinn darin, daß er dem aufwühlenden von Camus folgt, wie eine Fortsetzung und Folgerung mit anderen Mitteln.

Kennen Sie das Buch des indischen Vizepräsidenten Radhakrischnan? Er gebraucht ein gutes Gleichnis. Christus gehe durch die Weltgeschichte, begleitet von zwei Meuchelmördern. Der eine sei die aus der griechischen Antike hervorgegangene Denkweise bis in die moderne Wissenschaft und Technik; der andere das aus der römischen Antike, dem Imperium Romanum, hervorgegangene Machtdenken, wie in Politik und Weltanschauung. Die Philosophie ist immer in Gefahr, meuchelmörderisch aus dem lebendigen Christus eine Idee, ein Abstraktum zu machen, wie Hegel im Camusaufsatz. Verstehen Sie, daß mein Beitrag ein wenig helfen möchte, daß Ihr Philosophieren, dem ich mich unleugbar verbunden weiß, dieser „philosophischen" Gefahr entgehe?

Haben Sie Dank für alles und seien Sie beide mit den herzlichsten Wünschen und Grüßen bedacht, zugleich im Namen meiner Frau.

Ihr Oskar Hammelsbeck

Saarbrücken 18. Okt. 31

Mein lieber verehrter Herr Jaspers!
Seit wir im vorigen Jahr im kurzen Gespräch vom Menschen am Anfang als unserer gemeinsamen praktischen und theoretischen Erkenntnis sprachen und Sie andeutend auf Ihr neu erscheinendes Büchlein hinwiesen, habe ich mit verhaltener Spannung das Göschen-Bändchen erwartet. Nun haben Sie es mir liebenswürdigerweise einen Tag früher geschickt, als es auch durch meine Buchhändler in Heidelberg und Saarbrücken ins Haus kam. So konnte ich es schon zweimal verschenken und darf Ihnen ganz besonders herzlich danken.

Verstehen Sie recht, wenn ich nach zweimaligem Lesen meinen Dank nun so ausspreche, —: daß ich nun weiß, wie sehr ich Ihr Schüler war und geblieben bin! Meine Studienjahre gingen nicht mit Jaspers zu Ende, sondern bei Alfred Weber und einem sozialwissenschaftlichen Examen. Dann sind diese 8 Jahre praktisches Tun und Denken gefolgt, wobei es keine Stützen an Lehrmeinungen gab, die ich von der Universität hätte übernommen haben können. Lese ich nun

Ihre Thesen, so gibt es nur zuweilen Erklärungen für die Übereinstimmung.
Mein Leben und meine Erfahrung
führt mich in dieselbe Erkenntnis der
Wirklichkeit. Und zeitweise, was Sie vor
zehn Jahren in das aufgeschlossene Gemüt
des Kriegsentlassenen Studenten gesenkt
haben, ist von einer ungewollten und
ungewussten, aber um so prägsameren
Bestimmung gewesen.

In einem Augenblick, wo mein Glaube an die Volksbildung – wie ich sie sehe – vor die Entscheidung gestellt ist, durchgreifende Maßnahmen gegenüber Politik und Angriff zu verwirklichen, kommt Ihre Botschaft als stärkende Besinnung und Kraft. Es tut so gut, in der Verlegenheit, täglich neue zureichende Mittel Erfinder sein zu müssen, einmal wieder ganz still empfangender zu sein.

Auf meinem Schreibtisch liegen die Bücher, die ich in diesen Monaten durcharbeite (darunter Heidegger, Geismars Kierkegaard, Karl Heim, Simone Weil, u.a.). Ich hoffe, dass bald Ihre großen Bände dazu kommen. Im Einzelnen möchte ich nur kurz bemerken, wie sehr mir Ihre Thesen zum Verstehen der geschichtlichen Welt weiterhelfen und mir auch als fruchtbare Übereinstimmung zu Grisebach bedeutsam scheinen.

Ich grüße Sie und Ihre Frau
als Ihr herzlich dankbarer O. Hammelsbeck.

Heidelberg 9.11.36.

Lieber Herr Hammelsbeck!

Nun ist so schnell erfolgt, was Sie wohl befürchteten! Sie gehen mit Ihrer Frau tapfer auf den neuen Weg. Möge er Ihnen glücken! Dass Sie in irgendeiner Weise im kirchlichen Dienst Möglichkeiten für Ihre pädagogischen Fähigkeiten gewinnen, wäre sehr zu wünschen. Dass Sie dann die theologischen Examina [illegible] und dann ungern gingen, vermute ich. Die Examina sind – zumal in Ihrem Alter – keine Kleinigkeit.

Wenn Sie eine Gelegenheit sehen, wo Sie meine Hilfe brauchen können, stehe ich natürlich zur Verfügung. Aber ich bin traurig, dass ich Ihnen wichtiger als je, nur geschadet, und fast durch meinen Namen diskreditiert bin.

Haben Sie herzlichen Dank für die kleine Schrift, die mich im Zusammenhang mit Ihrem pädagogischen Ergebnis interessiert. So bald ich kann, lese ich sie.

Mit herzlichen Grüssen

Ihr K. Jaspers.

Lieber Herr Hammelsbeck,

es bleibt ja nichts übrig als tapfer es auf sich zu nehmen! Gelingt Ihr Plan – – so wäre es wunderschön!! Wie herzlich ich Ihrer, Ihrer Frau und der vier Kinder gedenke, möchte ich Ihnen sagen. Frau v. D. brachte mir freundlicherweise das Buch, aber da ich grade ins Kolleg musste, blieb keine Zeit zu näherer Unterhaltung. Hoffentlich haben Sie geeignete Lehrer, die Sie schnell in die beiden Sprachen einführen! Alles, alles Gute!

Ihre Gertrud J.

Heidelberg 16.1.37

Lieber Herr Hammelsbeck!

Das ist heute eine *sehr* erfreuliche Nachricht. Herzlichen Dank, dass Sie uns diese gleich zukommen ließen! Es ist für mich ganz überraschend, dass Ihnen eine Ihnen so angemessene Tätigkeit so schnell angeboten wird. Natürlich ist mit dem Verlassen Ihrer Heimat und so gut wie einer Trennung von Ihrer Familie ein Schmerz verknüpft, der Sie gerade die Verwandlung Ihres durch die Kündigung in Saarbrücken so jäh veränderten Lebensganges fühlbar macht. Nun hoffe ich, dass Ihre Position sich festigt und dass Ihr Arbeitgeber eine so solide Institution sei, dass Sie mit Ihrer Familie wieder auf lange Sicht denken dürfen.

Alles Gute und herzliche Grüße

Ihr Karl Jaspers.

Wie ich mich gefreut habe! Denn ich habe sehr, sehr viel Ihrer gedacht! Gewiss hören Sie von mir, wenn ich wieder mal nach Berlin komme. Sie haben gewiss viele Verbindungen? — Diese Tätigkeit erscheint mir ausgezeichnet! Möge sie Bestand haben. Uns geht es gut. Hoffentlich ist es nichts als Vorbereitung für Ihr Drängen!

Herzliche Grüße

Ihre Gertrud Jaspers

Personenregister

Die kräftiger gedruckten Ziffern nennen die Seitenzahl mit Kurzerläuterungen

Abbagnano, Nicola 162
Adenauer, Konrad 17, 93, 95, 106, 107, 108, **150**, 151
Albertz, Martin 137
Antz, Joseph 150
Arendt, Hannah 71, 78, 106, 107, **145**, 147
Augustin 112, 145

Bach, Etienne 145
Ballauff, Theodor 88, **149**
Barth, Heinrich 113, **155**
Barth, Karl 72, 77, 78, **147**, 159
Beerling 164
Behnke, Heinrich 164
Beethoven, Ludwig van 26
Benn, Gottfried 110, 153
Benz, Richard 55, **142**, 162, 165
Bergsträsser, Arnold 98, **153**
Beringer, K. 164
Binswanger, Ludwig 160, 164
Bischoff, Dietrich 55, 141, 163, 165
Blättner, Fritz 75, **146**
Bollnow, Otto Friedrich 38, **137**, 162
Bonhoeffer, Dietrich 125, 126, 128, 138, 157, **158**
Bork, A. 163
Böversen, Fritz 116, 117, 122, **156**
Brecht, Franz Josef 54, 55, **142**, 163, 165
Buber, Martin 93, 95, 139, **151**
Bulst, Walther 50, 141, 164
Bultmann, Rudolf 13, 43, 50, 81, 82, 83, 85, **138**
Bürger-Prinz 164
Buri, Fritz 80, 81, 85, **148**

Campenhausen, Hans Freiherr von 164
Camus, Albert 154, 166
Cassirer, Ernst 23, **129**
Claudius, Matthias 63
Curtius, Ernst Robert 53, 54, 76, **141**, 162
Cusanus, Nicolaus 116, 117

Deesz, Julius 27, 131
Descartes, René 113, 156
Dibelius, Martin 137, 163
Dilthey, Wilhelm 91, 137, 138, **150**
Drescher, Wilhelmine 45, 46, 47, 48, 49, **140**, 165
Dürck, Johanna 164

Eckardt, Hans von 163
Eliot, T.S. 142
Eppler, Erhard 151
Erben, Walter 131
Erler, Fritz 93, **150**

Faust 57, 166
Feuerbach, Ludwig 114
Fichte, Johann Gottlieb 114
Flitner, Wilhelm 75, 91, 96, **146**, 152, 162
Foerster, Friedrich Wilhelm 77, **147**
Friedman, Maurice 151
Friedrich, Hugo 50, **141**, 164

Gadamer, Hans-Georg 162
Gandhi, Mahatma 105, 130
Geismar, Eduard 30, 132
Gide, André 142
Gloege, Gerhard 138
Gollwitzer, Helmut 126, **158**
Gomulka, Wladyslaw 104
Gosse, Paul 47
Gothein 130
Grimme, Adolf 68, **144**
Grisebach, Eberhard 31, **132**
Gruhle, Hans Walter 162
Gumbel, Emil Julius 125, **158**
Guttenberg, Karl Ludwig Freiherr von 139

Hammelsbeck, Gudrun 62, 89, 98, 100, 102, 111, 118, 124, 128, **143**
Hammelsbeck, Reinhart 49, 61, 62, 63, 65, 68, 73, 75, 76, 77, 78, 79, 88, 124, **143**
Hammelsbeck, Waldtraut 62, 64, 75, 76, 77, 78, 79, 89, 112, 114, 118, 121, 123, **143**
Hammelsbeck, Wolfram 61, 62, 63, 65, 67, **143**
Hammelsbeck-Dittrich, Waldtraut 128, 130, 131
Hammelsbeck-Sinnhuber, Ute 154
Hegel, Georg Friedrich Wilhelm 23, 27, 75, 117, 118, 129, 133, 167

Heidegger, Martin 30, 50, 58, 76, 88, 92, 141
Heim, Karl 30, **132**
Heinemann, Gustav W. 17, 93, 95, **151**
Heinsheimer 130
Heinsius, W. 50, **141**, 163
Hering, G.F. 163
Hersch, Jeanne 162
Heuss, Theodor 68, **144**, 153
Hille, Peter 153
Hitler Adolf 93, 114, 140
Hölderlin, Johann Christian Friedrich 26, 116, 117
Hoffmann, Ernst 55, **142**, 163, 165
Homer 51, 165
Horn, Hermann 88, **149**, 157
Howe, Günter 43
Huber, Gerhard 155
Humboldt, Wilhelm von 26

Ibsen, Henrik 26
Iwand, Hans-Joachim 65, 75, 138, **143**

Jaffé, Frau 126

Kall, Max von der 38, **137**, 165
Kampffmeyer 161
Kant, Immanuel 27, 52, 69, 118, 124, 133, 165
Kierkegaard, Sören 23, 58, 113, 116, 117, **129**, 151, 156
Kittel, Helmuth 149
Klepper, Jochen 12
Knittermeyer, Hinrich 163
Kokoschka, Oskar 153
Korn, Karl 103, 154
Krauss, Werner 144
Kress, Anneliese 45, 49, 69, 70, **140**, 163, 165
Kress, Rudolf 45, 47, 49, 69, 70, **140**, 145, 162
Krüger, Gerhard 163
Külpe, Oswald 23, **130**

Langeveld, Martinus Jan 164
Lask, Emil 23, **129**
Lasker-Schüler, Else 97, **153**
Latzel, Edwin 141, 164
Leeuw, Gerardus van der 162
Lessing, Gotthold Ephraim 82, 113, 114, 156
Lillge, Otto 143
Litt, Theodor 91, 146, **150**

Löcker, Elisabeth 141
Lokies, Hans 137
Lucka, Emil 23, **130**
Luther, Martin 120, 121

Mackensen, August von 135
Maier, Heinrich 23, **130**
Mann, Otto 45, 46, 47, 49, 54, 65, 69, 70, **140**, 162
Marc, Franz 153
Marx, Karl 133
Maydieu, Pierre 77, 147
Mayer, Ella 154
Mayer, Ernst 67, 75, 99, 111, **140**, 154
Mayer, Fritz 46, **140**
Mettin, H. Ch. 164
Meusel, A. 141, 164
Michel, Ernst 44, **139**
Mikat, Paul 125, 156

Nelson, Leonhard 91, **150**
Neumann, Carl 10, 27, 41, 91, 130, **131**
Niemöller, Martin 16, 17, 93, 95, 104, 106, 107, 108, 126, 138, **151**
Nietzsche, Friedrich 9, 23, 26, 27, 36, 58, 110, 114, 165
Nohl, Herman 41, 68, 91, **137**, 146

Oboussier, Robert **154**
Oehlkers, F. 164
Ollenhauer, Erich 93, 95, **150**
Oncken, Hermann 10

Pascal, Blaise 121
Pasche, C. 164
Paulsen, Friedrich 138
Pechel, Rudolf 53, **141**
Pfeiffer, Johannes 50, **141**, 164
Pfisterer 163
Picot 76, 77
Piper, Klaus 127, 159
Platen, August von 34
Plato 116
Plessner, Helmuth 162
Plutarch 114, 160, 165
Prang, Helmut 164
Proust, Marcel 142

Quervain, Alfred de 73, **146**

Radbruch, Gustav 48, 49, 50, 53, 55, 57, 62, 63, 65, 68, 91, **140**, 161, 163, 165
Radhakrishnan, Sarvepalli 166

Ranke, Hermann 163
Regenbogen, Otto 55, **142**, 163, 165
Remmele, Adam 125, **158**
Rickert, Heinrich 9, 23, 34, 126, **129**
Riemenschneider, Tilman 60
Riemeck, Renate 158
Ritter, Gerhard 164
Röbbelen, Ingeborg 157
Rolland, Romain 26, **130**
Rosenstock-Huessy, Eugen 93, 95, 132, 139 **151**
Rosenzweig, Franz 10, 151
Rossmann, Kurt 116, 128, 152, **156**
Rothacker, Erich 163
Rüdiger, Horst 162
Rümke, H.C. 164
Rupp 133

Salditt, Maria 45, 46, 47, 48, **140**, 164
Saner, Hans 127, 128, 149, 156, **159**
Schalk, Fritz 163
Schelsky, Helmut 95, **152**
Schickele, René 31, 32, 33, **132**, 133, 134
Schmiele, Walter 33, 134, **135**
Schmitz, Otto 138
Schnabel, Franz 141, 165
Schneider, Kurt 164
Schniewind, Julius 65, 141, **143**
Schopenhauer, Arthur 23
Schott, Magdalene 141, 164
Schulz, Johannes 77, 78, 88, 94, **147**
Schütz, Werner 125, 158
Schweitzer, Albert 114, 148
Simmel, Georg 23, 27, **129**
Soden, Hans von 82, 84, 141, **148**
Söderblom, Nathan 120, **157**
Solms, Graf 164
Sorel, Georges 133
Spinoza, Baruch 120
Spranger, Eduard 44, 91, **138**
Springer, Ferdinand 46, 47, 48, **140**
Stadelmann 164
Stählin, Leonhard 54, **142**, 161
Stählin, Wilhelm 142

Stauffer, Ethelbert 81, **148**
Sternberger, Dolf 33, **134**, 144, 163
Strauß, David Friedrich 114

Thiel, Wulf 137
Thielicke, Helmut 162
Tolstoi, Leo 26, 130
Trakl, Georg 153

Valery, Paul 142
Vergil 51
Vogt, Paul 73, 145
Volkmann-Schluck, Karl-Heinz 88, **149**
Voltaire 124

Wakayama 164
Weber, Alfred 10, 26, 30, 57, 65, 68, 91, 100, 126, 130, **131**, 132, 141, 144, 162, 165
Weber Marianne 27, 28, 36, 37, 38, 57, 63, 65, 68, 91, **131**, 164, 165
Weber, Max 26, 27, 36, 124, 126, **130**, 131, 145
Weihrauch, Elma 141, 164
Weil, Hans 30, 132
Weniger, Erich 38, 41, 88, **136**, 149
Weizsäcker, Carl Friedrich von 117, **157**
Weizsäcker, Viktor von 54, 139, **142**, 151, 162
Werfel, Franz 153
Wessel, Helene 151
Wetzel 164
Wiese, Benno von 45, 47, 49, **135**, 163
Wilm, Ernst 126, **158**
Wilmanns 164
Windelband, Wilhelm 9, 23, **129**
Witte, Wilhelm 164
Wittig, Joseph 151
Wolf, Erik 163
Wolf, Ernst 141

Yorck von Wartenburg, Paul Graf 44, **139**

Zeltner, Hermann 162

ERZIEHUNGSPHILOSOPHIE

herausgegeben von Heinrich Kanz

Band 1 Heinrich Kanz (Hrsg.): Deutsche Pädagogische Zeitgeschichte 1974–1979. 1983.

Band 2 Volker Gutberlet: Komplexität und Komplementarität. Zum Wissenschaftsverständnis empirisch-analytischer Erziehungswissenschaft in Bezug auf die Entwicklung naturwissenschaftlicher Methodologie. 1984.

Band 3 Hildegard Macha: Emotionale Erziehung. Ein erziehungsphilosophischer Beitrag zur Individualitätsentwicklung. 1984.

Band 4 Briefwechsel Karl Jaspers - Oskar Hammelsbeck 1919 - 1969. Herausgegeben und erläutert von Hermann Horn. 1986.

Band 5 Edward-Jack Birkenbeil: Erziehungsphilosophie des Dialogischen. Ein Beitrag zur Grundlagendiskussion im Bereiche der Erziehungswissenschaft. 1984.

Band 6 Manfred Müller: Mathematisches Denken. Ein hochschuldidaktischer Beitrag zu den Wissenschaftsstrukturen der Mathematik aus erziehungsphilosophischer Sicht. 1985.

Band 7 Heinrich Kanz: Seinsdemut. Erziehungsphilosophische Aspekte zu einer erzieherischen Grundhaltung. 1986.

Band 8 Heinrich Kanz (Hrsg.): Bildungsgeschichte als Sozialgeschichte. Festschrift zum 60. Geburtstag von Franz Pöggeler. 1986.